Na sombra e na luz

VICTOR

Na sombra e na luz

HUGO

Novela psicografada por
ZILDA GAMA

FEB

Copyright © 1933 by
FEDERAÇÃO ESPÍRITA BRASILEIRA – FEB

1ª edição – Impressão pequenas tiragens – 3/2025

ISBN 978-85-7328-540-6

Todos os direitos reservados. Nenhuma parte desta publicação pode ser reproduzida, armazenada ou transmitida, total ou parcialmente, por quaisquer métodos ou processos, sem autorização do detentor do *copyright*.

FEDERAÇÃO ESPÍRITA BRASILEIRA – FEB
SGAN 603 – Conjunto F – Avenida L2 Norte
70830-106 – Brasília (DF) – Brasil
www.febeditora.com.br
editorial@febnet.org.br
+55 61 2101 6161

Pedidos de livros à FEB
Comercial
Tel.: (61) 2101 6161 – comercial@febnet.org.br

Adquirindo esta obra, você está colaborando com as ações de assistência e promoção social da FEB e com o Movimento Espírita na divulgação do Evangelho de Jesus à luz do Espiritismo.

Dados Internacionais de Catalogação na Publicação (CIP)
(Federação Espírita Brasileira – Biblioteca de Obras Raras)

H895s	Hugo, Victor (Espírito)
	Na sombra e na luz / Victor Hugo (Espírito); romance psicografado por Zilda Gama. – 1.ed. – Impressão pequenas tiragens – Brasília: FEB, 2025.
	396 p.; 21cm – (Coleção Victor Hugo)
	ISBN 978-85-7328-540-6
	1. Romance espírita. 2. Obras psicografadas. I. Gama, Zilda, 1878–1969. II. Federação Espírita Brasileira. III. Título. IV. Coleção.
	CDD 133.93
	CDU 133.7
	CDE 80.02.00

Sumário

7   IN LIMINE (No início)

23   LIVRO I
       Uma existência tumultuosa

97   LIVRO II
       Na escola do Infinito

169   LIVRO III
       O inspirado

233   LIVRO IV
       A aliança

303   LIVRO V
       O homem astral

In limine

Leitores:

Não tem outro mérito, senão o da lealdade, este conciso e despretensioso preâmbulo à novela epigrafada – *Na sombra e na luz*.

Antes de iniciardes a sua leitura, atentai, por alguns momentos, no que vos exponho com a máxima lealdade: desde tenra idade sempre tive vocação para a literatura, conseguindo produzir poesias e contos que se acham insertos em jornais e revistas deste e de outros estados brasileiros. Como foi, porém, que os compus? Delineando-os primeiro mentalmente – assim concebia o pensamento que julgava digno de servir de tema para uma produção literária – depois, grafando-os no papel, fazendo contínuas alterações, ampliando ideias, substituindo vocábulos, não conseguindo, nunca, escrever um conto ou um soneto sem emendas ou rasuras. Ora, essas composições considero-as minhas porque representam pensamentos que expus conforme desejava, germinados antes de serem escritos, interpretando emoções minhas, fatos observados por mim, sentimentos meus. Há notável diversidade entre esse meu modo de compor e aquele pelo qual foi grafada esta novela. Relato-vos, pois, singelamente, a sua história, que é a mesma de seis livros por mim escritos, sentindo-me auxiliada por uma influência espiritual.

Havia quase um decênio, em 1912, que eu era sectária da Doutrina Espiritista, embora não ostensivamente. Não desconhecia as obras fundamentais, e lia, com crescente interesse, os estudos de Léon Denis, de Flammarion, de Paul Gibier, de W. Crookes e de outros eminentes psiquistas, mas nunca havia tido o intuito de escrever algo sobre assuntos transcendentais. Achava-me, em fins do mencionado ano, numa das fases mais dolorosas de minha existência, combalida por íntimos dissabores, e, buscando lenitivo a meus pesares, pus-me a ler – *O problema do ser, do destino e da dor* – de Léon Denis.

Uma vez, fechando subitamente suas páginas, tive a iludível intuição de que algum ser invisível desejava corresponder-se comigo, qual já me havia sucedido nos momentos mais angustiosos da vida. Ergui-me do lugar em que me achava e tomei a deliberação de ir à secretária atender à insistente insinuação de alguma entidade imaterial, desejosa, por certo, de me transmitir seus pensamentos. Efetivamente, não me iludira: recebo, por meio da psicografia, um comovente e salutar conselho dado por meu pai (desencarnado em 1903) e outro por uma adorada irmã, poetisa e violinista, desmaterializada pouco antes dele, aos 21 anos de idade, Maria Antonieta Gama, cujo nome era acatado pela imprensa mineira, tendo também colaborado no *Jornal do Brasil*, do Rio de Janeiro. Ofereceram-se ambos para me orientar por alguns dias, fizeram-me agir e tomar deliberações que não me haviam ainda ocorrido à mente, e lealmente cumpriram o que me prometeram.

Querendo prestar-lhes um tributo de gratidão e para que se não perdessem seus excelentes ensinamentos, colecionei em um caderno da Livraria Alves, nº 4, as amistosas mensagens de Além-túmulo, escrevendo, na primeira página, com data de 20 de dezembro de 1912, o seguinte: "Coletânea de algumas comunicações de Espíritos amigos e familiares que, quando me veem sofrer ou carecendo de conselhos e auxílios espirituais, se apiadam de mim e se dignam de mos prodigalizar, bem como o bálsamo de um consolo, que só eles podem ministrar-me, porque conhecem e penetram meus mais íntimos pensamentos...".

Grande foi minha surpresa quando, à noite, tendo tido intuição de que ia receber mais alguma instrução de um ser intangível, tracei a lápis palavras que nem sequer me haviam passado de relance pelo cérebro e, pela primeira vez, obtive a mensagem de uma entidade desconhecida, que, desde então, *todos os dias*, não mais deixou de se corresponder comigo – Mercedes – de uma dedicação inexcedível, solícita consócia de todos os meus instantes de dor e de raras alegrias, enfim, um dos meus desvelados guias espirituais.

Meu pasmo não teve limites quando grafei, no final do seu ditado, o seguinte: "Alterai o que escrevestes no princípio do caderno; ides receber inspirações, não só de Espíritos familiares, como de outros que não conhecestes, que não privaram convosco e nos quais nem sequer ainda pensastes.

Podeis escrever assim: – A todos vós que vos dignastes inspirar-me boas resoluções e aconselhar-me nas horas de sofrimento e de provações".

Houve, desse modo, para mim, a revelação de um ente que conhecia, melhor do que eu, o que sucederia comigo e que não ignorava nem o que eu escrevia secretamente... Coisa admirável!

Tive, então, por intermédio de Mercedes, a formal promessa de que iria escrever obras ditadas por agentes siderais, se o quisesse, e, algumas vezes, duvidei dessa asserção.

Como seria crível que produzisse livros de assuntos psíquicos, sem ter sequer uma ideia em mente a explanar e, além disso, assediada por íntimos desgostos e por exaustivos labores inerentes ao magistério?

No entanto, no dia e hora aprazados, comecei a grafar, velozmente, páginas de sã moral, magistrais advertências dirigidas à humanidade imperfeita, constituindo tudo, para mim, uma surpresa: tema, epígrafe das exortações, nomes de seus signatários!

Minha família quase se alarmou por minha causa, temendo – como é crença geral entre detratores do Espiritismo – que minhas faculdades mentais ficassem desequilibradas ou que a saúde fosse prejudicada, pois, havia muito, a tinha em extremo alterável. Entretanto, as inquietadoras previsões não se realizaram, felizmente: continuei a exercer normalmente as funções concernentes ao magistério e tendo, por vezes, assumido a direção do grupo escolar local, em que leciono, não me sentia fatigada por trabalhar em demasia e o meu organismo não foi danificado.

Prossegui, pois, sem receios, meus estudos sobre o Espiritismo e continuei a receber, pela manhã, durante uma hora, os radiogramas do Espaço.

Nunca tive a pretensão de evocar Espíritos de elevada hierarquia, cujos nomes são venerados pela humanidade, e, por ter recebido espontaneamente mensagens de alguns deles, ninguém me poderá acusar de imodesta, ou de querer notabilizar-me por meio de glórias alheias, pois nem ao menos meu nome tem figurado nos escritos medianímicos esparsos em diversos jornais brasileiros, enviados por mim. Fiquei surpreendida quando, no final de uma dissertação moral ou religiosa, tracei, pela primeira vez, os nomes gloriosos de Victor Hugo, Allan Kardec e D. Pedro de Alcântara – a tríade lúcida que ditou já seis livros, escritos por mim, sem ter ideado sequer uma página!

Os cadernos em que tenho registrado seus pensamentos e os de outros Espíritos tutelares, grafados todos celeremente, sem nenhuma corrigenda, como verdadeiras reproduções de livros alheios, já perfazem mais de meio cento, e, apesar do tempo limitado de que disponho para a cópia, já foram organizadas as seguintes obras: *Revelações*, dois tomos, contendo dissertações morais e religiosas, das quais algumas foram publicadas pela *Gazeta de Notícias* em 1913 e 1914; *Diário dos invisíveis*, versando educação moral; *Na sombra e na luz*, novela; um outro livro sobre assuntos filosóficos e uma outra novela, em preparo, quase concluídos presentemente.

Foram todas escritas sem ter eu imaginado previamente nem ao menos os seus títulos. Quando me comunicaram os meus mentores que iam compor, mediunicamente, uma novela, fiquei perplexa, não crendo que tal se desse; no entanto, à hora convencionada, comecei a traçar o cabeçalho de um livro desconhecido, o da primeira parte, o primeiro capítulo, enfim, tudo quanto constitui os pródromos de um romance, ficando eu, ao passo que minha pena produzia o que não havia sido por mim absolutamente preconcebido, infinitamente admirada. Escrevia, metodicamente, duas páginas por dia (há cadernos quadriculados com mais de 50 pautas), rapidamente preenchidas, em poucos minutos, tendo a impressão de estar lendo, cotidianamente, o folhetim de um jornal, esperando sempre a sua continuação na manhã imediata. Às vezes fantasiava o que sucederia à personagem A ou B, e, entretanto, contra as minhas previsões, verificava depois que me iludira nessas conjeturas, pois escrevia coisa diversa do que havia imaginado. Quando concluí a primeira parte de – *Na sombra e na luz* – julguei, com alguma decepção, terminada a obra, pois que todos os seus protagonistas haviam desaparecido do cenário da vida; foi, por isso, com progressivo pasmo, que recebi as outras quatro divisões que a completam. Concluída a novela, comecei a copiá-la em tiras de impressão e, mais uma vez, pude observar a inteligência do ser invisível que ma ditou. Fui avisada de que havia necessidade de refundi-la, de serem feitas correções, acrescentamentos, substituição de vocábulos, etc. Efetivamente, nos momentos de trabalho, era mister colocar, ao lado daquela em que escrevia, uma outra tira de papel em branco, para receber à parte as modificações almejadas. A pena corria sutil e rapidamente sobre a que se achava à minha esquerda e, quando ia ser feita alguma alteração, era eu advertida por um rumor suavíssimo, como o frêmito das asas de minúsculo pássaro voando cerce a meus ouvidos, a minha destra parava bruscamente e era impelida, de leve, para a tira que estava à direita, na qual eram grafados outros vocábulos, substituindo os primitivos, ampliando ideias, concluindo detalhes e explicações necessárias à clareza dos pensamentos já expendidos, e, depois, voltava à primeira, prosseguindo a cópia. Muitas vezes, quando era preciso apenas substituir alguma palavra, a caneta, sustida por minha mão – que parece ficar imponderável nos momentos do trabalho psicográfico – era levada suavemente para cima de um termo, cancelava-o, escrevendo outro acima da pauta, um sinônimo quase sempre.

Foram assim traçadas, refundidas e copiadas as páginas da novela – *Na sombra e na luz* – e de todos os outros livros já mencionados.

Deixo de cometer um delito de lesa-consciência, não assinando, como se fossem produções minhas, obras que não preconcebi, nem tive a intenção de escrever? Absolutamente não. Nelas só há o meu trabalho psicográfico e, além deste, encontrareis nesta – intercalados por minha espontânea vontade – dois pensamentos de Hermes.

Duvidais, porém, de que sejam realmente de seus signatários os referidos livros? Por quê? Todos encerram nobreza de sentimentos, magníficas reflexões morais e eu teria grande prazer em assiná-los com o meu obscuro nome, se não temesse praticar uma fraude e uma perfídia para com entidades de uma dedicação e magnanimidade inexcedíveis para comigo. Agora, depois de explanada a origem do livro que ides ler, se continuardes a duvidar da minha lealdade, cometereis inqualificável injustiça. Tenho, em todo o percurso de minha existência, dado provas de probidade e de amor à verdade. Detesto o embuste. Como aluna da extinta Escola Normal de São João del-Rei, parece-me ter lá deixado um nome imáculo; exercendo o magistério público, tenho-me esforçado por ser irrepreensível, e pelo governo deste estado já me foram conferidas quase todas as provas de apreço a que faz jus o magíster mineiro. Na minha vida privada nunca pratiquei uma ação que fosse censurável. Tenho, pois, minha reputação ilibada, que muito prezo e não a quero macular faltando à verdade ou usando de qualquer burla para me salientar perante o público, que respeito e muito temo.

Poderá também alguém acusar-me de ser disposta à alucinação. Protesto, porém, contra essa falsa asseveração, com veemência.

Nunca senti o menor desequilíbrio mental, e, mormente depois que, com assiduidade, hei feito estudos psíquicos, tenho adquirido maior serenidade de ânimo e fácil percepção; sou perfeitamente calma e normal. Nunca me afetou, sequer, um acesso nervoso tão comum às naturezas femininas.

Tenho padecido infortúnios acerbos, desde a desencarnação de vários entes queridos, até a traição – talvez a mais lancinante de todas as dores e o mais execrável de todos os delitos! – e, no entanto, apesar de muito sensível ao sofrimento, quer meu, quer alheio, admiro-me de nunca ter sofrido uma perturbação mental qualquer: mantenho-me plácida nos momentos de dissabores excruciantes e vejo, por isso, a iniludível intervenção de Protetores imateriais, que me amparam fraternalmente e não me deixam desfalecer nos instantes em que, para a imprescindível lapidação de minh'alma, tenho de sorver, até a extrema gota, a taça da amargura.

Ultimamente, após verdadeira borrasca íntima – dessas que abalam até organismos varonis – surpreendo-me ao verificar que, ao inverso do que previra, minha saúde, havia muito alterada, se integrou por completo, e, não tendo deixado de mourejar constantemente, quer como educadora quer como psicógrafa, continuando a fazer estudos nos livros dos mais preclaros animistas mundiais, não sinto fadiga física nem intelectual, apesar de possuir um organismo que parece frágil em demasia.

Explicada a gênese de *Na sombra e na luz*, das muitas obras de assuntos morais e filosóficos que já tenho organizadas, poderia aventar aqui a debatida questão de como um Espírito, que na sua última existência ignorava o idioma de Camões, pode expressar-se agora em língua portuguesa; mas deixo de o fazer porque o assunto está proficientemente esclarecido por Gabriel Delanne, Fernando de Lacerda e outros ilustres psiquistas.

Faço, apenas, as duas seguintes ponderações:

1ª – Um Espírito, ao atingir elevado grau intelectual pela lei das reencarnações, já nasceu em diversos países, aprendeu diferentes idiomas (e assim fica elucidada a tendência e facilidade que um indivíduo possui para aprender várias línguas, ao passo que outro, às vezes seu irmão carnal, não consegue sequer pronunciar com acerto as palavras do próprio vernáculo); e, por isso, ao desmaterializar-se, integrando-se-lhe todos os cabedais de conhecimentos adquiridos, tendo nascido na França, em sua última existência, não poderia ter sido lusitano numa outra e, recordando-se de uma língua que já lhe foi familiar, não se lhe torna fácil emitir seus pensamentos a um *médium* português ou brasileiro?

2ª – Desejando o Espírito de um inglês ou austríaco manifestar-se em qualquer idioma que ignorava na sua última encarnação, não poderá expressar as suas ideias ao guia espiritual de um *médium* – de qualquer nacionalidade que seja – e este receber as comunicações por intermédio do invisível intérprete, pois que os desmaterializados se correspondem uns com os outros por uma linguagem mais perfeita que a nossa – a do pensamento – que é o volapuque[1] do Espaço?

Tenho a corroborar as minhas hipóteses o que expõe o inspirado Léon Denis, no seu magnífico livro *O problema do ser, do destino e da dor*:

> Os Espíritos comunicam entre si e se compreendem por processos ao pé dos quais a arte oratória mais consumada, toda a magia da eloquência humana pareceriam apenas grosseiro balbuciar. As Inteligências elevadas percebem e realizam sem esforço as mais maravilhosas concepções da arte e do gênio.

---

[1] Língua mundial criada pelo padre Johann Martin Schleyer, em 1880.

Mas estas concepções não podem ser transmitidas integralmente aos homens. Mesmo nas manifestações mediúnicas mais perfeitas, o Espírito superior tem que se submeter às leis físicas do nosso mundo e só vagos reflexos ou ecos enfraquecidos das esferas celestes, algumas notas perdidas da grande sinfonia eterna, pode ele fazer chegar até nós.

Não vos admireis, pois, de que o incomparável Victor Hugo tenha expendido os seus pensamentos em língua que talvez desconhecesse na sua última trajetória pela Terra. Se não o fez com perícia, é que escolheu mal o instrumento de que se utilizou para explaná-los; lutou com a imperfeição ou deficiência intelectual do *médium*, ao qual transmitiu *Na sombra e na luz*. Ele, insigne maestro da palavra escrita, teve a inexplicável fantasia de fazer um aprendiz de musicografia executar uma complicada ópera, que, certamente, ficou prejudicada no ritmo e na harmonia. Eis por que encontrareis deslizes na novela que ides ler.

Há uma outra questão suscitada pelos que duvidam da lhaneza dos *médiuns*: o confronto do estilo de uma comunicação espírita com a de um genial desencarnado, e, não sendo idêntico um ao outro, protestam logo, dizendo haver mistificação.

O Dr. Gabriel Delanne, no seu esplêndido tratado sobre psiquismo, epigrafado *O espiritismo*, demonstra as causas que influem para que os ditames extratumulares, dos mais distintos desencarnados, tenham lacunas, e por isso me libero de reeditar o que já foi por ele cientificamente esclarecido. Faço minhas, apenas, estas asseverações do citado cientista francês:

O fenômeno da transmissão é sempre uma *ação reflexa do médium sob uma influência espiritual* e não pode, muitas vezes, o agente sideral manifestar livremente os seus pensamentos, porque não encontra no cérebro do médium um instrumento bastante perfeito para transmitir suas ideias.

Posso, pois, receber fielmente os pensamentos dos fúlgidos mensageiros do Infinito? Não, certamente. Não fico em transe nos momentos de trabalhos medianímicos. Conservo integral a minha consciência. Observo apenas que, enquanto persiste a indução espiritual, minha mente fica isolada, sem ideia alguma, *in albis*,[2] sentindo eu que por ela se filtram pensamentos alheios ao meu, qual se eu fora um dínamo em comunicação com uma bateria – que pode ser prontamente desligada daquele –, atuando em minha destra que faz, a seu turno, mover a pena, com rapidez incrível.

Compreendo, porém, que para ser fiel intérprete ou perfeita receptora dos radiogramas de lúcidos Espíritos, deveria possuir uma cultura intelectual que, infelizmente, ainda não me foi possível adquirir.

Bem sei que muitos leitores desta novela dirão ser diverso o seu estilo do inimitável autor de *Os miseráveis*. Direi, entretanto, aos que me fizerem essa objeção, que Victor Hugo, numa das suas correspondências psicográficas, expressou, sobre esse debatido tema, seus pensamentos, que aqui sintetizo em poucas palavras: não o prende mais à Terra uma vanglória literária; seu único objetivo é

---

[2] Em branco.

pugnar, com os grandes amigos dos sofredores e dos mutilados morais, no formidável prélio que tem por lema – *Regeneração humana!*

Conseguirá esse desiderato em *Na sombra e na luz*? Dir-me-eis depois.

Que importa a um abnegado do Espaço que a sua linguagem não seja impecável – devido à insuficiência mental do instrumento humano de que se utilizou – se consegue insuflar, nas almas conturbadas ou diaceradas por dores inauditas, sentimentos nobilitantes ou esperanças imperecíveis? Abri as folhas deste livro; se achardes algumas de moral duvidosa ou com falta de elevação de sentimentos, comprometo-me a não receber mais as mensagens siderais. Direi convosco: *Não são de Victor Hugo...* Mas também não são minhas as páginas que constituem *Na sombra e na luz*.

As minhas faculdades intelectuais não se acham, felizmente, obliteradas pelo fanatismo ou pelo embuste. Sou sincera e, por isso, não posso assinar meu nome em escritos que nunca foram preconcebidos e nos quais só há o meu trabalho medianímico. Não quero usurpar o que me foi confiado por dignos e generosos amigos tutelares, que me têm fortalecido, amparado, lenido pesares acerbos, em horas de amargura e de provas dolorosas!

Eles que me julguem e façam justiça. A justiça terrena é falha e parcial. Tenho encontrado desconfiança e desconsiderações não só dos adeptos das crenças diversas da que professo, como de meus próprios confrades. Fico, porém, serena, à espera sempre da injustiça humana e só confiante no julgamento austero e íntegro dos nobres invisíveis.

Termino, pois, este ligeiro prefácio à novela que ides conhecer e julgar, com as palavras do venerando Léon Denis, transcritas de sua já aludida obra, e que faço minhas:

"Ascenda para todos vós, Espíritos tutelares, entidades protetoras, meu pensamento agradecido, a melhor parte de mim mesma, o tributo de minha admiração e de meu amor".

Minas Gerais, Além-Paraíba (Ilha do Recreio), 1917.

Zilda Gama

Livro I

Uma existência tumultuosa

CAPÍTULO I

A época precisa em que ocorreram os fatos primordiais, relatados nestas páginas de Além-túmulo, não é mister que a mencione; elucido, entretanto, os leitores curiosos de que esta verídica e emocionante novela, na qual, por vezes, surjo como uma das personagens, se desenrolou, quase toda, no século XIX, justamente cognominado das Luzes, no qual terminei a minha última existência planetária, fértil em provações árduas que hoje, rememoradas serenamente, depois de transcorridos decênios, esbatidas pelo esfuminho mágico do tempo, me volvem à mente como fragmentos de sonho. *Tout passe...*[3]

Começo, porém, a dar cumprimento ao que me propus: ser o *conteur*[4] consciencioso dos episódios enternecedores de mais uma existência de um incomparável amigo – a quem consagro o culto de imarcescível afeição – depois de me ter ele outorgado o direito de o fazer.

---

[3] Tudo passa.
[4] Narrador.

Achava-me na Bélgica – proscrito da França, como se fora um celerado, e, no entanto, meu grande delito, meu imperdoável crime, o único de que me acusava a consciência, era o de ter verberado o despotismo, anelando defender minha terra natal da incursão perniciosa de qualquer tirania e desejando, para conseguir o meu objetivo, imolar-lhe a própria vida, se assim fosse mister – quando me relacionei com um jovem militar patrício, que conhecera superficialmente em Paris, e que, então, em Bruxelas, desempenhava honroso cargo que lhe confiara o governo de Luís Napoleão, de quem era súdito, mas não servo. Apesar de não ignorar as minhas ideias liberais, tinha por mim admiração entusiástica e, como nos víamos com frequência e nossas habitações pouco distavam uma da outra, travamos conhecimento mais íntimo, entabulamos afetuosas palestras e o assunto predileto das nossas confabulações clandestinas era sempre a França, a pátria querida, flagelada por incessantes motins, frequentes lutas fratricidas, que a tornavam mais um campo bélico – fervilhando-lhe no seio as dissensões políticas, rastejando nos corações dos oprimidos e dos tiranos as áspides do ódio e das represálias – do que uma nação apropriada para seus filhos constituírem famílias, que pudessem viver tranquilamente, enquanto os verdadeiros patriotas laborassem por seu engrandecimento e progresso.

Desde o início de nossas relações, notei no meu distinto conterrâneo, a par de uma conversação em que transparecia a elevação dos seus sentimentos, uma visível melancolia que, muitas vezes, lhe absorvia os pensamentos, fazendo-o parar de chofre, em plena palestra amistosa, qual se de súbito houvera irrompido em sua alma emotiva algo de doloroso, justificando-lhe angustiosamente uma secreta e pungente ideia, e, então, nos seus límpidos olhos azuis, desvendava eu o fulgor de lágrimas contidas a custo, ou a flama de um dissabor latente e inconfessável.

Certa vez, quase ao anoitecer, estando a sós no meu gabinete de meditação e trabalho, anunciaram-me a sua visita. Fi-lo entrar e convidei-o a sentar-se a meu lado. Tão intensa era a amargura que o mortificava naquele dia, dando-lhe às nobres feições uma palidez de carrara,[5] que, com paternal interesse, fui impelido a dizer-lhe:

– Sofres, meu amigo, e, quando vejo os rapazes da tua idade assim entristecidos e agoniados, não me é muito difícil profetizar a causa desses recônditos pesares.

Meu ilustre amigo – a quem designarei pelo nome de Paulo Devarnier – corou como um petiz apanhado em alguma travessura censurável e, bruscamente, tornou a empalidecer tanto, que ficou lívido. Após breves momentos de reflexão, visivelmente comovido, disse-me:

– Poderia ocultar a outrem a gênese da contínua mágoa que me entenebrece o coração e aniquila o organismo – pois vejo que, dia a dia, estou definhando, e, talvez breve, não possa mais me consagrar à nossa pátria – mas, ao meu preclaro amigo, de quem sou apreciador convicto, confessarei a causa da secreta dor que não vos passou despercebida. Haveis de conservar, porém, meu caro amigo, absoluta

---

[5] Tipo de mármore encontrado na cidade de Carrara (Itália).

reserva de tudo que vos narrar e desejo que nunca, nos vossos incomparáveis romances, façais a menor referência, em escorço rápido que seja, a esta minha confidência!

– Não duvides da minha completa discrição: *jamais*, em livros meus, farei qualquer alusão ao que me disseres.

– Obrigado! Confio tanto na lealdade do meu digno amigo que, sem o menor receio ou disfarce, vos darei a conhecer todas as páginas da minha vida íntima, como o faria a meu próprio pai, se ainda existisse.

Pronunciadas, que foram, estas últimas palavras, Paulo Devarnier começou a fazer-me o relato minucioso da sua ainda curta mas acidentada existência, interrompendo-o, por vezes, para proferir exclamações que, positivamente, ressumbravam a exaltação do seu espírito.

– Como sou covarde, pusilânime, meu amigo! Deixar-me dominar pelo coração, eu que deveria servir à nossa gloriosa França! Como pode um militar ser denodado, se se deixar escravizar por este insaciável e falaz órgão da emotividade – o coração – que o impele a sonhar e a ter ideias irrealizáveis? Ai! porém, dele! Para puni-lo da sua insana rebeldia, talvez ainda o traspasse com o meu gládio, obrigando-o assim a cessar de me impor os seus anelos e sofreando, de um só golpe, para sempre, as suas loucas aspirações, pondo termo, enfim, ao inaudito e longo suplício que me tem infligido!

Depois, mais calmo com as palavras de conforto e de esperança que lhe dirigi, começou, sempre sensibilizado, a narração integral da sua existência agitada por lances patéticos, que tentarei reproduzir o mais fielmente que me for possível, depois que ele – desfrutando a serenidade peculiar aos Espíritos evoluídos – me concedeu o direito de o fazer amplamente, prontificando-se a auxiliar-me no que já me houvesse deslembrado.

– Nasci em Paris, meu amigo, mas minha mãe era natural da Prússia, onde permaneci até aos 15 anos de idade. Meu pai, que era francês e militar como eu, teve ensejo de vê-la, pela primeira vez, numa viagem que fez a Berlim, em casa de um amigo. Amou-a imediatamente e foi correspondido com veemência por minha mãe, que possuía rara formosura e educação primorosa, e, pouco tempo depois de se terem encontrado, desposaram-se, contra a vontade unânime da família da noiva, que não desejava, de modo algum, a aliança de dois seres nascidos em nações diferentes e cujos filhos reciprocamente se detestam.

"Sou unigênito desse casal venturoso, constituído por dois entes que se adoravam infinitamente, esquecidos, ambos, de que haviam nascido sob céus diversos, em ambientes secularmente antagônicos e irreconciliáveis.

"Quantas vezes lamentei não ter tido um irmão – um desses companheiros que a natureza nos dá – que escutasse os meus queixumes, me aconselhasse e compartilhasse do pesar constante que me flagela a alma, desde a segunda infância! Mas, doravante, não o farei jamais porque considero a vida um mal e não o desejara a um ser a quem amasse santamente, como adoro a *alguém* que sofre infinitamente por minha causa, tendo sido impotentes os meus esforços para pôr termo às suas lutas.

"Prossigo, porém, caro amigo, a minha narrativa. Meu genitor morreu como um bravo, como um leão baleado, defendendo a França; e minha mãe, com o coração dilacerado de dor, só, num país que não era o seu, comigo que apenas saíra da puerícia; sem outro parente mais próximo, por parte do esposo, a não ser um cunhado, jovem militar ainda solteiro, transferiu residência para Berlim e lá começou o nosso longo martírio moral. Se soubesse que essa resolução suprema que tomou seria a origem de tantos dissabores para mim, ela se teria deixado morrer na França – berço do marido e do filho adorados!

"Compreendo-a, porém, agora, que me sinto combalido por inexaurível mágoa, e sei por que tomou a deliberação de procurar seus parentes consanguíneos: nossa alma, quando sofremos atrozmente, não pode exilar-se de todo o convívio social, pois tem ânsia, mais do que nunca, de carinhos, da união com uma outra que a compreenda, que lhe aligeire os íntimos tormentos, e, nesse período angustioso, alia-se à primeira pessoa que se lhe depare, que lhe estenda a mão generosa. Assim, certamente, pensou minha pobre mãe ao buscar as paragens tudescas, onde esperava encontrar o achego da família e o perdão paterno, mas dessa vez, como sucede quase sempre, o coração ferido a ludibriou e, em vez de ternuras, só encontrou asperezas e decepções.

"Fomos, chegados a Berlim, residir em companhia de meu avô materno, já viúvo. Austero ancião que me infundia temor e respeito, que me não acariciava nunca e era, às vezes, severo em demasia com o pequenino neto, que, para ele, patriota extremado como todo prussiano sabe sê-lo, tinha o imperdoável defeito de ser... francês!

"Minha mãe – inconsolável sempre, devido à irreparável perda que sofrera – jamais pôde achar lenitivo ao seu indômito pesar. Passava os dias refratária à sociedade, reclusa no seu quarto, sempre triste, tendo apenas, para lhe minorar as penosas reminiscências do esposo, a minha presença. Abraçando-me ternamente e cobrindo-me a fronte de beijos todas as vezes que dela me aproximasse, e somente sabia sorrir quando eu lhe retribuía as demonstrações de maternal blandícia.

"Como deveis supor, eu, ainda em tenra idade, compreendia, em parte, a nossa situação de dependência num *ménage*[6] que não era o nosso. Meu avô – rigoroso e inflexível – não consentira voluntariamente no consórcio da sua única filha e ainda lhe não havia perdoado a rebeldia contra a sua autoridade, ao vê-la regressar de um país que lhe inspirava aversão, viúva, e com um filhinho para ele criar e educar. Longe de comovê-lo, a desventura de minha mãe lhe exacerbou antigos ressentimentos. Fez-lhe recriminações e daí provinham as suas contrariedades e mau humor contra o travesso Paulo – o neto estrangeiro, o fruto de um himeneu que não abençoara.

"As crianças, porém, possuem uma intuição admirável, mais celeste do que humana (se é que temos, realmente, como dizem os teólogos, uma alma imperecível, de gênese divina); compreendem, de relance, tudo que se relaciona com a sua vida, sem que seja mister se lhes esclareça a sua situação social.

---

[6] Lar, casa.

"Compungia-me, íntima e inexplicavelmente, contemplar minha mãe sempre com os olhos nublados de lágrimas, saber que sofria constrangimentos e humilhações, observar que ia perdendo, pouco a pouco, a sua ideal beleza plástica, que eu admirava com o enlevo de um crente fervoroso fitando a efígie de um ser divinizado, primorosamente modelado por egrégio artista. Mas, com o vibrátil coração propenso às folias da meninice, sentia-me constrangido com a sua infinda melancolia e, sempre que me era possível, eclipsava-me da sua presença, para folgar na companhia de três priminhos – filhos do único irmão daquela que me concebera – os quais não deixavam de ir diariamente à residência de nosso avô, não só para o alegrarem, como para serem afagados. Ele, tão ríspido para comigo, sabia sorrir, tornar-se jovial, fazendo-me compreender categoricamente a diferença que havia entre nós: eu, francês, órfão e intruso; eles, os prussianos, felizes e adorados."

CAPÍTULO II

—"Não me posso eximir de vos descrever a impressão que senti quando, pela primeira vez, deparei com os meus primos. Parece-me que ainda os vejo, ao chegar a Berlim. Os mais idosos, Carlos e Mateus, gêmeos, contavam já cerca de três lustros; eram vigorosos, impulsivos, tinham modos bruscos e despóticos, tez morena sempre purpurina, olhos glaucos, traindo violência de instintos pouco nobres; penetração, fereza e sagacidade como os dos falcões. Senti repulsão instintiva por ambos, compreendi que possuíamos temperamentos antagônicos, ao passo que experimentei uma sensação de ternura e encantamento ao conhecer-lhes a irmãzinha, uma graciosa menina de sete anos, de cabelos áureos e encaracolados, de olhos cerúleos, profundamente merencórios, enfim, semelhante, no físico gentil, a um querubim proscrito do Paraíso e ainda lembrado e nostálgico de sua divina e longínqua pátria.

"Hoje posso afirmar que sua alma de açucena está de acordo com a sua cândida e angélica formosura. A natureza, meu amigo, que a muitos parece inconsciente e a outros agir de conformidade com uma potência que desconheço e não desejo perquirir, não se engana (é-me forçoso, entretanto, dizer) quase nunca em suas obras, mormente quanto às criaturas humanas; a plástica é sempre a revelação do que é a alma nela enclausurada, do que são os sentimentos e, por isso, os frenologistas podem, com dados positivos, descrever as tendências de um indivíduo pelos traços fisionômicos ou pelas características de seu organismo.

"Não me iludi quanto aos sentimentos de meus primos, e o tempo me denunciou e confirmou o que, em idade infantil, imaginei a respeito de todos eles. Carlos e Mateus – que contavam o dobro de minha idade e da de sua irmã – eram, quase sempre, impiedosos comigo; só desejavam pôr em destaque a sua força muscular e, às vezes, me chamavam com escárnio e petulância, o que me revoltava até a derradeira fibra do coração, para que lutássemos a fim de ser eu vencido e eles terem ensejo de me dizer:

– És *francês* e por isso não te podes comparar a nós outros, alemães invencíveis!

– Se eu não fosse pequeno, venceria os dois juntos! – respondia-lhes com a face acerejada de ódio, expressando-me ainda imperfeitamente num idioma que não era o meu, o que aumentava a hilaridade e a zombaria de ambos.

"Raramente podíamos folgar em completa harmonia: quase sempre me causavam descontentamento e, então, indignado e indefeso, corria, rosto orvalhado de lágrimas, para perto de minha mãe, que me abraçava em silêncio, ternamente. Naqueles instantes penosos – vítima que era do absolutismo dos parentes, que patenteavam o que seriam mais tarde para mim – ela confundia seus prantos com os do mísero infante que, muito cedo, perdera o mais dedicado protetor, arrebatado pela morte inclemente!

"Aparecia, então, à porta da câmara, empurrada violentamente, meu avô, trôpego no andar. Com voz turbada pela cólera, censurava injustamente à desventurada filha:

— É assim, Amélia, que o estás educando? *Ele*, tenho certeza, há de crescer mal orientado, com tendências para o que é nocivo e se tornará um homem sem nenhuma qualidade moral apreciável, inútil à sociedade. Por que é que não gosta dos primos? Insulta-os, sem razão alguma e, em vez de o punires, ainda lhe dás estímulo para continuar a proceder incorretamente. Hás de ver, em breve, o *bom* resultado dos teus mimos.

"Minha mãe guardava silêncio, agoniada.

"Meus adversários — assim posso chamá-los, sem faltar à verdade — motejavam da nossa dor tácita e inexprimível, e, então, destacava-se dentre eles, como o arcanjo da paz, a meiga, formosa e cândida priminha (à qual darei o nome de Elisabet ou o diminutivo familiar — Bet) e ia consolar-me e oscular a minha genitora. Outras vezes, assim me via resignado, acenava-me de longe, docemente, suavemente, com as suas minúsculas e róseas mãos que, naqueles instantes, pareciam o adejo de duas asinhas nacaradas de algum pássaro quimérico, foragido de um Eldorado, chamando-me aos nossos entretenimentos favoritos. Contemplando-nos, ao lado um do outro, aquela que me deu o ser disse, reiteradas vezes:

— Como são belos e parecidos, Deus meu! Assemelham-se tanto um ao outro como se fossem gêmeos. Ninguém poderá negar que o sangue os vincula fortemente e quem sabe se o destino também? No entanto, presumo que só eu noto a analogia física com que o eterno os dotou, porque o orgulho de nossos parentes os separa, dando a um supremacia sobre o outro. Que é o que os aguarda no futuro, ó meu Deus?".

Paulo Devarnier fez uma pausa, um parêntese na sua narração, dizendo:

– Meu amigo, hoje, refletindo placidamente nos incidentes deploráveis ocorridos em minha puerícia, opino que a infância, tanto quanto a mocidade, a virilidade e a decrepitude, merece um estudo consciencioso dos psicólogos. A criança é, quase sempre, o retrato apenas esboçado, com tintas fortes e indeléveis, do que vai ser na juventude, ou no decorrer da existência; os sentimentos estão ainda em plena expansão – como as lavas a irromper de uma cratera quando o vulcão se acha num período eruptivo.

"Manifestam-se, por isso, com uma espontaneidade e impetuosidade que, mais tarde, não podem ser apreciadas sob o mesmo aspecto, porque a educação e as conveniências sociais os torturam, restringem, deixando-os – desculpai-me a comparação vulgaríssima – como esses títeres que, de proporção descomunal, parecem pequenos, porque estão comprimidos dentro de um estojo: basta que alguém o abra para que mostrem a estatura gigantesca! Omito, porém, considerações supérfluas, sobre a índole infantil, para não vos entediar, usurpando-vos um tempo precioso, e também para poder prosseguir a minha confissão.

Os primos de que vos falo, Carlos e Mateus Kœler,

sempre foram meus adversários, seja por instinto perverso, seja por incompatibilidade absoluta de temperamento, ou, o que talvez tenha mais base, por ódio implacável de raça, pois nunca se uniram fraternalmente os filhos da heroica França com os da altiva Alemanha. Mas, o que é, para mim, indubitável é que, desde a infância, os nossos sentimentos já se conflagravam, a juventude nunca pôde modificá-los e, por isso, ouso afirmar sem relutância: *jamais, jamais* seremos unidos pelo mais tênue laço de afinidade espiritual ou de afeição recíproca".

⁂

Até transpor as fronteiras do meu país, ignorava eu a existência do amor cívico. Senti-o, pela primeira vez na vida, jorrar do coração, quando fui tratado com sarcasmo pelos parentes, que me humilharam por ser de outra nacionalidade. Ao conchegar-me, choroso, ao regaço de minha mãe, vi-a cerrar a porta do dormitório e ordenar que me prosternasse, com as mãozinhas enclavinhadas, como na hora de recolher ao leito. Só então me disse gravemente:

– Vem rogar ao bom Deus, filhinho, para que nos proteja e faça com que *nunca* te lastimes de ser francês e possas, mais tarde, servir à tua pátria, como teu pai, que lhe consagrou a vida até ao extremo alento.

– Mas que é pátria? – murmurei, ingenuamente, antes de encetar a súplica a que ela me convidava, em intenção do morto inolvidável. Deu-me a almejada explicação a meu alcance, concluindo assim:

– A nossa pátria, meu Paulo, deve ser mais venerada do

que a dos outros povos que, muitas vezes, nos detestam e são impiedosos conosco nos tempos calamitosos de guerra.

— E tu, mãezinha, não nasceste no mesmo lugar que o bom papai?

— Não, filhinho, teu pai era francês como tu e nunca te vexes de ter aberto os olhos à luz dum país glorioso como a França, de onde viemos há pouco tempo. Nasci nesta terra em que vivemos agora, que se chama Alemanha, que é a minha pátria e a de teu avô.

— Antes fosses também da França, como o meu papaizinho! Não gosto daqui, nem do vovô... Quando voltaremos para *nossa pátria*, mamãezinha?

Como não obtivesse de minha genitora a desejada resposta, comecei a recitar, em surdina, uma prece que sabia de cor, quedando-me silencioso, depois, para que ela me ensinasse o ofertório. A torturada, porém, nada me podia dizer, porque se achava numa de suas crises angustiosas: soluçava, ajoelhada ao pé do leito, diante de um painel da Máter Dolorosa, que pertencera ao esposo adorado. É que eu, caro amigo, candidamente, proferira verdades que, por certo, eram o constante tormento de sua alma impressionável e sentimental. Compreendi desde aqueles instantes, lucidamente, por que meus primos se dirigiam com arrogância e desdém ao pequenino Paulo e por que nosso avô os acariciava até com o olhar que, para o mísero francesinho, tinha um rigor inexorável: nascêramos em nações diferentes, que não eram amigas!

Assim que terminei a oração, pus-me a meditar, pela

primeira vez, no que exprime este vocábulo – *pátria* – para que me ficasse indelevelmente gravado na retentiva. Súbito, ouvi bater brandamente à porta. Descerrando-a, deparei com Elisabet – o anjo tutelar de nossa família, aquele que terminava todos os conflitos domésticos com um ósculo de paz na fronte dos contendores, que não ousavam profanar a pureza de suas intenções e se apressavam em firmar o armistício que ela desejasse. Tratei de fazê-la entrar e sentar-se a meu lado.

Perto de Elisabet, sentia-me enlevado.

Não me era possível esquecer que, afora minha mãe, só ela me ameigava e defendia com seus róseos e minúsculos braços contra algum ato de violência dos irmãos, que não podiam transgredir-lhe a vontade, como Lúcifer, certamente, fica tolhido e manietado à voz potente de um querubim, quando lhe arrebata a presa imbele, custodiando-a sob suas asas de neve e luz, longamente espalmadas.

Assim pensei, por muito tempo, ao rememorar o prestígio de Bet, quando criança, sobre os meus primos. Hoje, porém, caro amigo, que sou um cético das coisas transcendentais, posso asseverar-vos que, na vida real, se dá agora o inverso do que afirma a Teologia: é o arcanjo que está sob o domínio de dois cruéis satãs! Sarcasmo acerbo do destino, que me tem arrancado aos olhos muitas lágrimas!

Reato, porém, o fio da narrativa: no dia a que me refiro, Elisabet entabulou comigo um inocente diálogo, e, como se houvera escutado o que eu e sua tia conversávamos antes da sua chegada, solicitou-me que lhe falasse de *lá*, da minha terra, com uma curiosidade já feminil.

Ouvindo-nos, minha mãe, a mártir ignorada, conseguiu sorrir.

Já não dormita senão vaga reminiscência em minha mente de tudo que confabulamos naquela hora, mas presumo que fosse o seguinte, mais ou menos:

– Há lá flores como aqui, chove, há estrelas... mas tudo é mais belo do que em tua *pátria*, Bet.

– É? Tenho vontade de conhecer a França, Paulo!

– Levar-te-ei para a minha terra, quando crescermos. Queres?

– Quero sim! O que não sei é se o meu paizinho consentirá que eu vá. Prometes trazer-me depois, Paulo?

– Sim – respondi-lhe apreensivo, mentindo provavelmente pela primeira vez, pois pensava justamente o contrário do que dissera na minha frouxa afirmativa: era meu maior anelo arrebatá-la para a França e jamais deixá-la regressar às plagas abominadas do nosso avô e dos seus irmãos.

Ai! o coração infantil é maravilhosamente pressago: sem ter verdadeiramente consciência do que falara, na completa irresponsabilidade da infância, acabava de formular um desejo que, decorridos tantos anos, é ainda o meu maior, o meu único ideal. É que eu não desconhecia a embaraçosa situação minha e daquela a quem devo a vida, em casa de nossos parentes; compreendia a animosidade de todos eles contra nós e, conseguintemente, estava ávido por nos libertar da humilhante posição em que nos achávamos, num lar alheio, o que conseguiríamos se fôssemos com a graciosa Elisabet para o meu país. Esse pensamento foi constante na minha meninice, fazendo-me devanear, horas a fio, sobre o modo de raptar a priminha – qual se fora uma princesinha dos contos de fada –, pois era essa a única solução que encontrava para que visse finalizados os nossos dissabores, fantasiando a suprema dita de ficarmos tranquilos em longínquo território, que não saxônio.

Vede, meu amigo, o que elaborava o meu cérebro numa idade em que as outras crianças planejam apenas travessuras e folguedos. Desde aquela época, já uma dor inominável e latente me ciliciava o coração – o germe da mesma que, hoje, mo suplicia: imaginar que eu e Elisabet teríamos de viver apartados por todo o sempre! E então, como agora, já preferia sofrer as maiores tribulações, em Berlim, a habitar a mais deliciosa e paradisíaca região deste globo, longe dela.

Passaram-se dois anos após a cena que vos descrevi em síntese. Comecei a frequentar as aulas do mesmo colégio em que se achava matriculada a mimosa Bet – o que excitou, contra mim, a mordacidade de meus primos, que cursavam um ginásio e já tinham iniciado o tirocínio militar. Esse tempo, no entanto, o do início de meus estudos, foi o período áureo, a era florida de minha existência.

Passar pela vivenda da encantadora Elisabet, vê-la aguardando minha chegada com sofreguidão, tomar-lhe, pressuroso, a pasta em que acondicionava os livros e a merenda; partirmos, lado a lado, em demanda do colégio, ver deslizar uma fração do dia juntos um do outro, aprendendo, muitas vezes, no mesmo compêndio, a mesma lição; deliciar-nos, nas horas de lazer, em magnífico parque, longe de meus primos e de nosso avô: era estar prisioneiro do

Olimpo algumas horas. Diariamente me sentia mais ditoso do que se estivesse convivendo com os deuses.

Podeis compreender, pois, qual o pesar que de mim se apoderava ao ter de conduzir a gentil coleguinha ao lar paterno e voltar só para o de nosso avô, que, no entanto, assim comecei a frequentar as aulas do estabelecimento de ensino em que ele me matriculara, se tornou para comigo menos rigoroso.

Por quê? Um dia em que o austero ancião me osculou a fronte pela primeira vez, interroguei à minha mãe a causa da transformação operada no seu genitor e ela me respondeu em segredo:

– É que, meu Paulo, já vais esquecendo a tua língua pátria e aprendendo a dele; por isso, está contente, pois pretende que, mais tarde, sejas naturalizado alemão.

– Que é ser naturalizado, minha mãe?

– É renegar a terra em que nascemos, que o Criador nos concedeu, para servir à de outrem. É...

Não a deixei findar a frase, apenas encetada: tudo compreendi rapidamente e um vivo clarão de florestas em chamas perpassou por meu cérebro, um relâmpago de dor e indignação mo incandesceu intensamente e, naqueles segundos, se me fosse possível, teria deixado, para sempre, as regiões tudescas, em companhia de minha mãe, a quem disse, no auge da exaltação:

– Consentes, minha mãe, que meu avô me force a cometer um ato indigno? Vou dizer-lhe que *nunca e nunca* deixarei de ser francês como o meu querido pai! Não quero ser prussiano, minha mãe! Tenho aversão à terra de vovô.

– E à de Elisabet? – redarguiu ela a sorrir, intencionalmente.

Logo modifiquei meu pensamento:

– *Ela* sairá daqui... e irá conosco para a França, quando eu crescer...

– Se puderes conseguir o teu intento sem uma luta tenaz em que, talvez, sejas vencido, meu pobre Paulo! – disse, profeticamente, aquela que me deu o ser, com inexprimível melancolia, prevendo, então, tudo o que me sucederia no porvir, por uma faculdade infusa que só têm as mães extremosas ou as pitonisas verdadeiramente inspiradas pelos numes. Beijou-me depois na face e, temendo que outrem a ouvisse, afora o filho amado, cerrou a porta do aposento em que nos achávamos e declarou, com a voz muito velada:

– Continuarás, meu Paulo, a aprender o vernáculo, para que meu pai, a quem muito considero e não desejo desgostar mais, não se agaste conosco, porém, comprometo-me a te ensinar às ocultas a língua francesa, para que não venhas a esquecê-la. Não digas coisa alguma a quem quer que seja. Todos suporão que te estou orientando nas matérias em que terás de ser arguido no exame, mas, de fato, só te ensinarei o idioma de teus patrícios.

Confiar segredo a uma criança!

Sabei, meu amigo, que uma criança muitas vezes o guarda melhor do que um adulto: porque ainda não sabe trair a confiança de que foi alvo, ou pelo receio de ser punida.

Foi assim que, em divergência constante com os parentes, por causa da animadversão que nutrem contra os meus compatrícios, atingi os meus 14 anos de idade.

Ao começar o desenvolvimento do meu intelecto e do meu físico, e mormente depois que, cursando meus primos uma escola militar, entrei a fazer progresso nos meus estudos, revelando inclinação apreciável para as ciências exatas – conforme o parecer dos professores –, meu avô se transformou de todo para comigo: afagava-me, adorava-me e enaltecia mais os meus predicados mentais do que os dos dois outros netos, satisfazendo, com alegria, todos os meus desejos.

Abafara o orgulho prussiano, mas para facilitar a execução de um plano altamente cívico: a conquista, pelos elos afetivos, do coração revel mas sugestionável do pequeno forasteiro francês, que a todos já parecia estar eternamente agrilhoado à terra dos famosos saxões.

Vivi, por algum tempo, sob as asas de um sonho verdadeiramente edênico, do qual não desejaria despertar jamais, se assim o permitisse a minha estrela. Teve, porém, efêmera duração o meu ilusório triunfo; o firmamento de minha existência que então se apresentava sereno, encantadoramente opalino, turvou-se bruscamente, encastelou-se de negrejantes cúmulos e expediu coriscos que, como víboras de fogo, me alvejaram o coração, crestando-o para todo o sempre, carbonizando nele todos os anelos, todas as promissoras esperanças.

CAPÍTULO III

Completara, com destaque, o curso preliminar e fora matriculado num estabelecimento de ensino secundário. Meu avô se mostrava afável e magnânimo comigo, exaltando os meus predicados intelectuais perante os amigos e parentes, e essa violenta transição numa criatura de caráter sóbrio, qual o seu, pouco propenso às expansões ruidosas de sentimentos íntimos, fez-me ficar apreensivo, cogitando que ele houvesse concebido algum projeto enigmático a meu respeito. Não pude deixar de expender, com lealdade, esses receios à minha mãe, que, no último período de uma afecção cardíaca, vivia reclusa no seu quarto, mais silenciosa, amofinada e pálida do que nunca.

Encontrei-a reclinada numa *chaise longue*, sentei-me a seu lado e lhe expus os meus temores. A princípio me pareceu que não estava atentando no que lhe dizia; depois, fez-me erguer e tirar da lâmpada, já acesa, o abajur; ordenou que me sentasse, em frente à sua cadeira, esteve a fitar-me longamente, penetrando com o olhar até o ádito de minh'alma, e só então principiou a falar, pesadamente, procurando dominar uma emoção que a tornava quase lívida:

– Meu filho, a mudança, que notaste em teu avô e que me não passou despercebida, provém de que ele deseja que, findos os teus preparatórios, comeces a aprendizagem militar na mesma escola em que teus primos estão a concluir os seus estudos, mas que sejas matriculado como seu pupilo e prussiano. Para isso conseguir, vai, por meios brandos e carinhosos, granjeando o teu coração, a fim de que te não oponhas aos seus projetos.

"Bem sei que isso te contraria, tanto quanto me está mortificando, há muito. Já compreendes que a terra onde nascemos, seja qual for, não deve ser renegada jamais e mormente por ti, meu Paulo, filho de um soldado nobilíssimo, de um guerreiro insigne, qual foi teu genitor, que imolou a existência no altar sacrossanto da pátria querida! Como hás de repudiar o teu berço natal, esquecer que o foi também de um ente a quem devemos venerar em vida, e, mais ainda, depois que nos aguarda no Além – teu pai? Que o céu me perdoe o ter de contrariar as ideias do meu, para defender os direitos invioláveis do filho e do esposo idolatrados.

"Em que penosa emergência me encontro, ó meu Deus! Vejo, de um lado, meu pai já idoso, enfermo, sem resistência para sofrer um grande abalo moral; de outro, o filho dileto ameaçado de ser espoliado de sua terra natal! Tu, o unigênito de um heroico soldado francês, que, certamente, amaldiçoará a tua conduta ou a covarde submissão, se acederes aos rogos de teu avô. Temo, sobretudo, compartilhar da incriminação do morto adorado, com quem hei de estar a curto prazo, por não ter sabido conjurar o perigo ora iminente sobre a tua fronte. Sofreria, insanamente, só com a ideia de que sua alma, que muitas vezes pressinto a meu lado, velando por nós, deixasse de aprovar uma ação de sua esposa ou de seu amado Paulo.

"Não posso, pois, adiar para mais tarde a execução de um plano salvador, que elaborei a teu respeito, mas que, para não ferir tua alma de visionário, a desabrochar para a vida, a acariciar sonhos de glória e de venturas, ainda não tinha tido a precisa coragem de pôr em prática. Escuta, pois, meu filho, o que te vou dizer, com a máxima atenção: antevejo que minha existência atinge seu termo; a dor incoercível que me tem aguilhoado, sem cessar, o coração, desde que enviuvei, fê-lo enfermar e não tarda – depois de tanto mo ter flagelado – a dar-me o eterno repouso.

"Sê corajoso, Paulo, não chores assim!

"Deixa-me prosseguir, pois não sei se ainda amanhã poderei aconselhar-te o que deverás fazer, para que te não tornes um francês execrável.

"Tens um tio paterno, residente na França, militar como teu pai, ao qual desejo escrevas para vir buscar-te".

– Mas isso é uma traição feita a meu avô, minha mãe, e meu coração se revolta com a deslealdade!

– E se acederes aos planos desses parentes, não serás duplamente desleal? não trairás a França e a teu pai?

"Imagina, Paulo, que futuramente a Alemanha se bata com a França. Serás um trânsfuga tão abominável que empunhes armas contra tua própria terra natal?"

– Nunca, minha mãe! Mas, por que me querem forçar a ser soldado? Prefiro ser um cientista, constituir família, viver calmamente num lar venturoso.

– Não se vive feliz sem a paz da consciência, meu filho; e se aqui ficares não a terás, porque assim que eu morrer, obrigar-te-ão a te naturalizares prussiano.

Caí genuflexo, com as mãos súplices:

– Piedade, minha mãe, não tenho ânimo de me separar de Elisabet!

Ela me abraçou comovida, dizendo com a voz entrecortada de soluços:

– Não duvides da minha afeição, Paulo, mas não posso pactuar com uma covardia inqualificável.

"Sê forte e não me mates de emoção, meu filho! Há muito desejava dizer-te o que te transmito agora, mas relutei, temendo angustiar-te e também que me faltasse a necessária energia para te dar uma ordem suprema, ou antes, para te fazer uma súplica, que será a derradeira e que, por isso, espero, não deixarás de atendê-la.

"É mister que voltes para tua pátria, meu Paulo. Lá estudarás o que te aprouver, seguirás a carreira para a qual sentires maior vocação, depois regressarás a Berlim e, quem sabe! talvez consigas desposar Elisabet.

"O irmão de teu pai se chama Félix Devarnier e aqui tens o seu endereço.

"Não me prometes, agora, Paulo, escrever-lhe amanhã, expondo a tua situação e rogando que te venha buscar... quando eu deixar de existir?

"Dize, meu filho!".

Foi soluçando que fiz a minha mãe a formal promessa de lhe obedecer. Escusado é dizer que não pude adormecer tranquilo aquela noite, só conseguindo conciliar o sono muito tarde, já ao alvorecer, tendo sido assaltado, em sonho, por aparições sinistras de pugnas e infortúnios que, em breve, me viriam em profusão por todo o percurso da minha acidentada existência.

No dia imediato àquele em que tive o espírito abalado por tão forte emoção, minha mãe ditou uma carta que, trêmulo e receoso, detendo-me a cada palavra, grafei lentamente, qual se fora condenado a lavrar uma sentença funesta e irrevogável, que eu próprio devesse cumprir. Depois que a leu – corrigindo alguns deslizes, pois que a missiva fora escrita em francês, que me parecia já uma língua exótica – ordenou-me que a levasse a uma agência postal para registrá-la com o endereço de meu tio Félix Devarnier.

Obedeci, sentindo o coração agitado por um presságio de amarguras, parecendo-me que, desde aqueles momentos, terminara minha infância e iniciara uma outra fase da minha existência, para a qual vaticinava desditas incessantes. Tive o prenúncio iniludível de que, desde então, me votara a intérmino sofrimento.

Por quê? Ai! meu amigo, penso que esses misteriosos prognósticos do que nos vai suceder são imagens de acontecimentos futuros que se aclaram de súbito, desenhadas que já estavam num cenário íntimo – sob o influxo de uma potência que desconheço – e avanço mais, que a nossa boa ou má sina não depende dos nossos esforços nem do nosso livre-arbítrio, porque é traçada por mão implacável e nada há que possa deter ou revogar os desígnios inerentes à nossa vida, do primeiro ao último instante.

Imagino que, como num regato de água hialina se espelham todas as silhuetas, todas as formas, todas as sombras e todas as cores dos corpos que se acham nas suas margens ou no céu, também no abismo do caleidoscópio de nossa alma há sempre o vislumbre, às vezes passageiro, outras nítido como painel pincelado por um Correggio,[7] de todos os sucessos porvindouros. Assim, o que se nos afigura um pressentimento tenebroso não é mais do que a projeção da realidade futura, que, dia a dia, se vai patenteando, pondo em foco todas as imagens que apareciam apenas esboçadas. Desumanamente, como um Torquemada,[8] o destino apenas entrevisto vai executando o que se nos afigurava ilusão e, desse modo, triturando aos poucos o coração, ceifando todas as quimeras, tornando em cinza todas as nossas mais caras aspirações.

Perdoai, porém, bom amigo, as minhas divagações filosóficas. Sou, como o disse minha mãe, um visionário, mas agora posso acrescentar ao que ela proferiu: quase todos os meus ideais já feneceram e só resta o derradeiro – a morte ou o nada, o que me parece a mesma coisa. Já não sou um ideólogo, mas um vencido nas justas que travei com a sina cruel, que me tem fustigado a alma com a inclemência de um Tritão.[9] Retorno, porém, à minha narrativa, prometendo não devanear mais, uma só vez sequer!

---

[7] Pintor italiano (1489-1534).
[8] Termo originado de Tomás de Torquemada, célebre pelo fanatismo religioso e crueldade; seu nome se tornou símbolo da Inquisição.
[9] Nota da psicógrafa: Alusão feita ao carrasco que obedecia cegamente às ordens de Luís XI.

Vivia atribulado desde que minha mãe me impôs a condição de regressar à França. Atemorizava-me a revelação, que me fizera, de que nossos parentes tentariam obrigar-me a renegar o solo francês; amargurava-me o coração saber que estava prestes a perder a mais desvelada das mães; porém, sobrepujava a todos os meus pesares a ideia de ter de me apartar de Elisabet, talvez para sempre!

Desde que habitava Berlim, ainda se não havia passado um único dia sem que a visse; crescêramos lado a lado, como gêmeos que se idolatrassem; nossos pensamentos eram uníssonos – nunca discordamos uma só vez; sabíamos – sem ainda termos feito mútuas confidências – que nos amávamos como irmãos e como noivos... desde os sete anos de idade!

E como era então graciosa a querida Bet, ao completar os seus três lustros primaveris! Que beleza arcangélica a sua! Como todos os olhares se volviam curiosos para verem-na passar e, no entanto, seus olhos de turquesa radiosa, merencórios e ternos, só buscavam os meus, que não se fatigavam de os contemplar com enlevo.

Nossos ascendentes percebiam claramente o sentimento estreme e indissolúvel que encadeava as nossas almas, exultavam por isso e sorriam à sorrelfa. Assim prenderiam, indefinidamente, o pequeno expatriado francês pelo coração, que, em breve, seria espezinhado por tantas torturas. Escoado mais de um decênio, depois dos incidentes que vos pretendo relatar, ainda sinto n'alma a dor rumorejar, como a concha que, exilada do mar, conserva incessantemente o seu ruído, que parece ocultar-se-lhe nas volutas, eternamente.

Ao regressar da agência postal, onde fora levar a carta dirigida a meu tio Devarnier, a qual, para o meu espírito impressionável, tomou as proporções de um Himalaia de bronze premindo-me o peito, tomei a deliberação de confidenciar com a meiga Elisabet, que, certamente, teria palavras cariciosas para desvanecer, em parte, as minhas tétricas apreensões. Ela, que me vira passar em direção à agência, me aguardava no pequeno jardim da sua morada, lendo um livro de Goethe, que eu lhe ofertara no dia do seu último natal, e observou logo a minha palidez e a preocupação do meu espírito. Interrogou-me, temerosa de haver sucedido algo de lastimável:

– Que tens, Paulo? Piorou a tia Amélia?
– Sabias que ela está muito mal?
– Sim... há muito... Os médicos acham o seu mal incurável.
– E por que preferiste que eu vivesse iludido e nunca me disseste, lealmente, o que me revelas agora sobre a enfermidade de minha mãe?
– Para te não afligir, Paulo...

Guardei silêncio por alguns momentos. Bet julgou-me agastado com ela pela primeira vez. Tranquilizei-a. Depois, disse-lhe:

– Tenho uma revelação a te fazer. Serás capaz de guardar, inviolavelmente, um segredo, Bet?
– Um segredo, Paulo? Se é teu, como não hei de saber conservá-lo por toda a minha vida?

Fitei-a naquele instante, meu amigo, e quase não tive ânimo de lhe transmitir meus pensamentos, para não vê-la sofrer.

Estava tão bela, tão serena, que hesitei em levar à sua alma bonançosa o pesar que punha a minha em procela.

Elisabet, porém, tanto insistiu para que lhe dissesse toda a verdade, que não pude resistir aos seus rogos e, numa sincera confissão de quem não sabia ainda mentir nem simular os sentimentos, tudo lhe narrei sobre a deliberação que minha genitora havia tomado de me fazer regressar à França. Via, ao passo que lhe falava, ir empalidecendo gradativamente e seus olhos se aljofrarem de pranto. O rosto que, havia poucos momentos, parecia esculturado em nácar precioso, subitamente se tornou de jaspe, como o firmamento em zona tropical, à hora do crepúsculo, passa bruscamente da cor da púrpura à da cinza. Logo após, tomou a nuança do alabastro mais níveo.

Choramos, sentados no mesmo banco do jardim, por muito tempo, mãos enlaçadas pela primeira vez, sentindo que, ao prenúncio de um afastamento, as nossas almas ficaram mais ligadas, transfundidas numa só. Depois de longo silêncio, como se já não estivéssemos mais na infância ou como se, de súbito, nossos espíritos houvessem atingido uma idade secular, começamos a conjeturar no porvir, que se nos antolhava tempestuoso, prenhe de adversidades.

Bet não me acusou uma só vez por ter acedido à vontade materna; apenas se mostrou tristonha e apreensiva. Vendo-me, porém, infinitamente abatido e consternado, tentou consolar-me:

– Sabes, Paulo, o que nos vai suceder? O mesmo que à tua mãe; virás da França buscar-me, quando já fores oficial ou terminares os teus estudos.

– Assim o espero, Bet, mas o que me acabrunha é termos de ficar separados, e quem sabe se me não irás esquecendo aos poucos, ou se terás a constância de me esperar alguns anos, até que eu possa vir buscar-te?

– Eu, Paulo? Não me ofendas duvidando da minha afeição! Juro que te hei de esperar, haja o que houver futuramente! Hei de ser-te sempre fiel e *nunca* a outrem consagrarei a amizade que te tenho.

– Mas teus irmãos, sobre todos os membros da nossa família, serão contra nós. Pressinto que me hão de odiar inexoravelmente, se eu regressar à França.

– Haja o que houver, Paulo, serei sempre... tua noiva!

Noivos! Éramos, pois, prometidos esposos aos 14 anos de idade e o segredo do nosso amor cândido e impoluto, que até então nunca nos assomara aos lábios, que apenas irradiava dos nossos olhares, por entre a timidez das almas castas e ingênuas, a dor no-lo patenteava inopinadamente e uma incomparável alegria – mesclada, entretanto, de amaro pesar, qual se fora uma taça de néctar em que alguém instilasse absinto – me inundou o coração, refrigerando o tormento que o abrasava com o vaticínio de inevitáveis angústias. Assim, ao passo que minh'alma se iluminava de ventura, meus olhos se turvavam de amargurado pranto.

Passaram alguns dias após a nossa mútua confissão e, todas as vezes que nos achávamos a sós, reiteramos quase as mesmas palavras, que traduziam temores, esperança, amor, projetando também o que faríamos – com as pupilas orvalhadas de lágrimas, linfa do sofrimento a gotejar do coração premido pela bárbara manopla do destino – no momento em que tivéssemos de ficar segregados um do outro, transfundindo nossas almas em recíprocos protestos de afeição, jurando que jamais seríamos desleais, preferindo a morte à perfídia.

Uma tarde, ao regressar da casa de Elisabet, encontrei minha desditosa mãe muito mais pálida do que nos outros dias, com os lábios rubros por uma onda sanguínea, o olhar fixo no teto, a destra pousada sobre o coração – reduto de todo o suplício que padecera em silêncio, proscrita na sua própria terra, condenada a uma perpétua reclusão, decretada na saudade inexaurível do esposo bem-amado. Quando me aproximei do seu leito, não pude deixar de soltar estridente grito de aflição.

Ela, então, me fitou por um momento apenas – tendo no olhar expressão inesquecível, na qual pude compreender quanto sofria por me deixar só, exposto às borrascas da vida e, ao mesmo tempo, uma rogativa, a derradeira, para que cumprisse o prometido. Depois, sem poder pronunciar um único vocábulo, cerrou as pálpebras, como se estivesse aguardando exclusivamente a minha presença para abandonar a existência, aquela existência de mártir inconsolável. Expirou quase ao abandono, como vivera, a desventurada e incompreendida criatura!

Permiti, caro amigo, faça uma ligeira interrupção, omitindo o que deveis perceber lucidamente: a minha mágoa incomensurável ao perder aquela que me dera o ser, mágoa que até hoje ainda perdura quase intacta no meu imo, porque somente agora compreendo a tortura em que viveu a desditosa viúva, que nunca pôde encontrar lenitivo ao pesar que padeceu com a separação de um ente a quem amava mais que à própria vida. Desde então, o amor que eu lhe consagrava se transformou em culto, em veneração intraduzível!

A dor desperta e matura o nosso espírito; em poucos dias deixei de ser uma criança, sentindo íntima e radical transmutação dos sentimentos e das ideias. Meus pensamentos se tornaram graves, refletidos, como se eu já contasse meio século de vida, e cuidava, às vezes, que meus cabelos fossem ficar nevados. Mas, para mitigar meu infortúnio – o primeiro temporal que me fustigou a alma tenazmente, acordando-a para as grandes refregas morais – tinha a ternura de Elisabet e os afagos paternais de nosso avô, que me tratava com indizível carinho, o que me fazia, muitas vezes, prantear remorso por haver escrito aquela maldita missiva a meu tio Félix, imaginando que aquele que procurava abrandar o golpe que me fora vibrado em pleno coração teria o seu, em breve, dilacerado pela minha ingratidão, ferida por mim, involuntariamente, sua alma de patriota extremado e já sem energia para suportar estoicamente os embates da adversidade.

CAPÍTULO IV

Decorreu algum tempo depois do infausto sucesso que acabo de referir e cuja recordação ainda me punge intimamente.

Como já disse, tornei-me taciturno, meditativo, desabituei-me de sorrir, sentindo que, no íntimo, uma estranha individualidade substituíra a que nascera comigo. Ao passo que se ia adelgaçando, diluindo, a personalidade infantil, que por fim se dissipara ou pulverizara como escombros alijados a uma voragem, surgia uma outra definitiva, alicerçada em bases imutáveis – a varonil. Não era mais o infante gárrulo, irrefletido e esperançoso de outrora, não. Durante os dias enlutados que se seguiram ao passamento de minha mãe, meu espírito, apesar de aturdido, se desenvolvera, se metamorfoseara. Tinha, às vezes, a impressão de estar enclausurado um titã no pequeno cárcere do meu organismo, como a teria um cedro, se dotado de sensibilidade, no qual despontasse um rebento que, decorridos anos, se agitasse, ultrapassando o próprio caule em que germinara.

Mais do que até então, avigorou-se em meu ser o culto inefável que consagro a Elisabet e, se até aquela época me era penoso imaginar minha partida de Berlim; depois que fiquei órfão pela segunda vez parecia-me inqualificável barbaridade levar-me alguém – mesmo que fosse algum éden – para outra região afastada daquela em que jazia o sepulcro materno e onde se encontrava o único lenitivo às minhas mágoas – Elisabet!

Não poderia, noutra paragem, fruir o consolo que, em Berlim, amenizava os pesares de minh'alma em crepe: palestrar com a afável noivinha, renovar os nossos protestos de mútua felicidade, confundir nossas lágrimas, que todos julgavam originadas do recente sucesso que nos enlutara, mas que provinham da expectativa em que nos achávamos, da derrocada de nossos sonhos, do despenhar, em nossas frontes, de uma inevitável desventura, que, talvez para sempre, nos afastasse cruelmente um do outro, pois não eram infundadas as angústias dos nossos corações – misterioso oráculo que se oculta no santuário do nosso peito.

Às vezes, em rápidos instantes, pensava, revoltado contra mim mesmo:

– Por que hei de sair da Prússia, se, somente aqui, poderei conquistar a almejada ventura, meu enlace com Elisabet?

"Que importa servir à pátria de Elisabet, pátria do meu coração que a idolatra?".

Mas logo austera reprovação me farpeava asperamente a consciência:

– Quê! Pois vais repudiar a terra de teu pai, que morreu propugnando-a, como um ínclito? Vais traí-lo e a tua infortunada mãe, que confiava na nobreza do teu caráter e a quem juraste cumprir a sua última vontade?

Tinha, naqueles momentos de secreto embate, a visão entristecida da morta adorada, sempre com as negras vestes da viuvez, muito pálida, contemplando-me como o fizera pela derradeira vez, no leito da agonia. Então, não mais tentava reagir: cerrava as pálpebras, deixava-me arrebatar pelo vertiginoso torvelinho dessa fatalidade que me tem desfolhado, uma a uma, as ilusões da mocidade, todas as esperanças da vida, que arrasto como o galé arrasta o seu grilhão maldito, sabendo que jamais será libertado!

Um dia, ao regressar da casa de Bet, ouvi distintamente vozes alteradas que provinham da sala de visitas da residência de meu avô, e, como uma delas me era desconhecida, parei no limiar da porta, hesitando em penetrar no recinto a que ela dava acesso.

Alguém dizia:

– Não venho cometer uma arbitrariedade, senhor; tenho sobre *ele* o direito inconcusso, pois, primeiramente seu pai e depois sua mãe mo entregaram, antes de falecerem.

– Que fizestes de todos os documentos comprobatórios do que alegais, senhor? – disse meu avô, com desdém e agastamento.

Houve uma breve pausa, que a fala do estranho interrompeu:

– Ei-los!

Funéreo silêncio sucedeu às vozes exaltadas e depois ouvi, claramente, a de meu avô, exprimindo cólera, indignação e dor:

— Desgraçados! Em minha casa, tratados com todo o carinho e me embaírem assim, covardemente, sem que eu o suspeitasse!

Às suas últimas palavras se misturavam lágrimas e soluços incontidos.

Nesse instante impeli a porta e, entrando cautelosamente na sala, deparou-se-me um desconhecido, de porte altivo e fisionomia insinuante, fardado de tenente francês – tal qual uma fotografia de meu pai, conservada cuidadosamente por minha mãe, que a fitava sempre com os olhos marejados de pranto. Estava de pé, faces ruborizadas por intensa emoção. Mas o que me confrangeu o espírito, dolorosamente, foi ver meu avozinho com os cabelos de neve revoltos, debruçado sobre um consolo de tampo de mármore, soluçante, tendo uma carta pendente da destra engelhada e trêmula.

Confesso, que, pela vez primeira, senti uma infinita ternura por aquele venerável ancião e, com a alma compungida, aguilhoada pelo remorso e por indescritível pesar, tive ímpetos de me ajoelhar a seus pés, implorando perdão para mim e para minha pobre mãe, pois compreendi, de relance, o que se tratava, ao ver de suas mãos convulsas escapar-se a carta fatal, a carta-avalancha, a carta leviatã, que, havia muito, me estrangulava atrozmente o coração, esmagando também, dentro dele, minha idealizada ventura, derruindo o único sonho de minha vida, porquanto jamais o hei de ver realizado neste planeta maldito: a minha união com Elisabet!

Ao pressentir minha aproximação, pelo rumor dos passos temerosos, meu avô ergueu-se e, com o rosto inundado de lágrimas, apontando a porta, disse-me, vibrante de cólera:

– Desgraçado que criei qual se fora um filho querido, que mandei educar, que estimava já tanto como aos outros netos adorados – triunfando de um asco que julgara invencível – e que, no entanto, de combinação com aquela desventurada, pela qual ainda estou de luto, me ludibriou infamemente, não se apiedando dos meus cabelos brancos e de tantas amarguras que tenho sofrido, para me dar um golpe tremendo! Também já não és nada para mim; és, de hoje em diante, um estranho; és novamente um *francês* que odeio e hei de amaldiçoar até ao derradeiro instante desta vida! Vai-te! Eis aqui o irmão daquele que tem sido o causador de todos os meus desgostos, de todos os meus acerbos infortúnios, de todos os meus mais profundos dissabores: segue-o, miserável, que o chamaste traiçoeiramente! Podes ir desde já e não te lembres mais de mim nem dos *meus* parentes: és um intruso detestado, um enjeitado na *minha* família e *jamais* – ouve bem as minhas palavras para que nunca as esqueças! – consentiremos que desposes a minha querida neta Elisabet! Não julgues que farás como teu pai, não, traidor! Saberemos, agora, defender-nos contra as aves de rapina da nossa felicidade, vindas daquela França odiada.

O desconhecido, que era meu tio Félix Devarnier, lhe interrompeu a apóstrofe, dizendo:

– Senhor, acabais de nos insultar brutalmente e eu saberia repelir a afronta feita aos que me são caros, se entre nós não se erguesse uma muralha que não ousarei escalar: a diferença das nossas idades! Respeito as vossas cãs. Além disso, julgo-vos demente neste instante e, assim, o que tenho a fazer é retirar-me de vossa casa, levando *para sempre* o meu querido sobrinho! Vamos, Paulo Devarnier, nem mais um momento quero que fiques aqui! Agora compreendo bem a tua situação e a da pobre Amélia, que aqui deve ter morrido de desgostos. Se eu o soubera... Espero-te alguns minutos, quantos bastem para acondicionares o que te pertence.

Declaro, meu amigo, que, naquela hora tormentosa, não sabia mais onde me achava nem o que fazia: estava dominado, apossado, esmagado pela engrenagem da sorte inclemente! Retirei-me da sala, cambaleante, e dirigi-me ao quarto em que falecera minha mãe. Arrumei, à pressa, numa pequena mala de viagem, alguma roupa, alguns objetos que pertenceram a meus pais, parei em frente ao leito onde vira agonizar a triste mártir, fitei a primorosa tela suspensa à parede, representando a Máter Dolorosa – que parecia olhar-me através das lágrimas, como eu também a via – e voltei automaticamente ao lugar em que se achavam meu avô e meu tio.

Tentei, lacrimejante, abraçar o querido avozinho – ele o era desde aqueles momentos angustiosos em que o vi tanto sofrer por minha causa, apesar da rispidez com que me tratara – mas fui repelido, talvez inconscientemente, pois que as suas faculdades mentais se achavam obliteradas pelo acerbo dissabor que lhe agrilhoava a alma.

Aquela visão dolorosa de um velhinho soluçante, debruçado sobre o mármore que igualava na cor os seus cabelos brancos, me persegue até hoje, a todos os instantes de minha atribulada existência, confrangendo-me tenazmente o coração. Penso ser a insídia, por mim praticada contra o pobre velhinho que me adorava, a origem da minha intérmina amargura. Por que não fiquei, naqueles momentos, aos pés do austero ancião? Por que não reneguei minha pátria, levando o júbilo a duas criaturas que me idolatravam – uma, abeirada do túmulo; outra, mal saída do berço?

Ai! meu amigo, eu era então, como ainda agora o sou, arrastado pela fatalidade.

Saímos da casa de meu avô, deixando-o inconsolável, carpindo, sem me ter querido ver à hora da partida, e nos dirigimos a uma praça, em busca de um veículo. Mal contendo o pranto que me nublava a vista, implorei a meu tio Félix que me levasse à residência dos pais de Elisabet, de quem desejava despedir-me, haurir, numa palavra que fosse, o conforto para me animar a sofrer, na minha pátria, o meu amargurado degredo – que o seria para mim o viver em qualquer país que me distanciasse do seu coração amigo e afetuoso.

Ele acedeu ao pedido, depois de muito relutar. Fomos, em casa de Bet, tratados com frieza, mas não com imolidez.

Meus primos se achavam ausentes e o pai deles, assim que soube que me achava de partida para a França, avaliando o desgosto que essa minha inesperada resolução causara a seu genitor, se foi internar no gabinete cirúrgico, pretextando um trabalho inadiável.

Eu e a querida Bet, sem ânimo para nos apartarmos, ficamos ao lado um do outro, sem pronunciar uma só palavra, os olhos marejados de lágrimas.

Compadecida da nossa dor, minha tia Helena, com a voz emocionada, chamando-me à parte, disse:

– Meu filho, nunca me oporei à tua afeição pela minha Bet, mas vejo que vais ter adversários inexoráveis em teu tio Guilherme e nos teus primos, que, como sabes, nunca te estimaram e que, de hoje em diante, se insurgirão contra ti. Coragem!

"O que puder fazer por ti e por Elisabet fá-lo-ei. Foste, porém, muito culpado e talvez sejas o causador da morte de meu sogro, o que, sucedendo, complicará a tua situação. Agora vai, meu filho, estuda, conquista uma posição social e volta, que o tempo tudo desvanece e dissipa".

E foi assim, caro amigo, ouvindo essas palavras de conforto e branda censura – sem pensar em me defender para não chamar odiosidade sobre a memória de minha mãe – que deixei a Alemanha e aqueles a quem amava, sacrificando pela França a minha ventura. Transcorridos anos, desfolhadas todas as minhas mais fagueiras esperanças, encontro-me na aflitiva conjuntura de um náufrago, à tona de proceloso oceano, oscilando nas ondas, prestes a me submergir para sempre, sem o mais mínimo vislumbre de salvação.

– És jovem, generoso e denodado, e não deves deixar que o pessimismo te avassale! – disse eu a Paulo.

Estou fatigado de lutar em vão contra a sorte hostil e crudelíssima e sei, por iniludível augúrio, que jamais conseguirei alcançar o único objetivo da minha existência, que sabeis qual é! Este gládio, meu amigo, que representa a minha pátria, a imolação que lhe fiz da minha ideada felicidade, ainda dará tréguas a meu sofrimento: não vos admireis quando souberdes que, com ele, varei o coração, exausto de padecer.

Falta, porém, muito pouco a vos inteirar a respeito do meu regresso da Prússia, da minha permanência no solo francês, dando-vos a conhecer o que tenho suportado em mais de dez anos de verdadeiro suplício moral.

CAPÍTULO V

Voltei para a terra em que nasci, com o coração saturado de mágoas, de indescritível acabrunhamento, sentindo-me só, abandonado entre indiferentes ou estranhos. Farpeava-me a alma, a todos os instantes, a falta dos afagos da querida Bet. Tinha saudades de quase todos os nossos consanguíneos e, mormente, do nosso avozinho. As suas derradeiras palavras vibravam sempre, como até agora, aos meus ouvidos, apunhalando-me de dor o coração sensível.

Escrevi a Elisabet com frequência, fazendo-lhe longas confidências de meus pesares e de minhas apreensões, recebendo, em troca, notícias que me alucinavam de regozijo, aliviando também a tortura da minha grande saudade.

Mas a minha dita foi efêmera, porque, após dois meses de ausência de Berlim, não recebi mais nenhuma carta da minha noiva e as que lhe dirigia me eram recambiadas intactas. Que se passara? A dúvida, o receio de alguma enfermidade de Bet, o tormento do zelo flagelaram-me continuamente o espírito e, por vezes, fiquei com a saúde abalada, forçado a deixar os estudos para, na companhia de meu tio paterno, andar em excursão pela Itália e por todo o sul da

Europa, a fim de espairecer e tonificar o organismo.

Prossegui, depois de um interregno de alguns meses, os meus estudos e consegui, afinal, concluí-los, tendo optado pelo curso de engenharia militar, a conselho do meu protetor, que, após minha formatura, empreendeu comigo prolongada viagem através do continente oriental. Quando aportamos em Hamburgo, obtive dele permissão para ir a Berlim, prometendo-lhe demorar o menos possível na formosa capital prussiana.

Mal lá cheguei, ao anoitecer, dirigi-me logo à residência de Elisabet. Ela habitava uma casa que pertencia a seus pais, sendo, portanto, provável que se não houvessem mudado. Senti o coração anarquizado pela emoção que de mim se apoderou. É que, meu amigo, havia quase um decênio não tinha notícias de minha prima e deveis compreender quanto temia encontrá-la com as ideias mudadas a meu respeito. Talvez já fosse noiva ou esposa de outrem.

Pelos esclarecimentos obtidos, ao chegar à rua em que a deixara, soube que ainda morava na mesma casa. Encontrei-a no jardim, como a esperar *alguém*, melancólica, descarnada, com um vestido claro. Assim que meus olhos nela se fixaram – com insaciável avidez, oriunda da saudade e do amor –, notei que um grande desgosto lhe excruciava a alma.

Reconheceu-me quase no mesmo instante em que me avistou, mas a minha presença lhe inspirou mais pavor que contentamento.

– Querida Bet! – pude murmurar enfim.

– Paulo! que surpresa me causaste!

– Como poderia avisar-te que estava na Prússia, se há

tantos anos deixaste de me escrever, sendo as minhas cartas, para meu martírio, devolvidas intactas?

Ela desviou dos meus os seus formosos e merencórios olhos e começou a soluçar.

Suas lágrimas me faziam enlouquecer de desespero e germinar na mente mortificante suspeita.

– Já estás comprometida com *outro*, Bet?

– Não, Paulo, nunca serei noiva de outro, senão daquele a quem prometi conservar-me fiel e saberei cumprir meu juramento!

– Obrigado! Obrigado! Mas, por que deixaste de me escrever, querida Bet?

– Porque *eles* te odeiam muito e não consentiram... desde que nosso avozinho enfermou por tua causa, quando foste para a França.

Exigia o meu coração atormentado por dilacerante desconfiança, estilhaçado por dúvidas e zelos inquietadores, uma explicação cabal daquele longo silêncio, durante intérminos e malditos anos, em que minh'alma se debateu num pélago de dor inexprimível, e por isso lhe supliquei:

– Dize-me tudo que tem ocorrido desde que nos separamos, Bet! Que tem havido? Que tens sofrido?

– Não sabes, Paulo, que o nosso pobre avozinho morreu poucos meses depois de haveres partido para a França? Não o sabias até este momento, não é verdade? Escreveste-lhe uma vez, mas ele te recambiou a carta. Era bem orgulhoso o nosso avozinho.

"Data de sua moléstia a minha desdita. Culparam-te de

sua enfermidade e do seu falecimento. Internaram-me num colégio com a proibição formal de escrever, ainda que fosse à minha pobre mãe. Estive, assim, sequestrada durante quatro anos, sem ordem de gozar as férias em casa, exercendo as professoras uma vigilância sobre mim qual se eu fora uma criminosa. Quando regressei ao lar, já não era mais uma criança e me interpelaram a teu respeito. Perguntaram-me se ainda tinha intenção de te desposar. A resposta afirmativa que dei a meus irmãos exasperou-os. Disseram-me, coléricos:

'Queres aliar-te ao assassino do nosso pobre e adorado avô?'

"Como me calasse, banhada em pranto, resolveram manter-me reclusa por mais algum tempo. Minha mãe protestou, mas seus rogos foram baldados: tive de permanecer num internato por mais dois anos. Somente regressei quando minha genitora, oprimida de desgostos, esteve quase agonizante, mas tenho vivido tão espionada que não me foi possível escrever-te e, além disso, não sabia a direção que deveria dar à correspondência."

— Ainda resido na mesma casa de meu tio Félix, minha Bet. Ouve-me, porém, agora: nosso avô nunca me perdoou o pesar que lhe causei?

— Infelizmente não, mas julgo que talvez a sua maior dor proviesse da tua ausência. Se tivesses vindo, ter-te-ia perdoado, Paulo. Parece-me que te idolatrava.

— Por que não mo disseste, Bet?

— Não me deixaram, Paulo! Não consentiram que te escrevesse uma só palavra: tornaram-se a minha própria sombra, seguindo todos os meus passos!

"Agora, Paulo, vou confiar-te a causa do mais acerbo

pesar que experimento: meus irmãos e meu pai continuam a odiar-te, falam em te tirar a vida se aqui te virem, persistindo num intuito que reputam criminoso, e minha desventurada mãe – que continua prometendo fazer por nós o que estiver a seu alcance – tem sofrido muito. Essa peleja moral, que nos mortifica há anos, por vezes a tem prostrado no leito e a sua saúde, cada vez mais melindrosa, acha-se irremediavelmente comprometida! Quanto temos padecido! Que me sucederá, se me faltar a proteção materna? Vê, Paulo, se pareço a mesma Bet que deixaste quando daqui foste."

Fitei-a longamente e, lendo no seu rosto, que se tornara de jaspe, todo o longo suplício que a atormentava intimamente, compreendi que nunca a amara tanto, como então, divinizada pelo martírio moral que, por mais de um longo decênio, suportava heroicamente, por minha causa! Como achei digna do meu amor infinito aquela pobre criatura!

Senti-me compensado de todos os padecimentos, de todas as agonias, abençoando-as por ela. Tomei-lhe as mãos gélidas, osculei-as com inexprimível ternura, dizendo-lhe:

– Queres que finde, neste instante, toda a nossa longa tortura, Elisabet?

– Como, Paulo?

– Uma carruagem me espera: fujamos de Berlim e, longe dos nossos adversários, poderemos realizar o almejado consórcio.

Ela empalideceu mais, até a lividez, meditou por alguns momentos e respondeu com inaudita amargura, meneando a loura cabeça:

– Não, Paulo, hoje ainda não pode ser consumado o

nosso martírio. Não sabes que minha mãe se acha à morte? Como deixá-la no seu leito de dores, sem poder abençoar-me no extremo instante? Ainda não podemos terminar nosso infindo sofrimento, querido noivo! Não edifiquemos nossa ventura sobre um sepulcro – que talvez se abrisse mais depressa com a minha brusca partida –, pois não quero que o Céu nos amaldiçoe ou que o crepe do remorso ensombre os nossos corações. Mas o tempo corre, meu Paulo, e *eles* estão prestes a chegar! Vem sem demora ver a nossa única amiga, antes que sejamos impedidos de o fazer por teus adversários irreconciliáveis.

Tomou-me da mão, como se segurasse a de uma criança, ao mesmo tempo aflita e radiante, e me levou ao quarto onde se achava a sua genitora, numa *chaise longue*, reclinada para trás, pálida e enlanguescida por desgostos e padecimentos físicos, revelando a sua fisionomia uma enfermidade grave e incurável. Ao ver-me, visível foi a sua agitação, pois me reconheceu imediatamente, e falou num tom de maternal ternura:

– Paulo, meu filho, quando chegaste?

– Há pouco, e conto partir dentro de algumas horas. Vim aqui especialmente para estar convosco e com a minha saudosa noiva...

Só então, à luz de uma lâmpada, pude contemplar a adorada Elisabet, procurando saciar a alma separada da sua, havia mais de dez anos. Já não era a mesma Bet de rosto oval, nacarado e infantil que eu conhecia, pois o sofrimento o tornara descarnado e sugara, como vampiro, a sua rósea cor de flores de macieira; mas tinha algo de alabastro e luz, uma suavidade dos seres divinizados e impolutos, a mesma expressão de bondade, candura e perfeição moral que denunciam os entes santificados pelo martírio, para os quais, prestando-lhes culto, devemos olhar genuflexos, com o pensamento erguido a esferas rútilas, inatingidas pela humanidade miserável e desditosa.

Fitando-a, enternecido até as lágrimas, que me empanaram os olhos, por vezes, sem entrar em detalhes, expus os meus projetos às duas santas criaturas, que me ouviram em silêncio. Disse-lhes que terminara os estudos e então só alimentava um desejo – desposar aquela que estava sofrendo por mim e que eu idolatrava ilimitadamente! Concluí meus pensamentos nestes termos:

– Elisabet é quase da minha idade e encontraremos nas leis do seu país apoio à nossa pretensão.

– Mas – ponderou minha tia, com tristeza – onde e como conseguiremos realizar o vosso consórcio? Que valem as leis contra o despotismo de nossos parentes, que roubaram minha Bet aos meus carinhos, durante seis longos anos? São capazes de vos matar, meus queridos e pobres filhos.

Ia responder-lhe e propor-lhe o plano que concebera – o rapto de Elisabet – quando, de súbito, como rubros, iracundos e ferozes agentes satânicos, meus primos surgiram à porta do quarto, e, vendo-me em afetuosa efusão de ideias, como o indicavam a nossa calma aparência e as nossas mãos unidas, uma repentina lividez de gesso lhes mascarou as faces, que eram, invariavelmente, purpurinas.

Reconheceram-me prestamente porque conservo

ainda muitos traços fisionômicos da minha adolescência. Nem os anos transcorridos longe, nem os vínculos de parentesco que nos ligam tão intimamente, nem um átomo de piedade por um ato que pratiquei quando ainda criança irresponsável, nem a presença de uma pobre mãe enferma puderam atenuar o orgulho e o furor daqueles dois indivíduos truculentos, que me abominam como se eu fora o mais degradado bandido!

Encararam-me com desprezo e arrogância, deixando que pelos olhos chamejantes, a despedirem jatos de fogo diabólico, explodisse o ódio que me votam. Carlos bradou, sacudindo os punhos, como costumava fazer para me ameaçar, quando eu era indefesa criança:

– Atreveu-se a vir a esta casa, vil traidor?

Como que eletrizado, impelido por baterias poderosas, adiantei-me para quem pronunciara aquelas ignominiosas palavras, empunhando um revólver, quando vi a enferma levantar-se, e, interpondo-se aos dois, dizer ao ofensor, com uma energia que não admitia réplica:

– Não o insultes mais, Carlos! Se me desobedeceres, amaldiçoar-te-ei, serás o responsável por minha morte e Deus não deixará de te punir severamente!

Depois, mudando de tom, me disse suplicante:

– Paulo, eu te rogo, em nome de Deus e no de tua mãe, que não repilas a afronta que acabas de receber e que te retires em paz da nossa casa, para que se evite uma irremediável desgraça.

– Defendeis um traidor, um *francês*, minha mãe? –

rugiu Carlos, cujas pupilas dilatadas pareciam esguichar flamas infernais.

Fui tentado novamente a dar-lhe uma resposta equivalente à injúria, mas, de repente, vi minha infeliz tia cair desmaiada a meus pés, e Bet – a minha idolatrada noiva – precipitar-se sobre o corpo inanimado, tentando erguer-lhe a cabeça encanecida. E assim, ajoelhada e soluçante como estava, me dirigiu um olhar inesquecível, através de lágrimas, como a me implorar piedade, proteção, ou para firmar comigo um eterno pacto de fidelidade e de amor. Soube, então, conter-me a tempo de evitar um crime, apertei-lhe a destra para provar que lhe havia compreendido os pensamentos e, depois, fitando altivamente a Carlos, disse-lhe:

– A hora é imprópria para desafrontar a minha dignidade que ultrajaste vilmente, mas ainda saberei provar-te que a têmpera de uma espada francesa não é inferior à de uma prussiana... *até a vista*!

Elisabet continuava a soluçar convulsamente. Sem ter podido dirigir-lhe sequer uma palavra de carinho ou conforto, saí precipitadamente e, sentindo desde aqueles momentos rugir no cérebro uma tempestade de ódio, de desespero, de revolta, não me foi mais possível olvidar a cena pungentíssima que presenciei. Aquela alcova e aquelas criaturas ficaram, até hoje e para sempre, esculpidas na minha mente, como se nela tivessem sido pirogravadas, para meu constante suplício. Parece-me estar a ouvir, incessantemente, a voz colérica de Mateus dizendo, na hora em que eu transpunha os umbrais do quarto com o coração apunhalado de dor:

– Malditos Devarnier! Acabam com a nossa família!

Têm um influxo nefasto e satânico que nos causa uma desgraça sempre que aparece algum deles.

Imaginais como fiz a viagem de regresso à França, caro amigo. Não vos digo uma inverdade declarando que, a levar esta existência intranquila como a tenho, desde que fui a Berlim, fora preferível que, no instante em que me retirei da residência de Elisabet, o sabre de Carlos me houvesse atravessado o coração.

E vivo assim, meu amigo, há quase três anos, sem ter tido desfecho o drama da minha vida, sem ter recebido a mais ligeira notícia de minha noiva e sem ter podido ainda voltar a Berlim para cumprir o que prometi a Elisabet. Que é que lhe sucedeu durante este lapso de tempo? Que novos tormentos já lhe infligiram seus algozes?

Avaliai a inquietação e a agonia do meu viver desde então, esperando a todo o momento uma notícia alarmante vinda da Alemanha, onde não me é permitido ir agora, pelo governo francês. Às vezes empalideço mais e sinto esvair-se-me o coração dentro do peito, numa inaudita angústia, ao ver algum estranho se aproximar de mim. Julgo que me vem apenas dizer:

– És Paulo Devarnier? Pois bem, venho informar-te que Elisabet Kœler morreu.

Compro, às vezes, algum diário tudesco e, instintivamente, procuro a seção do obituário, ou então o deixo cair das mãos, faltando-me ânimo para receber de chofre qualquer nova deplorável referente à minha noiva.

Eis como vivo amargurado. E o que mais me conturba

a consciência é pensar que a mãe de Bet – a única criatura que protegia a nossa afeição ilibada, compreendendo-lhe a intensidade e a nobreza – faleceu em consequência do abalo recebido naquela noite em que estive no seu lar. Quer isso dizer que minha noiva, inerme, deve achar-se enferma, espezinhada, padecendo contínuos desgostos por minha causa. Parece-me vê-la, sem cessar, genuflexa – semelhante a um marmóreo arcanjo de sepulcro – tal como a contemplei pela última vez, e um pesar inominável me devora o peito por não poder ir arrancá-la ao julgo mefistofélico de três verdugos empedernidos!

Sem o desejar, tenho sido, realmente, o causador da desventura de tantas almas puras e merecedoras dos melhores quinhões de felicidade terrena. Às vezes, dou razão a meus adversários: parece-me, efetivamente, que a fatalidade me assedia sem cessar, que nasci de uma união não abençoada pelo chamado Criador do universo, e, por isso, ocasiono desditas àqueles a quem me afeiço o ou que me honram com a sua amizade. Previno-vos ainda a tempo, prezado amigo!

– Não, meu amigo – repliquei – laboras num erro absoluto: o eterno, a Justiça suprema não pune a quem quer que seja, por nutrir o mais nobre dos sentimentos humanos – o amor ou a amizade! Tens sido apenas vítima do orgulho indomável dos teus parentes, que, iníquos contigo, nunca te julgaram com imparcialidade.

"Teus primos foram e são teus inimigos rancorosos desde que te conheceram, sempre se consideraram teus superiores – apesar do íntimo parentesco que vos liga – por ódio ou por preconceito de raça, que os cega e que também nos separa, talvez eternamente, a nós franceses e prussianos, povos ambos de um mesmo continente.

"Não deves, pois, persistir nesses pensamentos lúgubres de pessimismo ou de fatalismo.

"Queres que te aconselhe paternalmente?"

– Sim!

– Aventuro, então, uma ideia, que submeto à tua apreciação: por que não mandas um emissário à Alemanha para te trazer de lá notícias positivas de tua noiva?

"Não é preferível que as tenhas – sejam quais forem – a ficares padecendo o suplício desta incerteza? É melhor saber a realidade – por mais penosa que seja – do que permanecer em aflitiva perplexidade."

– Aceito-a, meu amigo – exclamou ele – e vou pô-la em execução: sou um náufrago e não devo repelir a tábua salvadora que me atiram vossas mãos generosas.

No dia seguinte ao em que tão longamente confabulamos, Devarnier pôs em prática a ideia que eu lhe sugerira: um emissário partiu de Bruxelas para Berlim, levando instruções minuciosas a respeito do que desejávamos obter – notícias minuciosas e positivas de Elisabet. Foi encarregado dessa delicada missão um prestimoso e inteligente conterrâneo nosso, que fez ingentes esforços por desempenhá-la satisfatoriamente.

CAPÍTULO VI

Transcorreram alguns dias sem que tivesse ensejo de estar com Paulo Devarnier. Uma tarde, supondo-o enfermo, preocupado com a sua ausência, tomei a deliberação de ir procurá-lo na própria residência, onde me informaram que o meu confidente partira inopinadamente, havia apenas poucas horas, para a França, em cumprimento de um dever militar urgente, e que deixara alguém incumbido de me entregar um bilhete expresso em poucas palavras, traçadas de escantilhão e com visível nervosismo. Ainda as conservo quase ilesas na memória e aqui as reproduzo:

> Chamado inesperadamente à França, vou partir com o espírito opresso por inexprimível pesar, visto não ter ainda recebido as almejadas notícias da Prússia. Prevendo este sucesso, pedi ao amigo F... que, na hipótese de me não encontrar mais aqui no seu regresso, vos relate tudo que houver ocorrido durante a missão que está desempenhando e, então, far-me-eis o inolvidável obséquio de me dar circunstanciados esclarecimentos acerca do que me interessa saber, não me ocultando a realidade, por mais sombria que seja. Adeus!

Não sei quando nos veremos outra vez, mas conjeturo que será em nossa pátria, onde continuaremos as nossas amistosas palestras. Perdoai-me não ir abraçar-vos. Tenho estado enfermo de inquietação e parece-me que o mais leve abalo moral me dará o que tanto ambiciono – o repouso perpétuo! Antes, porém, de me ser arrancada à alma a derradeira pétala de ilusão, desejo saber o que se passa em Berlim. Insensata humanidade! Apega-se, à beira de uma hiante voragem, até a um farrapo de neblina, para conservar a vida, quando seria mais racional atirar-se, voluntariamente, ao fundo do abismo por mais pavoroso que fosse.

Deixo-vos o endereço do meu albergue em Paris. Um saudoso amplexo de despedida do desventurado – *Paulo*.

Achava-me, poucos dias depois do recebimento desse aviso, agitado pelos sucessos que, inesperadamente, me infelicitaram em Bruxelas, ameaçado, ainda no exílio que me amargou a existência durante quase dois décimos de século, de ser repelido do solo belga, por haver oferecido asilo, no meu próprio lar, a compatrícios perseguidos, expatriados como eu, quando me foi procurar o medianeiro de Devarnier. Fi-lo sentar-se e ele me disse:

– Senhor, não encontrei mais em Bruxelas o nosso comum amigo Paulo e foi melhor assim. Os informes que colhi são quase todos desfavoráveis ao nosso conterrâneo. Vou, agora, sucintamente, inteirar-vos de tudo que aconteceu com relação ao desempenho do meu encargo. Chegado ao termo da viagem, dirigi-me, segundo as instruções recebidas, à casa da noiva de Paulo, mas encontrei-a ocupada por outros moradores. Após rigorosas pesquisas, soube que a Srta. Elisabet se acha reclusa numa residência isolada – e com maior severidade, depois que a mãe faleceu –, só podendo assomar a alguma janela acompanhada de um dos seus algozes. Vive, atualmente, valetudinária e espionada, na companhia do velho pai que, às vezes, mostra não a querer contrariar mais na sua aspiração de se consorciar com o primo, temendo vê-la sucumbir aos desgostos, como já sucedeu à sua mulher. Mas os irmãos da vítima, cada vez mais odiando a Devarnier, não afrouxam o rigor, não permitem que em casa entre material de escrita, para que a infeliz reclusa não possa transmitir seus pensamentos ao noivo distante.

"Há poucos meses agravou-se-lhe a situação, pois os irmãos querem obrigá-la a contrair matrimônio com um oficial do exército austríaco – que ignora, por completo, o compromisso que há entre a sua pretendida esposa e o primo. Este enlace, porém, talvez não se realize, porque a Srta. Elisabet está seriamente enferma. Não lhe pude falar, mas consegui remeter-lhe (por intermédio de uma fâmula munificentemente remunerada para esse fim) longa missiva de Paulo a qual, certamente, foi lida às ocultas, entre prantos, alta noite, enquanto seus opressores dormiam profundamente.

"Designei, na missiva que juntei à de Paulo, a hora exata em que passaria pela sua morada para receber a resposta que almejava, dando-lhe detalhes a meu respeito e dizendo como procederia para que ela não se enganasse. Não sabia da dificuldade em que a infortunada prisioneira se via para escrever, sem o material indispensável, e, por isso, quase não obtive o que desejava. Comuniquei-lhe que, unicamente a mim, confiasse a sua resposta, para que nenhuma dúvida pairasse na minha mente, quanto à sua identidade.

"No momento convencionado fiz um quase imperceptível sinal com a destra, à entrada do jardim – vedada por um portão e gradil férreos, que tornam inexpugnável o acesso à habitação, uma quase fortaleza de estilo medieval, localizada nos arredores de Berlim – e supliquei um óbolo, com voz lamentosa e estentórica, aos moradores que se achavam numa das amplas janelas ogivais, de descomunal espessura, reconhecendo neles Elisabet, seu pai e um de seus irmãos.

"Ela sabia, previamente avisada como se achava, do estratagema de que eu usaria e percebi sua comoção ao dirigir-se ao pai para lhe fazer um pedido, muito pálida, trajando veste ampla e nívea, que lhe dava a aparência de um ser imaterial, prestes a desferir o voo supremo.

"Compreendi, por sua ansiedade, que o irmão é quem queria descer para me repelir ou atirar uma insignificante esmola. O pai, porém, acedeu ao pedido da enferma, que desapareceu por momentos no interior da vivenda, surgindo depois em companhia da serva, que eu remunerara para lhe entregar a carta já mencionada. Aberto o portão, Elisabet, extremamente pálida, desceu alguns degraus da escada da frente e, em vez de me entregar uma dádiva, depôs no meu chapéu este bilhete, escrito na página em branco de um livrinho – talvez de preces – com tinta rubra semelhante a sangue, que suponho extraída de alguma flor purpurina do jardim do seu cárcere.

"Ei-lo, senhor. Eu vo-lo entrego para que o remetais ao nosso amigo Paulo Devarnier".

Li-o, em alguns instantes. Era, mais ou menos, redigido nestes termos:

> Está quase findo o meu tormento, Paulo! A tua Bet morrerá fiel à nossa indissolúvel afeição, se não puderes, o mais breve possível, tirá-la deste ergástulo. Fizeste-me feliz por alguns momentos com as notícias que um generoso desconhecido me transmitiu. Obrigada! Já não posso mais lutar, meu Paulo, e, se não conseguires pôr termo ao nosso grande suplício, meus dias estão contados. Salva-me! Até quando Deus nos quiser unir. Saudades e toda a alma ansiosa da tua – *Bet*.

O intermediário de Paulo Devarnier acrescentou:
– Eis, senhor, como desempenhei minha missão. Peço-vos, agora, transmitais ao nosso amigo ausente tudo que acabo de relatar. Sinto-me pesaroso por não ter sido portador de notícias mais agradáveis ao nosso prezado Paulo. Parece-me, pelo que disse a servidora de Elisabet, que os algozes da noiva de Devarnier lhe impõem, para a deixarem em paz, o matrimônio com um oficial austríaco, de elevada patente, já um pouco idoso.

"Poderá ela resistir por mais tempo à pressão em que vive? Qual será o desfecho desse drama de vida real? Que trama urdirão os adversários de Paulo para o tornarem desgraçado? Tais as interrogações, senhor, que fiz a mim mesmo, durante esses dias em que desempenhava a minha missão, envidando esforços para colher informes que me pudessem esclarecer a verdadeira situação de Elisabet. Soube que a data da realização do seu enlace já está fixada para breve e é coisa decidida por seus verdugos. Não vos esqueçais de dar este esclarecimento ao caro Devarnier. Apresento-vos, agora, as minhas despedidas e os protestos de minha sincera admiração".

Agradeci, como se fora o próprio Devarnier, ao seu escrupuloso e inteligente emissário. Infelizmente, não pude logo me exonerar da incumbência que recebera, devido à fase acidentada que a minha existência atravessava naquela ocasião, em que fui expulso do território belga.

Não me refiro a esse episódio dolorosíssimo da minha última peregrinação planetária senão para demonstrar as causas poderosas, ou as impossibilidades que me impediram desempenhar com presteza um dever para com um amigo dedicadíssimo.

Pouco depois de haver escrito minuciosamente a Paulo, relatando-lhe tudo quanto soubera por intermédio do seu emissário, estando já longe de Bruxelas, fui desagradavelmente surpreendido com a notícia de um duelo de morte, ocorrido na França, clandestinamente, entre um militar tudesco e Devarnier, sendo de todos ignorado o móvel desse encontro. Fora ferido mortalmente o meu pobre amigo, por seu contendor que, após o duelo, se suicidara.

Fiquei, por alguns meses, consternado, julgando-me quase responsável pelo que sucedera, não remetendo logo a Devarnier as informações que o enviado obtivera. Não teve ele, assim, tempo de agir eficazmente para libertar a noiva do guante de seus algozes, porque coincidira, infelizmente, a ocasião em que devia tê-las recebido com o desenlace de uma tragédia na qual, a contragosto, me achara implicado.

Tratei de averiguar a identidade do adversário do meu compatriota – pois o jornal parisiense em que li o relato do lutuoso sucesso apenas mencionava as iniciais dos beligerantes – e soube, por intermédio de um amigo residente na França, que se tratava de um dos seus primos, Carlos Kœler, que, acossado pelo remorso de haver assassinado um quase irmão, arrefecido o seu furor à vista do sangue de quem se deixara matar sem defesa – certamente sob o domínio de um dissabor insuportável –, suicidou-se após algumas horas de verdadeira compunção, ao saber que sua vítima já se achava no Père-Lachaise.[10]

Como, porém, ocorreu esse encontro bélico em Paris, e não em Berlim? Qual a causa que precipitou o desenlace de uma tragédia que, por vezes, eu previra, mas não assim tão sanguinolenta? Teria o inditoso Paulo tentado, judicialmente, emancipar a noiva de um jugo nefário, sequestrada no próprio lar? Teria, então, recebido a carta que eu lhe escrevera, antes do funesto duelo? Que acontecera à desgraçada Elisabet?

Soube apenas que Paulo Devarnier, acometido de febre violenta, em consequência do ferimento recebido, feito a florete e que lhe ofendera os pulmões, sucumbiu quase louco, num delírio e num sofrimento indescritíveis.

---

[10] Cemitério de Paris, onde está situado o dólmen de Allan Kardec.

CAPÍTULO VII

N unca mais obtive novas de Elisabet e, pouco a pouco, a tragédia, em que ela e Paulo figuraram como protagonistas e que me mortificara vivamente por alguns meses, se foi diluindo em meu cérebro, como no ocaso, prestes a ser invadido pelas trevas, se esvai o derradeiro e fugitivo lampejo crepuscular. Quando dela me recordava, sentia uma efêmera mágoa, que me dava tons de violeta ao coração: era apenas a saudade, que sentia, do amigo desaparecido tragicamente.

Assim que pude, finalmente, regressar à pátria, uma das minhas primeiras ideias foi visitar o túmulo de Paulo e fazer investigações a seu respeito, por intermédio do tio, de quem possuía o endereço, idêntico ao do sobrinho, que mo deixara ao retirar-se da Bélgica.

Escrevi-lhe solicitando alguns momentos de atenção e manifestando o desejo de ir ao Père-Lachaise, onde sabia jazerem os despojos do meu amigo. Respondeu-me solicitamente que aguardava minha visita em sua residência. O coronel Félix Devarnier era insinuante e, embora um pouco idoso, apresentava notável semelhança com o falecido sobrinho. Concedeu-me carinhoso acolhimento e longamente me falou do querido extinto, com os olhos úmidos de pranto, mostrando-se-me muito grato pela lembrança que tivera, de procurá-lo:

– Obrigado – disse-me, extremamente comovido – pelo amistoso interesse que vos inspira o infortunado Paulo, filho dileto para mim, que tenho vivido isolado, sem qualquer outra amizade sincera, senão a que ele me consagrava, desde que perdi meu único irmão, seu genitor, que mo confiara antes de exalar o último alento, razão por que só com muita relutância consenti que minha cunhada o levasse para a Alemanha, o que deu origem ao drama pungente que hoje lamentamos.

"Dediquei-me ao Paulo desde que voltou da Prússia, reconhecendo nele, sempre, uma rara nobreza de caráter e sentimentos elevadíssimos. Podeis, pois, avaliar quanto me consternou a sua bárbara morte! Se vísseis como se lhe extinguiu a vida, senhor, teríeis ficado compadecido: morreu delirando, num desespero de fazer chorar um coração de pedra, porque, antes de ser ferido, soube que a desditosa noiva, enferma, compelida pelos irmãos a consorciar-se com um velho militar austríaco, se suicidara na noite nupcial, a fim de guardar fidelidade àquele que ela tanto adorava e digno era do seu amor!

"Um dos irmãos de Elisabet – o de nome Carlos – sabendo que a irmã sacrificara a própria existência para permanecer fiel ao primo e noivo querido, considerou-o responsável exclusivo por essa desdita, que açulou nele, ainda mais, o ódio a meu sobrinho. Veio, então, especialmente à França, a fim de o afrontar e desafiar para um duelo – que ignorei por completo, até o momento em que para aqui trouxeram, irremediavelmente ferido, o meu pobre Paulo. O que sei dizer-vos, senhor, é que o remorso obrigou o assassino de meu sobrinho a medir toda a extensão da iniquidade que praticara. Saciado o ódio que votava ao primo, não resistiu aos acicates flamejantes de secreta exprobração, os quais, certamente, lhe pungiram a consciência. Refletiu nas injustiças infligidas às suas vítimas e fez como o próprio Iscariotes – suicidou-se, talvez supondo que, assim, se libertasse da evocação dos delitos que cometera por muitos anos, desumanamente.

"Achava-me ausente de Paris, no cumprimento de um dever militar, no dia em que meu saudoso sobrinho foi provocado por Carlos Kœler e por isso não pude impedir a realização daquele maldito duelo. Só ao regressar é que dele tive conhecimento, vendo o meu pobre Paulo conduzido por suas testemunhas, com o peito varado por um profundo golpe de florete.

"Calculai a minha surpresa e a minha dor! Ele, sempre obediente aos meus conselhos, praticou um ato gravíssimo sem o meu consentimento, porque, certamente, o dissabor que sofria dominava-o de todo, conturbando-lhe a razão, enlouquecendo-o quase. Ao certo, meu amigo, não sei o que se passou com meu sobrinho. Sei, apenas, que findou um drama doloroso de rancores injustificáveis, ignorados de todas as pessoas de nossas relações. A família da mãe de Paulo não perdoara nunca o *crime* que um patrício nosso cometera, desposando por amor um de seus membros, não se lembrando – os satânicos cérberos de Elisabet – de quanto fora venturosa minha cunhada enquanto teve a seu lado o extremoso consorte, que a adorava, e que o mesmo teria sucedido à sua sobrinha, se houvesse conseguido realizar suas aspirações louváveis e dignas, casando-se com o primo, que lhe tributava inigualável afeição".

– Lastimo tudo quanto aconteceu ao prezado Paulo e compartilho da vossa grande e justa dor!

– Obrigado! É sempre consolador encontrarmos um coração amigo que nos compreenda e participe dos nossos mais acerbos pesares. Obrigado! Estou ao vosso dispor a fim de vos mostrar onde repousa para sempre o meu Paulo.

– Uma carruagem nos espera. Podemos partir agora mesmo, se vos apraz.

– Sim, o vosso desejo é, para mim, uma ordem sagrada, que cumpro com o máximo reconhecimento.

– Antes de partirmos, caro senhor, quero fazer-vos mais uma pergunta: Não recebeu o inditoso Paulo uma longa carta que lhe dirigi, enviando uma outra de Elisabet?

– Não, senhor; fui eu que as recebi, precisamente no dia em que meu sobrinho expirou: e, como eram tardias todas as revelações que continham, coloquei-as no caixão mortuário, quase persuadido de que ele, assim, poderia inteirar-se do conteúdo delas. Eram também flores, enviadas pelas longínquas mãos piedosas da noiva e de um amigo, a se confundirem com as que transbordavam de seu ataúde. Sofro, lembrando-me da triste sorte de Paulo, mas quem é, neste mundo, capaz de quebrar os grilhões do destino ou da fatalidade, que nos prendem à desventura?

Depois, silenciosos, eu e o grave coronel Devarnier

fomos, em rápido veículo, à grande necrópole parisiense, onde estava inumado o corpo de Paulo e, dentro de poucos instantes, nos abeiramos do seu jazigo, recentemente construído de alvo carrara, num formoso estilo renascença, encimado por um arcanjo súplice, lacrimoso, que poderia simbolizar a nossa pátria pranteando o prematuro passamento de um dos seus mais dignos filhos, como a visão que o torturara em vida – a da noiva dileta, soluçante, genuflexa aos pés da sua genitora em delíquio, qual a contemplara pela última vez.

"Sim", pensei "este arcanjo é também Elisabet marmorizada, pranteando a sua malograda ventura!"

"O coração é profeta, pois que prenuncia o futuro." Assim se expressam os supersticiosos; mas hoje, com o intelecto desofuscado pelos conhecimentos transcendentais que tenho adquirido, sei que não é o decantado órgão – considerado o escrínio de todos os sentimentos – e sim o nosso próprio espírito que, em cada uma de suas etapas planetárias, e de pleno acordo com as obras altruísticas ou nocivas, efetuadas na anterior encarnação, aloja, indelevelmente, nos seus refolhos, as sentenças divinas, concernentes ao seu destino. Às vezes, em rápidos vislumbres, ele faz uma autoleitura e, assim, muitos segredos do porvir lhe são patenteados nitidamente, tal como um aroma suave denuncia a existência de uma flor, oculta à nossa vista, mas pouco distante do nosso olfato.

Eis por que muitos presságios de Devarnier se realizaram: é que as páginas do seu futuro foram lidas por sua própria alma, antes que as virassem os dedos do tempo implacável, que as foi destruindo, lacerando uma a uma, cada dia, até chegar à última, realizando-se tudo quanto nelas estava escrito, todo o ciclo do destino de Paulo.

Poucas emoções, na minha última romaria por esse planeta, me agitaram tão vivamente o coração, como quando descobri a fronte encanecida à beira daquele impassível mausoléu...

Uma indefinível mágoa me estuou no peito ao ver prosternar-se, de cabeça baixa, um lenço velando os olhos enevoados de lágrimas, o tio do meu inditoso amigo. Não pude, igualmente, conter o pranto que, em ondas, me afluíra à face, como se estivesse junto ao túmulo de um filho amado, o que de fato me sucedeu no decurso da minha finda existência. Quanto lastimo não ter então, como agora, a inabalável certeza de que a vida humana é uma intérmina cadeia, uma corrente que se compõe de muitos elos, cada qual terminando no sepulcro, para de novo se soldar em ulterior encarnação até que o espírito adquira elevadas faculdades, ou atinja a perfeição. Se, naquele dia, já me achasse esclarecido pelas verdades siderais, sentir-me-ia venturoso, não combalido, e teria dito ao consternado coronel Devarnier:

– Nós ainda o veremos, meu amigo!

"*Aqui* está apenas a crisálida perecível, uma das vestes de Paulo, uma das que os vermes têm corroído, ao passo que sua alma, a falena de luz, já está cindindo a amplidão cerúlea, onde nos encontraremos ainda, onde solidificaremos os liames de recíproca e fraternal afeição que nos vinculam os espíritos e se tornarão eternos e indestrutíveis! Não devemos, pois, prantear a sua liberdade, pois que estamos ansiosos pelo momento de nos emanciparmos das dores e das decepções terrenas...".

Naquele dia, porém, estavam ainda insolúveis, para mim, muitos problemas relativos à sobrevivência da Inteligência imperecível – a alma – e, por isso, chorei na campa de Devarnier, como se jamais houvesse de vê-lo e ela representasse a sua derradeira morada. Curvei-me sensibilizado à borda de um sepulcro, quando devera ter erguido a fronte para o Infinito. Abismei-me, por alguns instantes, num mutismo e desalento profundos, quando devera ter desprendido o Espírito, por meio de uma prece veemente dirigida ao eterno. Assim, naqueles magnos segundos, sentir-me-ia fortalecido e talvez lograsse alçar uma ponta do véu que me encobria os chamados mistérios de Além-túmulo, inspirado por Osíris.[11]

Mas, nessa época, ainda sob o domínio das paixões humanas, soube apenas deplorar a *morte* de um dedicado mancebo. Depois, entristecido, separei-me do coronel Devarnier, continuando, por algum tempo, a cobrir de flores o mausoléu de Paulo.

Hoje, porém, posso afirmar aos que à beira de uma campa ficam perplexos, anelando desvendar os arcanos que ela oculta no seu âmago:

"Investigadores das verdades transcendentes: nada se aniquila com a *morte*, nem mesmo a matéria, que se transmuda em miríades de seres rudimentares, dando origem aos

---

[11] Um dos deuses do Antigo Egito, protetor dos mortos.

vibriões e à seiva dos vegetais, que se engrinaldam de flores!

A *morte* não é, como dizem geralmente, o sono eterno; é, antes, o despertar da alma – que se acha em letargia enquanto constrangida no estojo carnal –, despertar que, às vezes, dura tempo bem limitado, porque lhe cumpre retornar à Terra, a desempenhar nova missão; não é o esvaimento de nenhum dos atributos anímicos; é o revigoramento e o ressurgimento de todos eles, pois é quando a inteligência se torna iluminada como por uma projeção elétrica, para se lhe desvendarem todas as heroicidades e todos os delitos perpetrados no decorrer de uma existência. Não é o repouso senão para o espírito impoluto, isento de crimes e cuja vida planetária foi fecunda em lágrimas e atos de abnegação. A vida material é a asfixia da alma num túmulo putrescível, feito de músculos e ossos. A *morte* é a dilatação de potências indestrutíveis, anestesiadas por alguns anos, mas que se intensificam de chofre e constituem as asas que impulsionam a cintila deífica ao Espaço, todas elas imprescindíveis à conquista da perfeição suprema!".

Escoaram-se mais alguns lustros após minha ida, pela primeira vez, à tumba de Paulo Devarnier, e também eu deixei de habitar esse orbe: concluíra uma das minhas mais árduas provações terrenas, pois, se algumas vezes a glória me roçagou a fronte com suas fúlgidas e níveas plumas, amarguras indescritíveis, decepções acerbas, reveses ignorados, me maceraram amiúde o coração. Calo-me, porém

– quanto à adversidade com que lutei frequentemente, que me pungiu a alma, ferindo-a eficazmente na liça da dor, acerando-a como ao aço, dando-lhe mais rija têmpera, tornando-a apta para os prélios do dever, invulnerável ao mal – a fim de poder reatar a urdidura de Paulo Devarnier.

Nos últimos anos da minha trajetória por este planeta, o drama familiar que conheceis me pareceu extinto, *in totum*.[12] Entretanto, liberto da matéria, ele teve para mim um prosseguimento, e o epílogo só poderá ser traçado com o perpassar do tempo, que tudo consuma e esclarece.

A vida humana – da criatura que nos pareça mais humilde, destituída de interesse, boçal – é um romance perene, tem lances sensibilizadores, heroísmos e degradações em séries incessantes, e, se há para ele um – *fim* – somente o Sempiterno saberá marcá-lo, com caracteres rútilos.

Deixo, porém, de divagações filosóficas e finalizo a primeira estância desta narrativa para vos dar a conhecer o regozijo que experimentei ao deparar com o nobre Devarnier em pleno Espaço. Como era natural, encontrando-o, fiz-lhe carinhosas arguições e as respostas que me deu constituem as páginas complementares da sua confidência, enfeixadas sob a epígrafe de *Na sombra e na luz*. Vereis que nelas fulgura a sua linguagem vigorosa e enternecedora, emanada de um espírito lúcido e acrisolado nos ásperos combates morais.

Lendo-as, provavelmente haveis de meditar, leitores, nas consequências nefastas dessas desarmonias de família

---

[12] Inteiramente.

– tão comuns, entretanto, na história dos povos – e evitareis, quanto puderdes, enjaular no vosso coração sentimentos condenáveis de ódio, vingança, traição, homicídio.

Sondar, aprender, evolver, atingir a meta espiritual – eis o destino humano. Quem delinquir, entrava a marcha da alma, tornando-a galé do sofrimento.

O que julgamos obscuro e ininteligível, durante a nossa vida corporal, afigura-se-nos de fácil compreensão, quando nos podemos librar no firmamento. Assim, os enigmas insolúveis para a ninfa humana são singelas equações para a borboleta espiritual.

Não vos admireis, pois, de que, outrora, eu tenha chorado a *perda* de um amigo, com a alma ansiosa por perquirir os arcanos tumulares, e de que, decorridos mais de quatro decênios, depois de haver reproduzido a fiel exposição de uma de suas existências mais prolíferas em lances patéticos, lhe possa acrescentar inúmeros episódios, pormenores ignorados de todos neste orbe.

Como em Bruxelas, deixei que ele expressasse, sem interrupção, seus pensamentos. Cedo à sua segunda confissão as páginas desta novela, fazendo-me apenas o transmissor do que me referiu, como ocorrido desde o instante em que se consumou aquele nefando duelo, até a sua entrada num dos mundos que são paragens de paz e ventura para os heróis espirituais, depois de lutas que deixam a alma contundida, como que chagada, mas tendo em cada gilvaz produzido pelo gládio da dor um foco brilhante, de fulgor igual ao das estrelas mais rutilantes.

A existência orgânica de Paulo Devarnier, extinta em

plena juventude, foi, pois, substituída pela psíquica – na qual se integram todos os atributos do Espírito – e, por isso, posso asseverar-vos que ele continuou a padecer, a instruir-se nas coisas imprevistas e referentes ao seu aprimoramento moral, para de novo regressar ao planeta a que se achava sirgado ainda pelo sofrimento, pelo ódio e por um sentimento imarcescível, sem lograr por muito tempo ver realizado o sonho dileto, que nutriu debalde numa curta mas tumultuosa vida: a sua aliança com Elisabet.

Livro II

Na escola do Infinito

CAPÍTULO I

Se ainda pertencesse ao planeta em que vivi no século pretérito – fértil em prodigiosos imprevistos e inolvidáveis acontecimentos –, esta sucinta mas comovedora novela estaria, leitores, de todo terminada, com o ponto final que, para muitos de vós, a *morte* coloca na derradeira página de uma existência, esculpindo-o na alvura imaculada dos sepulcros, que participam da gelidez e do indiferentismo que votais ao grande mistério do desaparecimento de uma criatura do proscênio da vida, para se ocultar na penumbra de um bastidor que, por parecer tenebroso, imperscrutável, quase nenhum de vós tenta desvendar. Entretanto, eu vos afirmo que a vida espiritual é um suplemento muito ampliado da outra suscetível de se extinguir – a orgânica. Os sentimentos, às vezes anônimos, se abalroam e conflagram na alma sofredora e indestrutível – sede e arena de todos eles –, e se mostram, não raro, mais ardorosos e violentos do que antes; as faculdades intelectuais adquirem maior lucidez. Os seres recém-desligados da clâmide carnal compreendem a causa de seus infortúnios terrestres; lamentam não haver cumprido rigorosa e heroicamente as suas missões e os seus deveres sociais e divinos; vagueiam no Espaço e na floresta humana, disseminada pelos continentes, no seio da qual deixaram afeições estrênuas e indissolúveis, outras vezes paixões impuras, acorrentados, espíritos e homens, reciprocamente, pelo amor e pelo ódio.

O amor e o ódio são grilhões que os sentimentos forjam, um fundido de estilhas de astros, outro de bronze caliginoso, ambos algemando as almas através do galopar vertiginoso dos séculos, até que a luz triunfe da treva, como Hércules da Hidra de Lerna.[13] Mudam-se os cenários, mas os *artistas* continuam a ser os mesmos, até que lhes penetre a aspiração de aprimorar suas potências psíquicas, o anelo de progredir e ascender aos orbes rútilos. Volvem, então, ao palco da vida planetária, onde vêm desempenhar encargos penosos, suportar dores incompreendidas ou praticar dedicações sublimes, sem que, por serem outras suas vestes corpóreas, os possais reconhecer, vós que desconheceis as vossas e o que fostes outrora.

Este magno problema, até bem pouco tempo insolúvel – do destino da humanidade *post mortem* – tem hoje solução evidente e incontestável, embora haja ainda uma falange de céticos e obstinados que se desiludirão fatalmente ao transporem os umbrais que dão acesso à feral morada de Átropos,[14] onde apenas se guardam os despojos inanimados das criaturas. Os que esperavam ansiosos o *nada*, ou o repouso perene, ficam apavorados e perplexos, reconhecendo que

---

[13] Monstro fabuloso, com sete cabeças que nasciam à medida que eram decepadas. Foi morta pelo heroico Hércules (semideus grego).

[14] Aquela das três Parcas – deusas gregas – que cortava o fio da vida, que as outras teciam.

há continuidade entre a vida orgânica e a psíquica. Então, como relâmpagos ininterruptos, no recôndito céu que todos trazem em si mesmos – a mente – flamejam as arguições que, à medida da evolução do espírito, vão sendo esclarecidas. Estabelece-se um confronto entre a vida planetária e a vida ultratumular, e as duas surgem a princípio, nos refolhos d'alma, como a primeira e a extrema guaridas da humanidade, simbolizadas pelo berço e pelo sepulcro, parecendo este ser a antítese daquele. Volvidos, porém, os anos, ambos se confundem: são os pródromos de uma vida, o início de uma nova existência! Que é, de fato, o berço? Primeiro asilo que protege um minúsculo invólucro tangível da alma, vinda das paragens siderais, qual andorinha emigrada de longínqua região e que, depois de exaustiva jornada, pousa, cheia de fadiga, no primeiro ninho que se lhe depare.

A vida corporal não passa, pois, de um breve parêntesis aberto na Eternidade, da qual a campa é o preâmbulo, o começo de uma outra existência, a do Além, mais prolongada e integral que a interrompida pela morte. É o regresso à pátria eterna, depois do inverno da dor e das provações, de que o Espírito se poderá eximir se sua missão terrena, curta ou dilatada, for um exemplo incessante de virtude, de abnegação, de deveres austeramente cumpridos. O berço, portanto, simboliza o retorno de uma alma à Terra, onde, obumbradas as suas potências mais fúlgidas por um eclipse que às vezes dura decênios, fica entorpecida, como a crisálida aprisionada em espesso casulo. O outro, o túmulo, que parece o término de todas as coisas perecíveis, é onde ela desperta do letargo que a conservava agrilhoada ao limo infecto – o corpo – que se metamorfoseia, no laboratório incomparável da natureza, em vorazes e repulsivas larvas e em flores olorosas: é o regresso à verdadeira pátria, de onde se achava exilada, depois de um momento de dor infinita, que se afigura durar milênios – a vida material.

E assim, após muitas considerações, ora no Espaço, ora na Terra, chega à conclusão de que o que parecia um antagonismo no espírito neófito não o é na realidade; há, apenas, diversidade de nomes ou de locais. Destarte, berço e sepulcro se confundem, porque um é o corolário do outro, sendo ambos emblemas do início de duas existências – a planetária e a espiritual.

Um é o volver da alma a um palco restrito, onde desempenha uma farsa, ou um drama, em que há lances burlescos, trágicos ou heroicos, de acordo com as potências psíquicas já desabrochadas e com o anelo que possua de evolver, de cumprir uma sentença divina, sem transgressão. Pode, então, tornar-se obscura, tenebrosa, se praticar o que não é lícito; fúlgida e alvinitente, se executar o bem, exclusivamente. O túmulo é a volta do Espírito à amplidão celeste, a libertação de um condor acorrentado num charco, sua entrada num proscênio, que tem o éter por ambiente e onde as estrelas perpetuamente cintilam.

Sombra e luz, berço e túmulo, ergástulo e liberdade eterna – eis definido o destino de cada alma, com períodos de lutas e intervalos de repouso, até que possa, um dia, desferir o voo definitivo para o firmamento constelado, de onde não regressará jamais a este orbe, senão em cumprimento de missões excelsas.

Reato, agora, a trama da novela que me propus explanar nestas páginas.

Passara o tempo – analgésico para quase todos os sofrimentos, narcótico que anestesia todas as recordações, por mais empolgantes ou absorventes que tenham sido os sucessos que as gravaram na memória, por mais vibrantes que tenham sido os sentimentos que fulgiram na alma, deixando nela sulcos de fogo que pareciam inextinguíveis, como as irradiações dos astros, nos instantes em que a iluminaram e crestaram. Transcorridos cerca de dez lustros, eu olvidara quase o drama familiar que teve por protagonista Paulo Devarnier, cuja vida procelosa permanecia na minha retentiva qual sonho fugaz, mas doloroso, quando, finda a existência em que fomos compatriotas e amigos, o reconheci num desses benévolos e desvelados protetores que aguardam a desmaterialização dos seres amados, para os iniciar nos austeros arcanos do Além, fazendo-os rememorar que já estiveram, por vezes, nas paragens siderais.

Revendo o prezado amigo, cuja desencarnação se deu em Paris, intensa foi a minha emoção e, mais do que nunca, me convenci de que a amizade, quando digna deste nome, cordial e lídima, não se esfacela nem pulveriza com o coração que a continha e que se desfaz na campa: prolonga-se extratúmulo, como as raízes de um cedro se internam pelo solo do Líbano, solidificando a árvore, tornando-a inabalável, secular, potente!

Reconhecemo-nos prontamente, graças à célebre transmissão de pensamentos que, nos desmaterializados, é admirável e indescritível. Fizemo-nos mútuas e amistosas confidências; interroguei-o sobre o passado, desde que nos separamos em Bruxelas, e, então, com a sinceridade que é o apanágio dos entes nobres, ele me fez circunstanciada confissão, a qual cedo, em absoluto, às páginas desta sugestiva história, de que já conheceis o início, cônscio de que todos os leitores me aplaudirão a ideia, porque a linguagem de *Paulo* tem um encanto indizível, faz vibrar, enternece, sensibiliza os corações, é expressiva e convincente.

Ei-la:

– Meu caro e inolvidável amigo – disse-me ele, enquanto nossos Espíritos cindiam o Espaço, como se fôramos pássaros a fugir de uma região polar, perpetuamente vergastada pelas ásperas hibernias – a Terra – no encalço de uma eterna primavera de luz – o firmamento –, vou descrever-vos, serenamente, o que se tem passado comigo, desde o instante em que nos apartamos na Bélgica. Usarei da mesma lealdade com que vos fiz, outrora, o relato de todos os episódios de uma existência sinistramente interrompida em Paris.

Bem sabeis que fui chamado inesperadamente à França, aonde regressei como grilheta que vai cumprir, em presídio insular, as exigências inexoráveis da pena a que o condenaram, levando o coração equimosado por inexprimível sofrimento.

Passados alguns dias, não tendo recebido as almejadas informações que mandara colher em Berlim, achava-me, uma tarde, desalentado e apreensivo no meu gabinete de trabalho, tentando desanuviar o cérebro – obscurecido por atrozes pensamentos – com alguma leitura proveitosa, sem conseguir, no entanto, compreender ou assimilar sequer uma só das ideias explanadas no livro, que mal sustinha nas mãos, apresentando-se-me todas quais indecifráveis enigmas egípcios, quando um fâmulo me anunciou a presença de um de meus primos, o de nome Carlos, na minha casa!

Fiz, em poucos segundos, inúmeras suposições, aflitivas arguições a mim mesmo, enquanto reparava a toalete para lhe ir ao encontro. Procurar-me-ia como adversário, ou como amigo? Dar-me-ia notícias de Elisabet? Consentiria, afinal, na realização do nosso consórcio? Saberia que eu enviara um intermediário a Berlim? Teria a minha adorada noiva morrido? Estremeço ainda, caro amigo, e padeço, ao lembrar-me daqueles instantes de inquietações e amarguras em que um sofrimento superlativo, como látego de chamas, me vergastou a alma até aos derradeiros instantes da acidentada existência em que nos conhecemos.

Cheguei à sala de visitas sem saber se deveria estender-lhe a mão. Ao vê-lo, porém, compreendi, pelo olhar a dardejar sobre mim fagulhas de ódio, que me execrava mais do que nunca. Suas primeiras exclamações confirmaram minhas dolorosas suspeitas:

– Venho, miserável, cobrar-te uma dívida de honra! Quero arrancar a vida àquele que infelicitou e desgraçou *minha* família, da qual hoje poucos membros restam!

– Estás louco, certamente, Carlos! Que fiz para assim me acusares injustamente?

– Fascinaste *aquela* desventurada Bet!

– Amar não é crime punível pelas leis sociais! Por que te opões à realização da nossa ventura?

– Desgraçado! Ela já era a esposa de outrem e, por tua causa, pôs termo à existência!

Ai! meu amigo! Já se foram tantos anos – quisesse meio século – depois que ouvi essas palavras que me penetraram o coração como punhais envenenados; já volvo outra vez à Terra, a esse planeta de árduas expiações, onde a dor está semeada com a mesma profusão que as estrelas pelo Infinito, e, contudo, não posso ainda recordar sem um frêmito de viva emoção tão atrozes vocábulos, que me puseram em delírio, que me açoitaram a alma sensível, afetuosa, ávida de notícias da minha adorada noiva. Pareceu-me que um súbito terremoto, um cataclismo se produziu no meu espírito, ou que me sugavam vampiros de fogo! De que modo fora informado da morte daquele ser idolatrado, de Elisabet, do seu suicídio para me ser fiel! Brutalmente, sicariamente!

Sei que, cego de ódio e de desespero, no apogeu do sofrimento, exclamei:

– Infame! Se me vens arrancar a vida, que é o que esperas, pois que já me assassinaste com as tuas cruéis revelações?

"Por que retardas o momento de cevar no meu sangue o teu rancor? Faze-me ao menos esse bem depois de teres destruído barbaramente, para sempre, a minha felicidade e a de tua pobre irmã, de quem nunca te compadeceste, pantera!".

– Não quero tirar-te a vida como um carrasco ou um bandido. Emprazo, porém, para amanhã, o nosso encontro, no local que escolheres, pois não conheço Paris. Assim, nossas armas decidirão qual de nós dois tem a Justiça divina a seu lado. Aproxima-se a hora, ansiosamente esperada, de avaliarmos a têmpera das nossas espadas, como o disseste naquela noite fatal, quando foste ao meu lar, que já enlutaras uma vez, para ocasionar outra desgraça – a morte de minha mãe!

Pronunciadas estas palavras, atirou-me um cartão com o endereço do hotel onde se hospedara, voltou-me as costas e desapareceu.

Embora sob o domínio de um pesadelo asfixiante, satânico, dei todas as providências para que o duelo se realizasse ao alvorecer. Meu tio Félix se achava ausente, no desempenho de um encargo militar. Tão conturbado estava o meu espírito que tomei uma resolução gravíssima, qual a de expor a própria vida, sem o consultar, sem lhe ouvir os conselhos amigos, sem lhe dirigir, sequer, uma palavra de despedida ou de gratidão infinita por tudo quanto me fizera.

Encontrava-me, pois, inteiramente só, naquela noite intérmina de dor suprema! Às vezes, como se houvesse perdido a noção da realidade, supunha ver o meu caro protetor ao pé de mim e expunha-lhe então, com a voz alterada, toda a minha desdita; suplicava-lhe perdão pelos desgostos que lhe ia causar e os nomes de Elisabet e de sua mãe eram constantemente proferidos por meus lábios febris. Não consegui repousar um só instante: ora percorria os aposentos da nossa residência, sem consciência quase do que fazia, ora estacionava, com as ideias como que absorvidas por uma voragem íntima, sentindo o cérebro escaldante; às vezes me debruçava sobre os móveis, soluçando qual criança abandonada pelos pais e injustamente punida por bárbaros estranhos. E, para minha maior tortura, a todos os segundos me surgia na mente alucinada a visão desoladora do meu pobre avô, como no último momento em que o vi, com a fronte veneranda premida sobre o tampo de um consolo, confundindo as suas cãs com a neve do mármore...

Houve uma hora em que o criado se ergueu do leito, espreitou-me apavorado, e, aflito, se ofereceu para chamar um médico, o que recusei, solicitando-lhe apenas água com um sedativo qualquer, que não atuou no meu organismo.

Julguei, amiúde, que enlouquecesse. Abria a secretária, retirava dela um revólver para pôr termo ao meu martírio, mas, ao empunhá-lo, minhas mãos ficavam inertes, frígidas como se o gelo da morte começasse a invadi-las ou se algo de insuportável me forçasse a retroceder ante a perspectiva deste crime – o suicídio – que eu supunha, no entanto, o único meio de me libertar de um inquisitorial suplício, para cuja descrição não encontro vocábulos na linguagem humana! A destruição voluntária da própria vida era o único desenlace racional que, então, se me antolhava para o drama angustioso da minha existência. Estava, porém, resolvido: se não fosse ferido mortalmente, suicidar-me-ia depois do duelo.

Não tentarei descrever o sofrimento que me azorragava a alma naqueles momentos tormentosos de uma infinda noite de amarguras, no meu horto de dores inconsoláveis e ignoradas. O que vos posso dizer é que me sentia com as faculdades mentais anarquizadas, desnorteadas – qual bergantim desarvorado e sem roteiro à falta de bússola –, mas sempre concitado a realizar o combinado encontro bélico, pelo desejo de uma vingança, que nos atraía um para o outro fortemente. Almejava, também, mostrar-lhe o valor das armas que eu manejava com perícia, além de não querer que me supusesse covarde. Depois de ficar patenteado que não o temia, deixaria que ele decepasse o fio de minha vida, que se me apresentava árida, escura, sem um objetivo ao qual me pudesse ilaquear, após a derrocada de todos os meus sonhos, a hecatombe de todas as minhas ilusões, o fracasso de todas as minhas aspirações mais caras.

Aquelas horas, porém, de febre, de delírio, de desespero, me quebrantaram as forças orgânicas e psíquicas. Ao amanhecer, aos primeiros fulgores da aurora – que julgava jamais seriam por mim contemplados – a insensibilidade, a inércia substituíram a exaltação em que estivera até então. Deu-se, em todo o meu ser, a invasão da indiferença a tudo na Terra, um esvaimento nervoso, um brusco arrefecimento do ódio que me incendia o cérebro, uma cabal metamorfose de todos os sentimentos. Achei-me outro indivíduo, diverso do que sempre fora, esmorecido, esmagado, indiferente a tudo – até mesmo a qualquer noção de dignidade – pois me faltava o único incentivo que tinha para viver: Bet.

Para mim, tudo que não fosse Bet, na Terra ou no Infinito, não passava de coisa nula, imprestável, sem atrativo, desde o momento em que soube que ela jazia num sepulcro. Pareceu-me ter envelhecido anos em pouco mais de doze horas; o recesso do meu eu sofrera perturbador abalo e, após os sentimentos ultores e vorazes que nele eferveceram, experimentei uma sensação de aniquilamento, de completa inanição, supus que ia me tornar um *nada*, para sempre. Passara-se, no meu íntimo, algo de grave, fulminante ou transformador, um fenômeno inextricável. Tive a impressão de haver encerrado no crânio um impetuoso Aconcágua, que, por espaço de algumas horas, experimentara violentas convulsões subterrâneas, arrojara longe chamas e lavas candentes, que, bruscamente, se aquietara, extinguindo-se toda a matéria ígnea que arremessava aos ares e que, sobre as bordas da cratera, até então escaldantes, começara a cair neve, formando avalanchas titânicas.

E foi assim – tomado de desalento, de prostração, de esgotamento nervoso – que vi aproximar-se o momento do duelo e que me deixei ferir mortalmente pelo meu adversário, sem absolutamente me defender.

Levaram-me ainda com vida para a casa de meu tio e protetor Félix Devarnier – que já havia regressado a Paris, mas ignorava o epílogo do drama sangrento em que fui imolado e do qual só se inteirou no momento em que me viu exânime, golpeado a florete. Durei, porém, poucas horas.

O delírio me endoideceu constantemente, até quase ao extremo alento, parecendo-me, a todos os instantes, ver a minha infeliz e idolatrada Bet perpassar perto de mim, envolta em alva roupagem – qual a vira pela última vez em Berlim –, de uma palidez alabastrina, tentando falar-me sem o conseguir, e retirando-se depois, soluçante, quando comecei a sentir que me invadia a algidez cadavérica.

E o que se me afigurara ter sido apenas desvario febril, sei hoje que foi pungente realidade.

Quando, enfim, caro amigo, se romperam os últimos liames que prendiam minh'alma à matéria; quando findou a absorvente perturbação em que me encontrei por algum tempo – como que sob a ação de um narcótico poderoso, de que jamais pudesse despertar, compreendi que a *outra* vida estava terminada e a minha carreira militar, tão bem iniciada, interrompida para sempre.

Ao principiarem minhas ideias a desanuviar-se, só me recordava de alguns fatos mais recentes, esquecido inteiramente dos mais remotos, como se a memória estivesse fragmentada, qual livro de que restassem apenas algumas folhas, tendo sido as outras incineradas numa pira.

Comecei a atentar no que me circundava: achava-me numa planície intérmina, num Saara por graça divina alfombrado de relva orvalhada. Ao longe, à direita do lugar em que me encontrava, perfilavam-se serras embuçadas de névoas de alvura imácula, semelhando véus nupciais. Não divisava nenhuma povoação. Era como se me visse desterrado num planeta desconhecido e fosse o seu único habitante.

Após o estuar das paixões violentas, das labaredas da dor, do desvairamento, do desespero, uma calma absoluta me envolvera o espírito. Empolgava-o, suavemente, o insulamento. Inebriava-me a paz inefável da natureza que me cercava, causando-me invencível inércia.

Compreendi que não continuava mais no domínio de um sonho, mas que a morte me libertara dos últimos vínculos que me ligavam à vida corporal, e uma reparadora serenidade me invadiu toda a alma que, no entanto, não se sentia venturosa, antes imersa num pélago insondável de mágoas.

Estava na conjuntura de um menino, em extremo suscetível, que, depois de muito haver soluçado, adormece bruscamente, vencido pela fadiga, sentindo invencível entorpecimento, profunda anestesia de todas as suas faculdades intelectuais, mas cujo sono, devido às penosas impressões recebidas, se povoa de visões sinistras que o atemorizam. Ao despertar, o que primeiro lhe acode ao cérebro torturado é a recordação do dissabor que o flagelava antes de buscar o leito.

Já sabeis, meu amigo, como se dá o despertar da alma quando, por uma recente desencarnação, imposta pelos desígnios divinos, se rompem os laços fluídicos que a prendiam à matéria. Outra, porém, era a minha situação, que talvez desconheçais, por isso que, no meu caso, a existência fora, em plena pujança da juventude, interrompida violentamente. Afigurava-se-me que teria de permanecer, por toda a eternidade, acorrentado àquela extensa e árida savana, desolado, entristecido, condenado perpetuamente a não ouvir jamais voz humana, nenhum som, privado de contemplar qualquer ser humano, sentenciado, enfim, à inércia, ao silêncio por todo o sempre!

Pouco a pouco, porém, fui recobrando a vontade de agir, apossando-me das minhas faculdades sensoriais e do meu livre-arbítrio. Foram-se-me patenteando ao entendimento os últimos dias da minha vida planetária, como se em meu espírito começasse um alvorecer, iluminando-o um revérbero íntimo. Pude, assim, com acuidade e lucidez, inteirar-me dos fatos mais remotos ocorridos durante a minha estada na França, na Alemanha e na Bélgica, pensar detidamente em Elisabet, e, então, as reminiscências das últimas e acerbas dores adquiriram, na minha mente, a impetuosidade das lavas de um vulcão, que todos supusessem esgotadas e que, abruptamente, irrompessem de novo e jorrassem de ampla cratera ignívoma.

Todas as recordações da passada existência, que apenas se achavam em catalepsia, concentradas no mais profundo recesso do meu senso – onde jaziam soterradas todas as lembranças do passado e nenhuma intuição havia do futuro, os dois hiantes sorvedouros ligados por frágil ponte, o presente, que então parecia dominar-me exclusivamente – fluíram do meu íntimo com violência, produzindo-me agitação indizível, dando-me novas energias. Ao cabo de alguns momentos, minha situação se apresentou na sua completa realidade.

É o que sucede, provavelmente, a um mísero galé que, ao ser precipitado em calabouço infecto, esquece a princípio o delito que serviu de base à sentença que o condenou por toda a vida, só lhe ficando a ideia do presente mortificante. Olhando as paredes sólidas, úmidas, lúgubres, da prisão, parece-lhe não só que lhe vedam a liberdade, mas que também lhe muram até os pensamentos. De súbito, porém, lhe afluem ao cérebro, em torrentes de fogo, as evocações de toda a sua acidentada existência, de todas as suas ações criminosas, e a seus olhos se desnuda o presente que o aterra, fazendo-lhe rilhar os dentes de pavor, porque lhe deixa entrever, soturnamente, o porvir, qual se fora ilimitado oceano de sombras.

Sente-se eriçarem-se-lhe no crânio incendiado os cabelos que eram da cor das trevas e que encaneçam repentinamente, como que tornado ~ inza.

Apesar de já se haver operado o despertar do meu entendimento, achava-me ainda na desoladora situação do aludido galé, sofrendo insanamente com as recordações do meu passado, sem coisa alguma vislumbrar do tempo porvindouro. Mas inopinadamente – como se penetrassem venábulos de sol no calabouço, através de uma brecha produzida, à noite, pela metralha de um trovão – em minh'alma se focalizou um raio de esperança, balsâmica e animadora: ter a eternidade por futuro, estar desvencilhado dos implacáveis adversários (ignorava ainda que o meu contendor Carlos estivesse também encerrado num sepulcro e, por certo, na mesma inquietadora emergência em que me encontrava), poder unir-me àquela que continuava a ser, para mim, a noiva dileta, um ídolo sagrado! Senti-me, subitamente, quase venturoso.

A minha Bet se suicidara na noite nupcial, para não me ser perjura! Pobre e adorada Bet! A sua heroicidade era um novo elo que nos prenderia por todo o sempre as almas. Não nos separaríamos jamais, jamais! Voaríamos enlaçados pelo espaço em fora! Mas onde poderia encontrar a *minha* idolatrada *noiva*? E quem me levara àquela intérmina charneca? Estaria ainda no mesmo planeta onde vivêramos e fôramos tão bloqueados pelo infortúnio que, não podendo resistir aos seus derradeiros assaltos, dele fomos rechaçados pelo cruel sátrapa? Ou estaria numa região de torturas mefistofélicas, das quais fazem descrições apavorantes Alighieri e os sacerdotes católicos?

Não cessava de pensar em Elisabet.

Como, porém, a encontraria, achando-me só num mundo extensíssimo, desconhecido, desabitado? E se já estivesse irremediável e eternamente condenado àquele martírio inédito – ignorado pelo próprio Dante – de ficar desterrado em vastíssimo orbe, sem poder, *nunca mais*, ver alguém, tendo de permanecer naquela solidão, banido da sociedade, até a consumação dos séculos?! E se estivesse privado para sempre de encontrar Elisabet? Ai! tremia de inaudito pavor, julguei-me às bordas da loucura e comecei a bradar, com *voz* que acreditava atroadora, estentórica:

– Bet! Minha querida Bet! Onde estás? Vem! Dize-me: onde estás?

Desejava correr celeremente em demanda de algum ente humano ao qual pudesse transmitir, súplice, meus pensamentos, implorar informações preciosas a respeito da minha situação, do local em que me achava. Estava ansioso, sôfrego por saber onde encontraria a fiel prometida, mas me sentia tolhido da cabeça aos pés, como por um arnês blindado, chumbado ao solo por um poder incontrastável, soldado ao planeta de que fazia parte integrante, ignorando se era o mesmo onde vivera e onde tantas amarguras tinha padecido. Já não pertencia mais à humanidade – era um mineral que sofria.

Apenas pude aprumar-me no local em que me conservava estirado, na posição de um adormecido ou de um sepulto, pus-me a meditar como deveria fazer para sair daquele suplício.

Quando mais intensa era a angústia, caro amigo, dulcíssima voz de timbre celestial se fez ouvir, como que respondendo às palavras que eu bradara no ermo da minha prisão.

Exultei, supondo fosse a de Elisabet, que atendia, enfim, à súplica que eu lhe dirigira, indo ao meu encontro. Ergui o olhar, delirante de júbilo, na direção da voz maviosa. Mas, cheio de assombro, deparei com uma entidade de formosura incomparável. Tanta nobreza, melancolia e austeridade lhe ressumbravam do semblante fúlgido, de traços esculturais, primorosos, que me senti dominado, fascinado e, ao mesmo tempo, ínfimo, humilhado, reconhecendo nela uma superioridade que me esmagava, como se eu fora naquele momento uma lagarta rasteira, um repulsivo réptil, pulverizado por um bloco de estrela. Um frêmito percorreu todo o meu ser e, como réprobo, baixei a fronte. Então a entidade lúcida, aproximando-se, pousou a destra diáfana sobre o meu ombro direito e me disse, com energia e amarga censura:

– Já te lembraste de Deus, desventurado? Já alçaste o olhar ao Céu, de onde, somente, poderá fluir o bálsamo para as tuas dores e decepções tremendas? Sabes por que tanto sofreste na existência que te foi tirada há pouco, criminosamente?

A essas palavras imperiosas estremeci novamente, fitei a amplidão, que era toda luz e suavidade, e, em seguida, subjugado por uma vontade potente, caí genuflexo, soluçando.

CAPÍTULO II

— Infeliz! – tornou a mesma voz, que me parecia já ter ouvido algures, com uma lenidade inefável – acabas de transpor os umbrais da morte, deixando que te arrancassem barbaramente a vida, quando te achavas em plena juventude, com todos os elementos de resistência, quando devias ser forte para a luta, para combater contra o próprio coração, até o momento em que o eterno te chamasse ao Além, abençoado por Ele, triunfante dos próprios sentimentos. É assim que, se possuísse verdadeira coragem moral, terias saído vitorioso da campanha. E, terminada que fosse esta, teu peito não verias recoberto de insígnias gloriosas, mas em ti fulgiriam focos radiosos, semelhantes aos núcleos estelares. Tua alma se tornaria, ao mesmo tempo, alva e fulgurante, porque a luz nela desabrocharia – como sucederá a todo espírito que saiba vencer os óbices de suas provas terrenas, abençoar as suas lágrimas de dor, pois que estas, e não os deleites mundanos, é que o purificarão de todas as máculas, de todos os delitos do passado, sulcando-o de fecundos arroios cristalinos, facetando-o como faz o lapidário que afeiçoa um bloco de diamante para transformá-lo em joia de brilho incomparável.

"És, afinal, como toda a humanidade – egoísta, aspirando a satisfazer a todos os anelos do coração exigente e insaciável, cuidando muito do fugitivo presente e olvidando sempre o infinito futuro da própria alma. Nos momentos mais penosos da tua vida, não te lembraste *nunca* do Onipotente, não lhe imploraste *jamais* um termo aos teus pesares, não lhe suplicaste resignação nos dias de maiores amarguras. Só pensavas em obedecer ao impulso das tuas paixões, em abandonar covardemente a vida por meio de um crime abominável que é sempre punido severamente segundo as Leis divinas, porque constitui afronta e revolta contra elas – o suicídio! Compreendes, agora, que a existência humana tem um objetivo mais elevado e mais nobre a preencher que não a saciedade dos desejos, dos anelos mundanos, dos gozos que só interessam à criatura material e não à personalidade espiritual? Compreendes agora que esta se acolhe e restringe nas vestes carnais, para poder laborar pelo progresso e desenvolvimento psíquicos, para sofrer, resgatar faltas remotas e sinistras, aprimorar as faculdades anímicas, apenas esboçadas no início das encarnações, para evolver e conquistar a perfeição, alvo a ser atingido por todos os seres que o Onisciente criou, porque só ela nos aproxima do Criador?

"Ignoras que todos os que sofrem têm faltas a resgatar, são delinquentes que o Sumo Árbitro condenou com a mais irrepreensível justiça e absoluta equidade?

"Não sabes que do modo por que cumprem a sentença depende ou o galardão – se desempenharem escrupulosamente seus deveres sociais e divinos – ou a agravação de seus padecimentos – se prevaricarem, se reincidirem nas culpas de que já foram julgados, se não progredirem moral e intelectualmente, se empregarem nocivamente o tempo precioso que lhes concedeu o Altíssimo para a remissão dos seus passados crimes, continuando a perpetuar o mal, a serem soberbos, egoístas, recalcitrantes ou obstinados no erro, iníquos, ateus, libertinos, hipócritas, perjuros, traidores?..."

Houve uma pausa, que não ousei profanar com palavra alguma e que me pareceu longuíssima. Depois, estendendo o braço na direção de uma região desconhecida, a fúlgida entidade prosseguiu:

– Quando te dedicaste, em Berlim, cheio de amor, à tua noiva, nunca te lembraste de que, mais do que a ela, devias cultuar o Criador do universo, porque vós ambos vos originastes dele, e assim, vossos espíritos, por entre árduas mas merecidas provas, deviam elevar-se, constantemente, até ao Pai celestial, pela escada de luz da prece; deviam ser pacientes, resignados, corajosos nos momentos em que as dores, como setas ervadas, vos ferissem acerbamente... A mão invisível, adestrada e justiceira, que expedia essas setas, as apanhara uma a uma, ao longo da estrada das vossas transcorridas existências, trágicas e tenebrosas. Eram as mesmas que arremessastes impiedosamente, para farpear corações sensíveis.

"Devíeis, por isso, suportá-las com a mesma impavidez dos primitivos mártires do Cristianismo, que sucumbiam, flagelados por inauditos padecimentos, fitando o firmamento azul, onde sabiam que seus espíritos radiosos iriam aninhar-se gloriosamente.

"Ignoráveis, porém, que os sofrimentos humanos se derivam das próprias faltas cometidas e as acompanham como a sombra ao corpo, quer este se detenha, quer corra velozmente. Fostes vós, portanto, os causadores dos vossos dolorosos padecimentos, e quem assim não pensar, pratica outro delito, porque atribui ao Legislador supremo uma sentença iníqua, o ter condenado alguém a sofrer injustamente o que não fez a outrem, como se Ele fora um magistrado sem probidade, que não fizesse de Têmis[15] o símbolo da retidão e do direito imparcial.

"Bem sei que tendes ambos, tu e Elisabet, atenuantes para os vossos desvios nesta última encarnação, porque fostes imolados ao orgulho e ao ódio dos parentes, que ainda diferençam a humanidade pelo país do nascimento, emprestando supremacia àquele que lhes parece ser a sua pátria definitiva. Mas – desditosos que sois! – também fostes culpados para com esses que se tornaram vossos algozes. Se já houvésseis percebido a origem dos vossos dissabores, o motivo por que tanto padecestes – o que tanto ignoráveis por efeito do esquecimento que ofusca as potências da alma em cada encarnação, ocultando todos um passado remoto e sombrio – não teríeis um átomo de revolta contra o destino. Ao contrário, vossos corações se teriam submetido aos admiráveis e imparciais desígnios da Providência, a quem implorariéis que vos tornasse invulneráveis às investidas da descrença e do desalento, fortes para a luta que se vos antolhava superior às vossas forças!

---

[15] Deusa que representa a justiça.

"Vou, sucintamente, explicar-te – pois que, enquanto se não romperem os cendais que te obscurecem as faculdades, consequência da perturbação causada por brusca e recente desmaterialização, não te lembrarás de todas as tuas peregrinações terrenas – a gênese do rancor que inspiravas principalmente a um dos irmãos daquela a quem amas ainda mais do que ao próprio incognoscível – afronta que sempre fizeste ao afetuoso, magnânimo e incomparável fautor de todos os seres e de todos os prodígios profusamente disseminados pelo cosmos, olvidando que a nossa existência, dele emanada, deve ser-lhe um lausperene de gratidão e de amor quintessenciado.

"Escuta-me, pois, infortunado Paulo Devarnier, com o máximo interesse, e, quando concluir minha lição – que auxiliará a desanuviar-te a consciência momentaneamente eclipsada pelas sombras que ainda provêm da matéria – tu me dirás se não foram merecidas as provas aspérrimas por que passaste.

"Numa das tuas anteriores encarnações, Paulo, já amaras a mesma criatura a quem te consagraste na Prússia com todas as fibras de tua alma, porém não lhe dedicavas afeição elevada como agora a sentes, capaz de todos os mais nobres impulsos, de todos os mais dignificadores devotamentos e sacrifícios. Amaste criminosamente, impuramente, a mulher de alguém que acaba de te tirar a vida! Estremeces? Começa a recordar-te do teu lúgubre passado? Lembras-te desse período tenebroso de uma das tuas existências, origem das tuas mais tormentosas expiações?

"Eras, então, Paulo, um jovem frívolo e conquistador de corações femininos, um desses destruidores da felicidade dos lares honestos, como ainda os há infestando o globo terráqueo. Um dia, seduziste a formosa consorte de um teu companheiro de infância, de quem te dizias amigo. Ele, o marido ultrajado, inteirando-se da extensão da tua infâmia e perfídia, exigiu reparasses a falta e tratou de reabilitar a honra por meio das armas, num duelo de morte – o que era comum e explicável nas eras cavaleirescas da Idade Média. Aceito o desafio, foi ele a tua vítima, como foste agora a de Carlos Kœler. Eis a origem da repulsa que causavas àquele que, na tua última encarnação, era teu primo, e que, na anterior, fora o esposo atraiçoado por Elisabet, que ele adorava e a quem não amaste com o afeto ilibado que devias votar à consorte de um condiscípulo e camarada de infância, de um quase irmão, ao qual roubaste a vida cruelmente, depois de lhe haveres rapinado a honra e a ventura.

"Cometido esse duplo e hediondo crime – traição e homicídio – nem sequer te apiedaste da outra vítima: a adúltera. Abandonaste-a, depois de a teres impelido à prática de uma aleivosia contra o esposo que a idolatrava; deixaste-a em extrema penúria, que a arrastaria aos lupanares, se não a houvesse tirado do paul, em que começara a imergir, um ilustre e virtuoso cavalheiro que, vendo-a em tão desoladora situação, antes que a desditosa mercadejasse a beleza peregrina, soube consagrar-lhe um afeto puro e fraternal, esqueceu-lhe o passado poluto e a desposou, tornando-se ela, desde então, esposa modelar.

"Estremeces, novamente? Horrorizam-te as indignidades de tuas passadas existências, Paulo? E queres saber quem é esse varão magnânimo com o qual Elisabet tem ainda de saldar uma dívida sagrada de gratidão? É aquele com quem tua noiva casou há poucos dias, suicidando-se em seguida, na própria noite nupcial. Não devia tê-lo feito, pois o holocausto doloroso do seu amor profundo, que lhe fora imposto como expiação da insídia que praticara noutra vida, ficou anulado, ao passo que, se houvesse se conformado com o destino, de pouca duração seriam seu sacrifício e martírio, visto que sua existência estava prestes a extinguir-se.

"Agora – desgraçados que sois! – cavastes, novamente, um abismo que, por muito tempo ainda, vos separará um do outro, fizestes jus a outras punições. A Providência divina – sempre justa, imparcial, infalível, integérrima – visava aplacar o ódio a que se votavam os dois antigos rivais, fazendo-os nascer ligados, noutra encarnação, por um próximo parentesco, membros de uma mesma família, a fim de poderem olvidar o passado tenebroso e metamorfosear a recíproca aversão em laços indissolúveis de uma afeição fraternal, sentimento que alia, umas às outras, todas as almas já limpas das imperfeições que as denegriam enquanto praticavam o mal.

"Sofreste, pois, na última romaria à Terra, as consequências funestas de uma outra em que levaste a desonra e o opróbrio a um lar feliz e casto; padeceste atrozmente por causa daquela que seduziste e não devera ter esquecido a sua condição de esposa de outrem, que lhe dedicava afeto ardente e leal; que não devera, sobretudo, esquecer de que já era mãe e que, entretanto, não se compadeceu do pequenino ser que concebera e que, abandonado, sem os seus desvelos, entregue a fâmulos, veio a perecer, proferindo o seu nome enodoado. Eis explicada a instintiva repulsão que teu primo Carlos sentia por ti, infortunado Paulo: era ainda a presença do antigo êmulo, do adversário odiado, daquele que, acintosamente, depois de lhe haver marcado a dignidade de esposo, lhe trespassou o coração magoado com um sabre, quando ele procurava vingar a sua honra ultrajada, fato que ainda mais lhe exacerbava o rancor.

"É verdade que o Direito divino reprova o duelo, que não passa de um assassínio com testemunhas impassíveis, de um homicídio premeditado, como o que comete o sicário que arranca de emboscada a vida do forasteiro, e que, para o conseguir, planeja todos os meios de executar o seu sinistro intento. É um delito abominável, pois é praticado com reflexão, com calma, escolhendo-se de antemão as armas. Dentro de alguns anos, os códigos penais, alguns dos quais já o condenam, não permitirão mais, sob punições severas aos infratores, que se efetue qualquer encontro bélico, auxiliando assim as Leis divinas que o consideram prejudicialíssimo à sociedade. Mas, em tempos idos, mormente na Idade Média, era o meio mais pronto de que dispunha quem, ferido na sua dignidade, procurava zelar por direitos sagrados e desafrontar a honra, que ficaria desdourada se não o aceitasse ou não provocasse o ofensor. Foste, pois, um dos que hão cometido esse delito, assassinando uma vítima da tua doblez e libertinagem. Porque ficaste impune ante a justiça humana, os papéis se inverteram e, há pouco, em Paris, foste sacrificado por aquele que exerceu contra o antigo contendor uma vindita feroz.

"Ele, agora, é mais desditoso do que tu, porque na via crucis, que vens de percorrer, não praticaste nenhuma transgressão às leis sociais, foste probo, justiceiro, de sentimentos nobres, ao passo que ele, rancoroso e vingativo, desconheceu todos esses valiosos predicados morais que possuis. Cegavam-no o orgulho e a inclemência. Se não os alimentasse n'alma, se os soubesse repelir com energia, vós ambos teríeis, de modo mais humanitário e de conformidade com o Direito divino, terminado as vossas existências, porque, pobre Paulo, ignoras ainda que teu primo Carlos também jaz num sepulcro recentemente aberto ao lado do teu – por uma ironia do acaso, como dirão muitos – mas que afirmo ter sido por desígnio do Céu, que uniu assim, no seio da terra, onde se nivelam todos os seres, aqueles que, animados pelo mesmo princípio vital, se odiavam como tigres famulentos, sanguinários.

"Os mesmos vermes que corroem o teu envoltório carnal hão de devorar o dele. Eis como terminam o orgulho e a vaidade humanos! Protestas pela primeira vez?

"Sim, tens razão. Não execravas a Carlos tanto quanto ele a ti, porque vieste do Espaço com intenções inabaláveis de ser humilde e só praticar o bem. Tinhas o coração propenso ao perdão e ao que é generoso e elevado, enquanto que ele não cumpriu o que promete todo o Espírito quando reencarna, a saber: não se vingar, esquecer o que sofreu noutra digressão planetária, perdoar aos adversários, votar-se à justiça e à virtude.

"Carlos era inexorável: tua presença lhe evocava as dores do passado, nutria por ti uma aversão indomável; considerava-te a estrige nefasta de sua família, atribuindo-te toda a responsabilidade do passamento do avô paterno, da sua genitora, do suicídio da irmã – olvidando, obcecado pelos sentimentos vingativos que alimentava contra ti, ser ele mais delinquente do que foste. Na sua mente desatinada, imbuída do desejo de represália, um só pensamento germinou contumaz: saciar o seu ódio, destruindo-te a vida numa peleja encarniçada, em que ambos combatessem como leões enlouquecidos e sedentos de sangue. Quando, porém, te viu – na manhã do dia em que te feriu mortalmente –, tão evidente era o teu sofrimento moral, tão nua a tua dor infinita, tão lívido o teu semblante, onde a angústia mais profunda afivelara sua máscara de gesso, ele – mísero Carlos – se compadeceu de ti, do teu padecimento inaudito.

"Vi-o então enristar a arma contra ti e recuar, uma vez, quase tão pálido como tu mesmo, todo o organismo abalado por um tremor nervoso. Compreendi, claramente, que não queria mais se bater. Não o consentiu, porém, o orgulho que o dominava ainda, o orgulho do prussiano desejoso de humilhar um francês. Pela vez primeira, desde que te conheceu, quando te expuseste ao certeiro golpe do seu florete, quando te viu golfando sangue, com o peito varado, levou ele as mãos aos olhos turvos, cambaleando como se estivesse ébrio. Teve horror de si mesmo e, recuando sempre, sem poder desviar a vista do teu corpo inerte e ensanguentado, partiu em busca de uma carruagem que o arrebatasse daquele local sinistro. Mas, antes de partir, ouviu alguém bradar com indignação:

– Cometeu um homicídio!

"Desde aquele momento lhe flagelou a consciência um remorso terrível e, ao saber que não existias mais, pôs termo à vida, perfurando o crânio com uma bala, num quarto do hotel.

"Foram indescritíveis seus derradeiros instantes de amargura ilimitada, de inenarrável compunção, de incomensurável arrependimento e – como é perfeita a Justiça divina! – morreu apiedado de ti. Se não houvesses sucumbido, a partir daqueles instantes de sofrimento e remorso, se teria tornado teu amigo, teu irmão pelo infortúnio, esfacelada para sempre a aversão que te votava.

"Não suponhas, pois, ter sido a Providência divina quem o impeliu a assassinar-te, Paulo. Não; o livre-arbítrio é predicado de toda alma humana. Todas têm a liberdade de praticar qualquer ato, bom ou cruel, devendo, entretanto, seguir, sem tergiversação, a senda do amor ao próximo, do altruísmo, do dever, da virtude, de tudo quanto é digno e meritório, para que, ao abandonarem as vestes sepulcrais, a Justiça celeste não lhes tenha de punir faltas e, sim, amercear pelo bem praticado. Não deve nunca a alma incrementar suas tendências violentas e nocivas às coletividades, e sim repelir o mal com todas as veras do coração, porque o eterno jamais permite que o pratiquem impunemente as criaturas atentando contra suas Leis imutáveis e perfeitas. Se assim procedera o desventurado Carlos, se soubera perdoar e amar ao próximo, esquecer o passado latente na sua alma, a tragédia que teve tão doloroso epílogo, em Paris, pudera ter tido um desfecho venturoso e todos vós seríeis abençoados pelo Criador. Para a consecução desse desiderato, tu e ele, na noite amargurada que passaste em vigília, depois de combinado o duelo, estivestes sempre cercados por vossos Protetores que, sofrendo convosco por motivo dos vossos tétricos pensamentos, não cessaram de vos inspirar sentimentos humanitários, para que não cometêsseis um crime, para que vos perdoásseis mutuamente. Tu, Paulo, atendeste, em parte, às minhas exortações, mas ele ainda se deixou dominar pelo desejo de uma vingança que, levada a efeito, perpetrada desumanamente, não o saciou, antes lhe fez sofrer satânico martírio moral. Tentando fugir-lhe, como o Iscariotes, pôs termo à própria vida – outro crime abominável!

"Se nos tivésseis atendido, escutando as paternas advertências, em vez da vindita – o amor teria triunfado de todos os óbices que impediram a vossa reconciliação e, em vez da desgraça que uma arma homicida consumou, os corações enlaçados indissoluvelmente, pelos liames de uma afeição bendita, teriam forjado o eterno grilhão de luz que prende, umas às outras, todas as almas evolvidas – o da fraternidade ou das dedicações sublimes!".

"Ergue-te, meu irmão, e ouve-me ainda. Antes, porém, de prosseguir, quero rogar a Deus por ti, numa férvida prece, pois que ainda não sabes fazer a tua alma voejar para o eterno Consolador!"

CAPÍTULO III

Não julgues, portanto, Paulo – continuou o meu austero Protetor – que terias de ser morto, fatalmente, por um de teus primos, não. Tudo quanto estava ao alcance dos mensageiros celestiais foi feito para demovê-lo do plano funesto, mormente por tua causa, porque já não eras mais um ser frívolo ou rancoroso, antes um Espírito que trilhava o carreiro conducente à perfeição. Tinhas louváveis resoluções de cumprir espartanamente todos os teus deveres sociais e o houveras conseguido, se não fosses arrastado pelo vórtice dos sentimentos impetuosos, que concorreram para a realização dos intuitos ilícitos do teu antagonista, que só aspirava a cevar em ti a sua cólera, extinguindo-te barbaramente a existência numa idade primaveril e anulando, assim, todas as nobres aspirações que desejavas realizar.

"Foi ele quem, com extremado orgulho, supondo-se de uma raça superior à tua, tendo-te insopitável aversão, cujo fundamento já conheces, dominado por excessivo amor pátrio, te prejudicou e à própria irmã. Pode dizer-se que foi o causador das vossas desventuras, embora possuísse também qualidades morais apreciáveis. Dependia também de vós, de ti, e de Elisabet, o vencerdes no prélio, tal qual se vos apresentava, como verdadeiros heróis. Se tivésseis mais resignação – a coragem moral superlativa – ou se houvésseis erguido o pensamento ao Céu, em busca de auxílio e proteção do Onipotente, talvez todo esse drama sangrento – em que foste uma das vítimas sacrificadas à vingança cruel e premeditada – não se desenrolasse e as vossas existências planetárias tivessem um epílogo de suaves alegrias, de concórdia e perdão.

"Bem vês, Paulo, que todos vós fostes culpados! Às vezes depende de uma súplica fervorosa, profunda, humilde, sincera, emanada de um coração que se transporta ao Infinito, conseguir a criatura colher as flores da ventura a que aspira e espargi-las no áspero caminho cheio de urzes que até então trilhava. E, dado que o combate perdure, por indiscutível desígnio supremo, ela sairá triunfante um dia, porque seus adversários deixarão pender das mãos as armas ou estas não poderão atingi-la, por isso que as hostes de invisíveis siderais não consentem que os golpes injustos penetrem o coração daquele que possui o escudo áureo e refulgente da fé inabalável no Criador do universo!

"Esse broquel mágico, invulnerável e maravilhoso, Paulo, é que nunca empunhaste, terçando armas sozinho, quase abandonado, com os teus inimigos, por teres o teu ideal acorrentado à Terra. Agora bem sabes que o verdadeiro ideal da alma só o encontramos no Além, onde fulgem os arquipélagos de estrelas!

"Parece que formulo um paradoxo quando digo que, na existência que se te extinguiu há pouco, bruscamente, não foi o ódio, mas o amor, sim, o amor às pátrias diversas em que nascestes, tu e teus primos, o pomo de discórdia, a origem dos vossos pesares. Infelizes! Em que erro estáveis todos vós! Mais tarde a humanidade compreenderá que a pátria a que um Espírito se acolhe para encarnar, animando uma estátua humana é, apenas, um novo cenário em que figurará como ator, em que representará um drama, uma ópera, uma farsa, conforme o seu desenvolvimento psíquico, conforme o anelo que aninhe no coração por cumprir os deveres sagrados. Na campanha da vida, muitas vezes é mais glorioso um mísero operário que desde o alvorecer começa o insano labor, trêmulo de frio e quase exânime por falta de agasalho ou de pão, do que um marechal cujo peito áureas insígnias constelem.

"O Onipotente, quando houve por bem elaborar o cosmos, criando miríades de sóis e de planetas, fez as diversas mansões dos Espíritos e nenhum tem pátria fixa. Não lhes pertence nem um pugilo de pó, nem um fragmento de pedra, nem mesmo a que lhes cobre os despojos funéreos, que se transformam em larvas asquerosas e em vegetais que florescem e aromatizam o ambiente. O universo, o Infinito, eis a pátria de todos nós!

"Só pelo pouco preparo e desenvolvimento espiritual, pela rudeza e selvajaria da humanidade, ainda há, nos países que se intitulam civilizados, exércitos formidáveis e poderosas esquadras – instrumentos de morte e destruição, adversários seculares da confraternização mundial! Mais tarde, quando ela se aprimorar moralmente, se enobrecer de sentimentos humanitários, dispensará as legiões e as esquadras. Todos os povos então se congraçarão fraternalmente, se irmanarão pelo amor que aliará todas as almas, fazendo de todos eles membros de uma única família, numerosa bastante para povoar todo o orbe, aspirando uns à ventura e à prosperidade dos outros, reciprocamente, sem invejas, sem rivalidades, sem dissensões de raças nem de crenças religiosas. Essa transformação social não se operará, infelizmente, nos primeiros séculos vindouros, Paulo, mas se realizará antes de transcorrido um milênio. Há de, enfim, chegar a era abençoada em que será realidade o que agora parece utopia, pois já começou para a humanidade terrestre a grande evolução, o progresso espiritual que porá termo à crueldade dos habitantes planetários, os quais, nas guerras fratricidas, se transformam em lobos sanguinários, destruindo as obras do Criador – os nossos semelhantes –, orfanando lares, desvirtuando donzelas...

"Se teu espírito voltar a peregrinar novamente nas regiões terrenas, verá – daqui talvez a quinhentos anos – que os povos não mais precisam de esquadras nem de hostes aguerridas para lutas fratricidas; que um único exército, mais poderoso que todas as legiões contemporâneas coligadas, as substituirá com inconcussa supremacia: o do operariado culto, constituído por artistas egrégios, profissionais em todos os ramos científicos. Esse exército e todas as classes sociais só cuidarão da prosperidade intelectual e moral dos seus habitantes, considerando a humanidade uma só família e a Terra uma só pátria, limítrofe apenas do Espaço!

"Por enquanto, o amor cívico é um elevado sentimento, mas daqui a alguns anos não o será mais, porque, no futuro

Império da Confraternização Universal, todos o considerarão reprovável egoísmo. É atualmente um sentimento nobre, porém, o amor pátrio dos indivíduos não deve consistir em odiar as plagas estrangeiras – porque as separam, daquelas em que nasceram, um lago, uma cordilheira, um rio, simples acidentes geográficos – e sim no trabalho em conjunto, para que se torne realidade o aformoseamento das urbes, o adiantamento das Ciências e das Artes, destacando-se das outras algumas nações unicamente pela culminância de melhoramentos realizados.

"Em futuro remoto todas rivalizarão, se confundirão, como pétalas de uma flor! Que importa, pois, ao Espírito, a quem Deus consentiu se corporalizasse, pousar aqui ou além, vindo do Espaço qual pássaro nômade que paira de súbito por sobre alta serrania, escolhe uma árvore para se acolher, nela constrói o tépido ninho, sem indagar se aquele doce asilo pertence a país africano, europeu, australiano, asiático ou americano? Que importa à ave errante, que cinde os ares, esteja o ninho que construiu na fronde verdejante de uma árvore, em território bárbaro ou civilizado, se em nenhum fica ela isenta de trabalhar para manter o seu pequenino lar, de sustentar a prole adorada, de temer o caçador, de se amedrontar com as borrascas, de fugir às invernias ou se livrar dos rigores da canícula? Que lhe importa, pois, que o galho penda para o norte ou para o sul, para o ocidente ou para o levante, se sabe que tem um destino a preencher utilmente: – mourejar, amar, sofrer – e que, um dia, quando menos o esperar, a caçadora eterna – a morte – a virá tirar do ninho e restituir o sudário da alma à natureza, túmulo comum que alberga no seio, com a impassibilidade de quem cumpre um dever austero e imprescindível às criaturas, os cadáveres das águias, dos rouxinóis, dos proletários, dos monarcas, das flores, dos chacais, das borboletas?

"E o que acontece à ave erradia não sucede à criatura humana? Em que país estará preservada da dor, dos tributos devidos à natureza, do labor, da lágrima, quando, vinda do Espaço, a alma se aninha num escrínio carnal?

"O patriotismo, portanto, o civismo ideal do homem vindouro consistirá em trabalhar e esforçar-se por tornar invencível, grande, formidável, a nação em que nasceu, pelo cultivo moral e intelectual dos seus patrícios, pelo florescimento de todas as artes e ciência, pelo conforto, prosperidade e paz de que desfrute a coletividade e não pelos exércitos, que terão desaparecido de todos os países. Ser generoso, hospitaleiro para com os que nasceram além da linha divisória de sua pátria, é acolher irmãos, tão irmãos como os que descendem do mesmo país; venerar as nações estrangeiras não é ser mau cidadão – é ampliar o sentimento cívico, é amar suas passadas ou futuras terras natais. O Espírito não tem uma pátria, tem centenas de pátrias, e, em cada uma, lhe cumpre laborar um pouco, alijar de si uma imperfeição de caráter, ascendendo, assim, um grau na escala infinita da perfeição. Só desse modo poderá elevar-se às mansões primorosas, às paragens de luz! Alguns Espíritos há, contumazes no erro, que se encarnam em todas as tribos humanas deste globo, desde as dos bárbaros até as dos povos mais cultos, fazendo um longo e lento tirocínio psíquico.

"Ao despertarem no Além, momento em que a alma devassa o passado, banhada de imensa luz, como se nela despontasse um plenilúnio interior, até então velado pelas sombras da matéria, triste e dolorosa se patenteia a realidade para os que colocaram o seu torrão natal acima do trono do Altíssimo e morreram defendendo-o, cheios de ódio à pátria de outros irmãos. Baixando à Terra numa nova encarnação, vêm nascer no país que tiveram por inimigo e chegam a amá-lo às vezes mais do que ao outro em cuja defesa sacrificaram anteriormente a vida, e do qual só voltam a recordar-se quando se libertam novamente da prisão carnal.

"É por essa forma que o Onipotente coliga as nações e extingue ódios injustificáveis. Fazendo que os Espíritos ocupem todas as classes sociais, nasçam nas diversas regiões do globo, percorram assim a cromática das encarnações. Ele os força à compreensão de que a humanidade constitui uma só família esparsa por toda a Terra e pelo Infinito e de que, portanto, os povos se devem amar mutuamente e confederar com um único objetivo: o de se instruírem e progredirem moral, intelectual e materialmente, cultivando a religião, as artes e as ciências.

"Em todas as pátrias o Espírito deixa afeições sacrossantas, que perpetuamente ligarão as almas entre si. Cada um, ao recordar-se, quando liberto da vida material, das suas existências anteriores, se sentirá suavemente algemado a outros Espíritos espalhados por todo o planeta: aqui a pais carinhosos, ali a irmãos diletos, além a esposos adorados, mais longe a filhos idolatrados. A todos se reconhecerá preso pelos grilhões luminosos do amor fraterno.

"Cada um verá que em todas as terras gozou, sofreu, trabalhou, e a reminiscência dos afetos e lutas do passado fará nascer-lhe no íntimo o sentimento da compaixão para todas as criaturas, sejam quais forem as raças a que pertençam no mundo. Desde então, o cardo das tribulações terrenas, que, macerado no cristalino cadinho da alma, chagou os corações sensíveis, começa a desprender um aroma inconfundível, uma fragrância deliciosa que se evola para o céu, só comparável à das flores ali cultivadas. É a fragrância do Amor-essência, que, consagrado ao Criador do universo e aos irmãos que sofrem, se difunde por toda a humanidade, sempre e sempre intensificado pela crença inabalável na infinita bondade de Deus, sob os nomes de piedade, abnegação, caridade, altruísmo supremo.

"Esse o processo pelo qual, na sucessão dos séculos, se formam os abençoados apóstolos do bem, os missionários da mais sublime caridade, cujo protótipo encontramos em Vicente de Paulo, que tanto se ajoelharia para pensar as úlceras de um prussiano como a de um cossaco, as de um africano como as de um francês patrício; que estendia a mão luminosa e diáfana aos transeuntes implorando o óbolo com que fosse mitigar a fome ou substituir por tépidas roupas os farrapos de um orfãozinho, de um desvalido, de um enfermo, sem indagar se o mísero nascera na Inglaterra, na Suíça, na Núbia, na Arábia ou em Jerusalém!

"Semelhante proceder significará, porventura, ausência de amor cívico? Não! Quem assim procede amplia esse sentimento a todo o gênero humano; dilata-o indefinidamente para muito além das raias de um império ou de uma república;

abrange nele todos os povos, considerando-os membros de uma só família, parte de uma coletividade indivisível.

"A alma acrisolada pela dor, virtuosa, purificada, vitoriosa nos prélios do sofrimento através dos séculos, ora no orbe terráqueo, ora no Além, cria asas de luz que a fazem voar para o Infinito, não lhe permitindo acorrentar-se pelo afeto a um pedaço de terra qualquer. À medida que galga os cumes da espiritualidade, seus sentimentos nobres se expandem, não se restringem. Compreendendo, cada vez melhor, que todos os seres humanos são irmãos, ela a todos dispensa auxílio e patrocínio, pois que do mesmo passo reconhece que nem o amor aos nossos semelhantes, nem a dor, nem o pranto têm pátria determinada, ou selecionam, aquém ou além-fronteiras marcadas por mares, serranias, cursos d'água.

"O planeta onde há pouco acabaste de viver é apenas um dos muitos degraus de que se compõe a escada que vai dos mundos de treva aos orbes radiosos, que iremos escalando aos poucos, gradativamente, à proporção que evoluirmos sob os pontos de vista moral e intelectual.

"Assim, o espírito que se libertou do materialismo, das convenções rotineiras e das imperfeições humanas, em vez de fazer de uma fração do globo terreno o objeto do seu amor, votá-lo-á indistintamente a todas as outras frações que completam essa unidade que se chama Terra. Em vez de restringir sua afeição a um só país, amará igualmente todas as nações, certo de que mais tarde todas formarão uma só pátria, regida por um monarca supremo, o Onipotente, síntese de todas as perfeições, com um só pavilhão, onde se lerá, escrita em caracteres luminosos, a legenda: *'Deus e amor ao próximo'*. Em torno desse pavilhão virão agrupar-se as diversas raças que ainda hoje se odeiam, e fundir-se todas as nações formando uma só, grande e poderosa, pelo fulgor de suas virtudes. Os elevados sentimentos que, até aqui, os Espíritos que na Terra encarnam têm consagrado, nas suas múltiplas encarnações, de cada vez a um dos países que cobrem a superfície desse planeta, acabarão por constituir um foco único do qual irradiará o amor puro, feito de altruísmo, de compaixão, de humildade.

"Exemplos de um tal amor já os homens têm diante dos olhos nessas criaturas que sacrificam a beleza e a juventude, que abandonam os deleites mundanos, para se dedicarem à caridade ilimitada, passando a existência nas enfermarias dos hospitais – onde se nivelam todas as castas, onde terminam os mais pungentes dramas de ódio, onde se pulverizam o orgulho e a soberba ao sopro da adversidade – ajoelhadas à cabeceira dos agonizantes, curando pútridas chagas, espalhando consolações, tendo sempre estampadas na retina as imagens da morte, da miséria, da impotência humana, vendo na dor a grande niveladora da humanidade.

"No futuro, este papel caberá ao amor. Então, desde que a sua centelha divina se produza num coração, abrasará todos os outros, sem que nenhum indague a que nação pertence o primeiro, se é de fidalgo ou de plebeu, de nababo ou de pobre calceteiro. É o amor, eis tudo!

"Assim será quando houver passado o turbilhão dos séculos que hão de vir, quando, tendo por lema – *Deus e amor ao próximo* –, o lábaro da fraternidade for arvorado por todas as nações, o que significará que elas se tornaram verdadeiramente irmãs, que se ligaram indissoluvelmente, que as suas fronteiras se dilataram indefinidamente até aos oceanos, que estes são os seus únicos exércitos.

"Chegará, enfim, a era bendita, em que as hostes aguerridas abandonarão as espadas e as carabinas; em que todos, tornados paladinos da paz, empunharão o alvião, o buril, o pincel, a pena, os instrumentos agrícolas, os de cirurgia, os da arte dos sons; em que as somas fantásticas, até então despendidas com armamentos e munições, reverterão para a obra do conforto social, do embelezamento artístico das cidades. Fundido, o bronze de todas as metralhadoras, de todos os fuzis, de todas as baionetas, de todos os canhões, de todos os obuses servirá para perpetuar a mais bela vitória do mundo numa outra coluna Vendôme,[16] num outro Arco de Triunfo. Servirá, em suma, para com ele se erigir, neste planeta, o mais glorioso dos monumentos, cujo ápice tocará quase as nuvens, consagrado à divina *Pax*![17]

"A sociedade desse porvir bonançoso não mais consentirá que dois jovens esperançosos cevem ódios abomináveis, destruindo um, cruelmente, a vida do outro, como jaguares ávidos de carniça, sedentos de sangue.

"A humanidade futura não se verá mais enlutada por uma tragédia como a que se consumou em Paris, a cidade da luz, e cujo prólogo se desenrolou em Berlim.

"Agora, Paulo, os três entes, um dos quais és tu, que já

---

[16] Praça monumental de Paris no meio da qual se localiza uma coluna célebre, feita com 1.200 canhões tomados ao inimigo por Napoleão I, em 1805.
[17] Paz.

atravessaram muitas existências jungidos pelo ódio e pelo amor, vão encontrar-se de novo, em ulteriores encarnações ainda mais dolorosas, agrilhoados exclusivamente pelos vínculos de sacrossantas afeições.

"Tremes? Não te julgas bastante forte para encetar esse temeroso prélio, em que terás de afrontar com denodo as armas constantemente enristadas para o teu coração sensível – as dores lancinantes das provas redentoras – empunhando apenas o lábaro da fé, da resignação e da coragem moral? Amas ainda a Elisabet? Queres que a sua existência se una a tua por laços ainda mais estreitos do que já o foram em tempos idos? Sentes-te com o ânimo espartano e a intrepidez suprema de perdoar e amar teu inimigo Carlos Kœler – aquele que te trespassou o coração com o florete, depois de o ter golpeado mais dolorosamente quando, qual impiedoso verdugo, te fez conhecer do suicídio da tua prima, impelida à prática desse crime por ele próprio, que nunca se compadeceu do sofrimento de suas vítimas senão ao vê-las exânimes?

"Se te sentes com essa energia heróica, tua nova existência, daqui a alguns lustros, será algemada à daquela por quem chamaste ainda há poucas horas – esquecido, como sempre sucedeu em todos os teus transes mais dolorosos, do Criador das almas e das constelações, de tudo quanto ignoras.

"Mas é mister que o seja também à de Carlos, porque os vossos espíritos estão indissoluvelmente ligados um ao outro pelo rancor e por delitos praticados em comum. Depois sê-lo-ão, unicamente, pelos sentimentos mais nobres e sublimes. Se, porém, não perdoares ao desditoso delinquente, por milênios te verás separado daquela a quem amas e por quem ainda sofres loucamente. Reflete, Paulo, e acabarás aquiescendo aos meus rogos.

"Tens diante de ti uma frágil ponte levadiça, que, lançada sobre o imensurável abismo com que defrontas, te dará acesso à terra firme. Preferirás desprezá-la e precipitares-te na voragem? És nobre, possuis uma alma arroteada para a semeadura de excelsas virtudes. Conto, pois, que firmes comigo um pacto. Eu, teu protetor de muitos séculos, que te tenho inspirado aversão ao mal e culto ao que é meritório; eu, que te hei insuflado ideias elevadas, muitas das quais puseste em prática; eu, que só almejo repares tuas transgressões às Leis divinas, a fim de que, no futuro, fiques isento da dor; eu, que tenho sofrido com os teus desvios e lenido, inúmeras vezes, as tuas amarguras, apelo para a nobreza do teu caráter e quero que firmes comigo este pacto sagrado: doravante só praticarás atos dignos e louváveis; adorarás, muito mais do que à tua *noiva*, ao eterno. Colimando esse ideal, que acaricio há longo tempo, vou mostrar-te seus domínios siderais, seus Impérios de Luz, para que assim germine no teu íntimo a admiração pela sapiência, pela perfeição, pela glória e bondade de quem os espargiu no universo!"

CAPÍTULO IV

Começamos, então, impelidos pela vontade potente daquela luminosa entidade, a cortar celeremente os ares. Eu que, pouco antes, me sentia chumbado ao solo, tive a sensação de me haver libertado da gravitação terrestre e de estar sob o império exclusivo da força centrífuga, a qual me arrojaria por certo ao firmamento, que me atraía, encantava, alucinava.

Escoados alguns momentos, contemplei o espetáculo mais maravilhoso de quantos pudera ter fantasiado em horas de sonho ou de êxtase: o desfile, por assim dizer, dos astros de que nos aproximávamos, em nosso voo cada vez mais veloz, mais vertiginoso.

Passamos além da atmosfera do globo terráqueo, deixamos de lhe sentir a atração, penetramos no éter e experimentei uma sensação que me pareceu inédita, delicada, sutil, incomparável: a de que ele se me impregnava no perispírito, se identificava com a minha natureza fluídica. Tive, enfim, uma impressão de calma, de serenidade, de entorpecimento, como igual jamais desfrutara na Terra.

A meu lado o guia, fulgente e silencioso, parecia não atentar no que nos circundava, habituado, certo, à esplêndida apoteose divina das constelações cambiantes. De súbito, porém, me chamou a atenção, apontando as estrelas de que nos avizinhávamos e que se apresentavam como que ampliadas por mágico telescópio.

– Hoje, caro amigo, após a vossa última desmaterialização, já sabeis, pelo deslumbramento que sentistes, quais a estupefação, o pasmo, o quase delírio que se apodera de um Espírito neófito, quando – depois de uma esfera radiosa, em pleno Infinito; quando, ao sair das trevas planetárias – mergulha neste oceano de éter pontilhado de pérolas, onde gravitam as nebulosas.

"Sensação idêntica experimentaria talvez um tímido camponio gaulês, criado em mísera choupana, que penetrasse de improviso na Ópera de Paris, no momento de uma apoteose fantástica, maravilhosamente iluminada, tocando em surdina uma orquestra encantada."

Foi assombroso o que experimentei bruscamente, ao atingir o decantado céu. Aqueles sóis que, até então, só me fora dado contemplar como pomos de luz pendentes de gigantesca fronde azul, mas limitada pela vista, tomaram para mim, abruptamente, outro aspecto. Aumentaram de volume e de irradiação, tornaram-se ciclópicos, mostraram-se-me em posições graciosas, desmembrados uns dos outros. Pude considerar quanto é falha a percepção humana, pois, à visão de quem ainda se acha na geena terrestre, as estrelas se afiguram engastadas na concavidade de um único zimbório turquesino, como que pregadas a camartelo sem distinção apreciável, constituindo as constelações apenas núcleos fosforescentes.

Vi-as então desligadas, colossais, resplandecentes, ígneas, de matizes diversos, inigualáveis, indescritíveis no idioma dos seres terrenos.

Lembrei-me, naqueles momentos de inenarrável enlevo, de que a Terra – por uma liberalidade do nababo celeste – encerra em seu seio pequeninas constelações – com certeza fragmentos de estrelas, que com ela se amalgamaram, quando o Arquiteto divino, elaborando o universo, lhe manipulava os elementos componentes ainda em difusão, em caos.

Daí vem talvez que, ao formar-se-lhe a crosta, nela se incrustaram cintilas de sóis, moléculas de esferas luminosas, de diferentes colorações, indo alojar-se nas suas entranhas, onde formaram as mais esplêndidas jazidas de diamantes, esmeraldas, rubis, topázios, turmalinas. Assim, esses primores da natureza terrestre nada mais são que aparas de astros rolados do Além, quando o excelso artista cinzelava os corpos siderais.

Eis por que o orbe terráqueo se tornou o escrínio de joias policrômicas, de fagulhas irisadas caídas do firmamento nos instantes em que o cinzel do Lapidário eterno trabalhava as fúlgidas gemas, que depois constituiriam as constelações.

Passamos, a surtos velozes, pelas mais deslumbrantes, portentosas e titânicas gotas de luz, de uma suavidade crepuscular, de todas as gradações, na infinita cromática das cores. E não saberia dizer, se alguém mo perguntasse, qual a mais admirável das camândulas lúcidas que o Criador espalhou pela amplidão, pois que eram todas incomparavelmente belas. Havia-as de todos os matizes: lilás, violeta, amaranto, roxo, ametista, róseo, nacarado, carmesim, ocre, cerúleo, turquesa, cobalto, ultramar, verde-claro, esmeralda.

Não me deterei, porém, na descrição minuciosa desses lavores do cosmos, pois que já os conheceis cabalmente. Se às vezes pormenorizo a narrativa, é porque desejo, caro amigo, transmitir-vos com fidelidade os meus secretos pensamentos. Assim, não poderia omitir a emoção que experimentei ao contemplá-los de perto pela vez primeira, ao entrar na erraticidade onde passei mais de vinte anos em aprendizagens imprescindíveis à evolução de minh'alma, instruindo-me na incomparável Escola do Infinito, apreciando, *de visu*,[18] as estâncias dos Espíritos de luz, já lapidados como diamantes raros.

Ainda não me era permitido ficar em comunhão com eles, a cujas mansões ascendia apenas para colher um exemplo que me servisse de norma de proceder em nova encarnação; que servisse ao cumprimento dos meus deveres para com o próximo e para com o Incriado, único meio de conseguir a perfeição psíquica. Lá ia, sobretudo, para aprender a venerar o Criador de todos esses ninhos luminosos – paragens onde laboram os libertos dos erros –, mundos que outrora me fascinavam e hoje me assombram.

Eu e o meu preclaro guia nos assemelhávamos a dois peixes alvinitentes – ele, porém, revestido de um fulgor permanente, que o fazia translúcido. Bem diverso do meu era o seu corpo astral.

---

[18] Por tê-lo visto.

Nadávamos ascensionalmente num oceano de irradiações, nunca por mim entrevisto em sonhos. Às vezes, a formosura do meu fulgurante companheiro me deslumbrava. Era quando passávamos pelas fotosferas coloridas que afluem do âmago das estrelas, verdadeiros nimbos de luz suave e veludosa. Ele se metamorfoseava, se transfigurava e, absorvendo-lhes as cores mais belas, os matizes mais delicados, tornava-se de uma beleza ideal, surpreendente. Seu mediador plástico, de essência mais pura que o meu, saturava-se, impregnava-se mais facilmente daquelas projeções luminosas.

Súbito, despertando-me do enlevo em que me achava mergulhado, retomou a palavra, ou antes, começou de novo a falar-me na linguagem do pensamento, a mais perfeita e rápida que há no universo, dizendo:

– Eis, Paulo, alguns astros que te desvairam, algumas pérolas de luz do colar divino, esparsas pelo Infinito, constituindo as diversas mansões dos Espíritos adiantados. Podes, agora, fazer ideia aproximada do poder e da onisciência daquele a quem na tua última encarnação não soubeste amar nem prezar como devias. Foi mister penetrasses na Escola sublime da amplidão para que aprendesses a venerá-lo!

– Será crível – observei-lhe, com o senso ainda um pouco obliterado pelo assombro – que *aqui* possam vir domiciliar-se as criaturas que, na Terra, sofreram e delinquiram? Posso nutrir a esperança de vir a ser um de seus habitantes, futuramente? Não são estes de uma contextura mais quintessenciada, como a do nosso perispírito, de uma perfeição inatingível para os seres terrestres?

— Hoje a têm, mas já foram impuros, caliginosos e hediondos. Que somos, eu e eles, senão almas redimidas no Jordão da dor, remotos delinquentes planetários, que nos despojamos das fraquezas e dos erros humanos, para que a luz – a essência que nos identifica com o Criador – fluísse do nosso eu? Que surpresa seria a tua se soubesses a que longitude já estamos do minúsculo planeta onde sofreste árduas provas, sem que deixasses ainda de lhe pertencer, e para o qual terás de voltar a tempo breve! Sabes, porventura, que distância nos separa de Paris, onde se acha o teu invólucro mortuário, devorado pelos vibriões enquanto o teu Espírito voeja pela amplidão celeste?

— Estou sob o domínio de um sonho fascinador. Como posso comparar os meus conhecimentos, mesquinhos e finitos, com os vossos, ilimitados, quais soem ser os das entidades siderais? Que sei, senão alguns rudimentos científicos, adquiridos nas Academias do sombrio globo terrestre; senão que ignorava justamente o que me poderia conduzir à felicidade, se o tivesse aprendido! Haverá, na matemática humana, algum cálculo com que se possa avaliar, precisamente, a distância que separa os corpos celestes uns dos outros, logaritmos que estimem a grandeza incomensurável da Criação?

— Pois bem, reflete, Paulo, como é falha a Ciência que exclui o fator primordial de todas as coisas portentosas – Deus, o matemático incomparável, que dá solução aos problemas inextricáveis para os homens mais eruditos. Nota o vácuo tremendo que havia em tua alma e que só poderia ser preenchido pelo pensamento sublime que, hoje, começou nela a desabrochar – o do amor divino – que todos os entes lhe devem tributar. Avalia quanto é poderoso, onisciente, misericordioso aquele que nos pune, pelas expiações aflitivas, dos delitos cometidos; que, depois da reparação de todos os crimes, nos estende por sobre a fronte a destra protetora, e nos dá sua bênção de luz, recompensando-nos a coragem moral com uma indescritível e perpétua ventura. É o Pai extremoso que corrige, compassivo, os desvios dos filhos diletos, mas não os abandona, facultando-lhes sempre todos os meios de se tornarem ditosos no futuro. Compreendes agora que, desse instante, desse átomo do tempo – que se chama a vida material – depende, todavia, a nossa felicidade perene! Sofrer é, pois, burilar a alma, é, como faz o escultor com um bloco informe de Paros,[19] que se transforma em obra-prima de irrepreensível estética, modelá-la para que, despojada dos erros e das imperfeições, facetada como o diamante sem jaça, fulgurante qual fragmento de Vésper,[20] depois de ter sido sombra, fuligem, treva, ascenda na escala espiritual e venha habitar uma destas moradas resplandecentes, que te causam delírio.

"Se houveras sabido desempenhar a tua última missão, suportando cristãmente as dolorosas provas, cultivando os sentimentos generosos que já possuis, abominando o mal, que não praticaste nessa extinta existência; se tivesses venerado o Onipotente mais do que veneraste uma criatura humana a quem te dedicaste sem restrições e que não era mais do que uma das inúmeras chispas que se despren-

---

[19] Ilha grega no Egeu. Famosa na Antiguidade clássica por seu mármore branco.
[20] O planeta Vênus.

dem continuamente daquele foco inextinguível – tu e ela, unidos pela afeição que mutuamente vos consagrais, poderíeis viver ditosos, depois de desmaterializados, num destes orbes que parecem desfilar diante de nós, como cortejo de vassalos radiosos, em direção ao Monarca absoluto.

"Delinquistes, porém, e, agora, ides ambos cumprir novas sentenças, mais pungentes ainda do que as que merecestes nas vossas anteriores existências. Tens, Paulo, que recomeçar outra missão e do seu desempenho depende o granjeares nova pena ou a absolvição. Refaze, pois, as potências da tua alma; haure no éter as forças novas que te hão de faltar muitas vezes na Terra, para onde regressarás; recobra a energia combalida pelas adversidades de tuas encarnações acidentadas; contempla e admira o Império da Luz por que tua alma suspira; reflete na sabedoria, no poder, na longanimidade daquele de quem sempre te esqueceste nos momentos de angústia.

"Não te lembraste nunca de lhe suplicar auxílio para a realização de teus anelos; só aspiravas a ser venturoso no instante, no relâmpago fugitivo de uma vida planetária, em que o homem, quando atinge meio século, começa a declinar visivelmente, cobrindo-lhe a fronte de neve e pendendo para o túmulo, ao passo que, no firmamento, transcorrem os milênios; e os Espíritos, invulneráveis à ação do tempo, se tornam mais belos, perspicazes, fulgurantes, na posse plena de todos os seus atributos anímicos. A humanidade insana, porém, só dá valor ao instante em que pisa o solo terreno, ao momento que, no infinito do tempo, exprime a duração de uma existência, e despreza o porvir que se desdobra sem limites em miríades de séculos!

"Compreendes agora que há um Ser soberano presidindo aos nossos destinos e a quem devemos amar acima de tudo, superlativamente, porque a sua perfeição é inconcebível, a sua bondade ilimitada, o seu poder imensurável. Eu, que aqui estou a teu lado, que te instruo nas verdades celestiais, não sou uma prova da generosidade divina? Poderias ter permanecido acorrentado, durante séculos, àquela planície árida onde te achavas, supliciado pelo silêncio e pela inércia eternos, escravo de ti mesmo, devorado pelos teus próprios pensamentos – como Prometeu[21] pelo corvo cruel e voraz – abandonado de toda a humanidade, flagelado pelas saudades de tua noiva e pelo ódio do teu adversário, sem divisar um ente amigo.

"Entretanto, todo esse martírio inquisitorial te foi poupado! Deus não quer nem permite que nenhum dos seres por ele criado deixe de progredir. Eis por que te início no noviciado sublime em que aprenderás o que é o Infinito, o que é o eterno, quais as suas Leis irrevogáveis. É para que em tua alma penetre o desejo de o amar e servir lealmente, por gratidão, submissão, veneração sincera e não por covardia, pelo receio de uma punição despótica! Seu poder infinito não esmaga; ao contrário, ergue – do abismo dos delitos abomináveis aos páramos etéreos onde gravitam os sóis – as almas dos réprobos já redimidos, dando-lhes a desfrutar os esplêndidos tesouros que a sua munificência

---

[21] Titã grego que roubou o fogo divino de Zeus para dá-lo aos homens, que assim puderam evoluir e distinguir-se dos outros animais. Em castigo, foi acorrentado no cume do Cáucaso, onde um corvo lhe devorava o fígado.

disseminou pelo universo – o sumo prodígio!

"Agora que já viste tantos portentos siderais, que tens a alma em bonança, após dias de verdadeira procela íntima, é preciso tomes uma grave e magna deliberação: abroqueles-te na resistência aos sentimentos que se nutrem no mal.

"Queres, Paulo, desempenhar um proveitoso, mas arriscado encargo, que dará incomparável mérito ao teu espírito, proporcionando-te ensejo de expurgá-lo das suas últimas imperfeições, de escoimá-lo dos erros em que laboravas não há muito, fazendo-te galgar um degrau da escada da evolução psíquica? Tens ânimo de enfrentar a tua vítima de outrora, teu assassino de há pouco, sem repulsa e sem lhe desejares nenhum mal? Queres viver ao lado de Carlos e de Elisabet sem poder vê-los, sacrificar-lhes tua saúde e mocidade, heroicamente, esquecido das faltas de um e amando o outro com um sentimento menos sensual, mais fraternal e mais puro?

"Escolhe: ou os séculos a te separarem daquela a quem adoras, se persistires no erro, ou a recompensa, após o desempenho de uma árdua missão de sacrifício e de devotamento. Para conseguires levá-lo a cabo, farás na erraticidade um tirocínio de mais de quatro lustros, a fim de que tuas faculdades morais se avigorem com os salutares ensinos que vais colher nas etéreas regiões e não te consintam fraquejar nos prélios da dor, na batalha espiritual que terás de travar, nas provas por que passará teu coração extremoso. Bem sabes que mais sofre quem mais apurados sentimentos possui."

Encontrava-me, assim, num momento decisivo: sentia o veemente desejo de progredir espiritualmente, a fim de poder desfrutar as maravilhas celestiais que já conhecia, a insopitável ânsia de aliar minha existência à da idolatrada Elisabet, mas ainda não me era possível pensar sem constrangimento ou rancor em seu irmão; perdoar-lhe sem que em minh'alma restasse vestígio dos pesares com que me supliciara. Essa luta secreta, porém, não se prolongou muito, pois que nos báratros do meu espírito se elaboravam pensamentos de paz e concórdia, operava-se uma completa revolução.

Pus-me a analisar o próprio eu e verifiquei que até no sentimento que sempre consagrara a Elisabet se produzira sensível mutação. Principiara a dedicar-lhe afeto bem diverso do que lhe consagrava na Terra – menos humano e mais célico, amálgama de sofrimento, de sacrifício, de saudade, de ternura, capaz de me alentar a suportar todas as adversidades martirizantes. Num como horizonte íntimo se debuxava o alvorecer de outro amor supremo.

Algo de imáculo, de redentor, de deífico, penetrara em mim pela fenda que na alma abrira a linguagem nobre e convincente do meu preclaro instrutor. Volatizara-se o ceticismo que a ensombrara por muito tempo; esvaíra-se como floco de neve diluído pelo sol dos trópicos; invadira o santuário do meu ser a luz suavíssima, cálida, acariciadora, inextinguível do amor ao sumo Árbitro de todas as criaturas! Ansiava por manifestar submissão e reconhecimento ao meu generoso Protetor.

De repente, cercado de constelações, admirando a magia divina, a magnificência das esferas coruscantes, firmei com ele o pacto de honra de só praticar o bem; de suportar cristãmente todos os reveses da vida terrena que o Criador me concedesse; de perdoar a Carlos todas as amarguras que me infligira, em represália às que lhe fiz sofrer outrora.

Ao formular este último item, um tremor me abalou profundamente: alguma coisa de nebuloso, de éreo se rompeu e se fez em estilhas dentro em mim. Perdoar! Teria enlouquecido em pleno Espaço? Talvez. Perdoara, de fato, a Carlos? Ser-me-ia possível esquecer as lágrimas que me jorravam dos olhos até magoá-los; olvidar as dores infernais com que me flagelara o coração, fazendo-me ranger os dentes de desespero, de demência, de cólera, de furor; comprometer-me a amar aquele que nunca se compadecera de mim?

Perdoar é, sem dúvida, estar inspirado pelo próprio Deus, é passar de humano e imperfeito a semidivino! Seria crível que eu deixasse de execrar o meu cruel antagonista? Que é que de estupendo se passara no meu íntimo? Deixei de ser sombra, noite, caligem, para me tornar luminoso como as estrelas! De que modo?

É que o amor consagrado ao Onipotente dissolve, até ao derradeiro átomo, o ódio que se aloje no mais oculto subterrâneo da alma, como febo espanca as trevas noturnas, como as invernias afugentam as andorinhas, como a espada do arcanjo põe em fuga o dragão simbólico.

Só então compreendi que o ódio entenebrece o espírito,

ao mesmo tempo que o faz de chumbo e desventurado, pois que – desde que pronunciara o sublime vocábulo *perdão* – me senti diáfano, sutil, de uma serenidade indizível, como jamais gozara. Pela primeira vez, pude extasiar-me com as vibrações harmoniosas da Criação, como se todas aquelas cintilantes esferas fossem harpas esparsas pelo empíreo, que, juntas, tocassem uma sinfonia maravilhosa, tangidas pelo próprio Artista supremo! Julgava sonhar... delirar!

Subitamente, tudo cessou.

Envolveu-me de novo o mesmo silêncio de antes. Mas em minh'alma se cristalizara uma estria de luz, que só se extinguiu quando encetei a nova existência planetária. Durante esta, porém, aquela luz muitas vezes brilhou como fugaz crepúsculo dentro de mim, nos momentos em que mais viva era a minha tortura moral.

CAPÍTULO V

Por algum tempo ainda, ao lado do meu insígne Protetor, vagueei pelo universo, cada vez mais deslumbrado ante espetáculos inéditos, que, continuamente, me era dado contemplar no mesmo cenário magnífico que nos circunda agora.

Uma vez – sem saber ao certo desde quantos anos estava desmaterializado, pois perdera a noção do tempo, conforme o apreciam os habitantes do globo terrestre – ao passarmos pelas fotosferas de orbes fulgurantes que, contemplados de dentro das vestes carnais, nos aparecem quais gemas rutilantes, avizinhamo-nos de um dos de mais prodigiosa contextura, semelhante a uma turquesa fosforescente. Dele fluía, ininterruptamente, uma luminosidade, um luar azul, suavíssimo, veludoso. Era, qual o sonham os crentes, verdadeiro céu em que desejáramos penetrar para dulcificar a alma ansiosa, amainar os sentimentos impetuosos, banhando-a nas ondas opalinas de uma paz e serenidade incomparáveis.

Surpreendeu-me, então, pela segunda vez, mas com maior precisão, a harmonia inenarrável dos acordes de uma orquestra sideral invisível. Imaginai o meu encantamento ao ouvir em concerto vozes de timbre celeste combinadas com os sons de flautas, cítaras, estradivários tocados por seres etéreos e cujas notas se evolavam da corola daquela estrela maravilhosa, como da pulcra açucena se exala deliciosa fragrância nas noites de plenilúnio. Verifiquei que também os sóis possuem inebriantes aromas, que se desprendem, constantemente, dos seus núcleos radiosos. São as vibrações canoras que deles se alam em direção ao eterno! Nunca me permitira o meu formoso guia abeirar-me assim de um dos mais portentosos mundos da Criação. Sentia-me, por isso, extasiado, ouvindo os acordes daquela música inefável. Uma sinfonia em pleno Infinito!

Eram cânticos dulcíssimos e instrumentos maviosos dedilhados no éter por entidades certamente diáfanas, de primorosos contornos! Um coral de arcanjos ouvido por um Espírito bisonho que se iniciava nos segredos da divindade. Podeis imaginar qual o meu enlevo, o meu arrebatamento! Deploro não haver expressões na linguagem humana com que possa dar a conhecer o que se passou no recôndito de minh'alma. Não há vocábulo que exprima o impossível, nem que traduza os nossos mais secretos sentimentos. Desejaria – se me fora permitido por Deus – permanecer assim fascinado, extático, paralisado na amplidão, equilibrado no éter – qual colibri embriagado de mel e perfume, imóvel sobre uma rosa sedutora – ouvindo perpetuamente os arpejos desferidos pelos silfos siderais, que não tive permissão de contemplar, mas que forçosamente são ideais, sublimes, de beleza indescritível! Expressei meu desejo ao querido instrutor, que o não desconhecia.

Repentinamente, tendo com ele aprendido a admirar o cosmos em nossa trajetória através das constelações – com as ideias iluminadas por um relâmpago interior, alcei o pensamento ao Altíssimo, dirigindo-lhe vibrante súplica, um hino que a alma, reconhecida e deslumbrada, improvisou.

Pela segunda vez senti que, para todo o sempre, se esfacelara no meu íntimo o que quer que fosse, sombrio ou pesado, ficando-lhe no lugar uma réstia de luz, que incendeu todo o meu corpo fluídico. Deu-se o que sucede às vezes aos nimbos que, esfarrapados pelo vendaval, deixam a descoberto, no fundo da abóbada celeste, ligeira fímbria azul, onde lampeja uma estrela, de diamantino fulgor. Terminada a prece, murmurei, como se me estivesse ouvindo o próprio Onipotente:

– Senhor, por que não nos concedeis a graça de aqui permanecermos até a consumação dos evos? Por que não me permitis penetrar nesse orbe cujos habitantes, certo, desfrutam ideais felicidades?

Meu instrutor se conservou silencioso, entristecido.

Naqueles momentos de ventura, caro amigo, esquecera-me um pouco de Elisabet. Dava-se comigo o que nos acontece quando, mergulhados em sono letárgico, sonhos encantadores nos povoam a mente, fazendo-nos olvidar as pungentes mágoas, os mais intensos pesares, os mais vivos sofrimentos. Achava-me num estado normal, em que se esmaeciam as recordações que levara da Terra, ao mesmo tempo que se produzia em minh'alma a eclosão de um outro sentimento incoercível, inexplicável – misto de gratidão, de suavidade, de admiração, síntese de todos os afetos nobres e acendrados, objetivados em ondas de luz e de harmonias: o amor excelso ao Criador!

Amesquinhara-se porventura a afeição que me prendia a Elisabet? Dar-se-ia que o me lembrar dela no céu toldava a minha ventura, fazia-me entristecer?

Não. Apenas no meu espírito se verificou uma transposição: o amor humano descera alguns graus abaixo do outro, que ascendera ao Infinito. Ambos, porém, já haviam transposto as raias da Terra e atingido a culminância do firmamento estrelado. Seguiam-me como as espumas acompanham a gôndola que sulca um lago azul, faziam parte integrante do meu ser, estavam-me vinculados n'alma por elos que jamais se dessoldarão.

Operara-se em mim grande metamorfose, a mesma por que passa o sirgo, a lagarta, ao tornar-se borboleta: deixa de se rojar pelo caule dos vegetais e pelas relvas e se libra nos ares, a sugar o néctar das flores, ruflando asas irisadas e brilhantes, invejadas pelas próprias rosas que dela se enamoram. O amor à criatura, se bem que profundo e eterno, baixara a segundo plano, feito que era de sofrimentos, de esperanças fenecidas, de anos de angústia, de dores inauditas, de recordações sagradas; o outro, o amor ao Incognoscível, se compunha de luminosidades, de melodias, de fragrâncias, de pureza, de suavidade, tinha a alvura e a leveza do arminho. Um ao outro, todavia, desde então se vincularam de tal forma, que impossível se tornara, para sempre, desligá-los. Parecia-me que, se um deles se extinguisse, deixaria em mim tão profundo e insondável vácuo, tão grande abismo, que nem as águas de todos os oceanos bastariam para enchê-lo.

Minha admiração pela magnificência do universo ia em progressão crescente.

Interroguei meu generoso guia sobre quanto tempo decorrera desde que vagueávamos pelo espaço, com raros intervalos de repouso. Ao que, respondeu-me:

– Há quatro lustros – como os contam no mundo donde viemos – deixamos a Terra e, no entanto, com esta digressão que temos feito pelo firmamento imensurável, não ficaste conhecendo sequer uma parte mínima dos seus portentos. Muitos mais te serão patenteados quando teu Espírito se houver despojado da última partícula de imperfeição.

Cheio de surpresa, exclamei:

– Ó Deus, sois bem a síntese incomparável do poder, da sapiência, da bondade, da magnanimidade superlativos! Como pude eu, mísero precito, que na Terra nunca elevei o pensamento ao Ilimitado que criastes pelo poder da vossa vontade; que jamais pronunciei o vosso nome com veneração; que nunca estudei as vossas Leis imutáveis, plenas de sabedoria e justiça; que me enchi tantas vezes, nos momentos de tortura moral, de revolta contra os vossos desígnios e contra o destino; que sempre fui um desventurado ateu, merecedor de severa punição pelas ideias sinistras que amiúde deixei explodissem no meu cérebro alucinado; como pude merecer a vossa misericórdia, a vossa generosidade?

"Como pude merecer que um dos vossos mais esclarecidos emissários me instruísse nas grandes e eternas verdades divinas, me iniciasse nos arcanos siderais, me elucidasse sobre os deveres que nos impusestes, visando ao aperfeiçoamento das vossas criaturas, para que desfrutem, depois de redimidas pela dor, as maravilhas que me têm assombrado o espírito inexperiente?!

"Sois infinitamente bom, pois com paternal desvelo consentistes que este egrégio mensageiro me ensinasse a adorar-vos, mostrando-me os vossos domínios cintilantes, que atestam a vossa longanimidade, por isso que os reservais em galardão dos que se esforçam, dos que desempenham valorosamente suas missões e cumprem religiosamente suas obrigações para convosco e para com os seus semelhantes".

Continuei, com intensa vibração de todo o meu ser, a externar pensamentos que, repassados de gratidão ao Criador, agradaram ao meu augusto companheiro, que murmurou:

– Ainda não há muito, Paulo, exprimiste um pensamento que ressumbrava egoísmo. Agora, tua prece foi mais humilde e mais veemente. Isso me faz jubiloso, porquanto demonstra o grande triunfo que já alcançaste. Libertaste a alma do ateísmo sombrio que a ofuscava, que a imergia em trevas espessas. Conseguiste fazê-la alar-se ao Altíssimo, que há de cobri-la de bênçãos e de luz.

"Devo agora dizer-te que o anelo há pouco por ti formulado – o de ficarmos perenemente fruindo os encantos deste mundo maravilhoso – nunca se realizará, porque, do contrário, te condenarias à inércia, que constitui a negação do progresso anímico. O trabalho é o ascensor que nos leva o Espírito aos páramos luminosos. Só poderemos alcançar a felicidade suprema – isentar-nos das dores, realizar a evolução espiritual, atingir a perfeição, enfim – trabalhando e sofrendo séculos a fio. Só lograrás, pois, ingressar nesta esfera azul, da qual se evola tão surpreendente sinfonia, após as novas e escabrosas provações, que vais suportar na Terra, para onde é mister voltes em breve".

Experimentei, às últimas palavras do meu Protetor, um pavor inexprimível. Depois de contemplar tão deslumbrantes espetáculos, depois de me haver deliciado com aquela incomparável música sideral, a ideia de regressar ao mísero planeta onde padecera me era extremamente penosa. Todavia, não me revoltei contra o destino, não senti o menor movimento de insubmissão agitar-me o espírito, que se manteve sereno, resignado a tudo suportar por gratidão ao Onipotente e, ainda e sempre, por amor a Elisabet, a cujo lado desejava rever-me, a fim de lhe provar e ao meu digno mentor a grandeza da minha dedicação.

Perguntei:

– Tenho então de voltar à Terra?

– Não foi lá que delinquiste, infringindo as Leis divinas e sociais? Amortizaste apenas, com um proceder digno e com os teus últimos sofrimentos, as dívidas que contraíras no passado. Tens agora que as resgatar até ao derradeiro ceitil.

O passado! como esquecê-lo, um momento sequer? Ele se nos apresenta, a todos os instantes, enquanto nos achamos na erraticidade, como numa série ininterrupta de fotografias, ora iluminadas intensamente, ora obscuras e caliginosas como os pensamentos dos celerados. Faz-nos algumas vezes ter horror de nós mesmos, pelo que já praticamos; e, outras, soluçar, sofrer, revendo amarguras transcorridas. É desse modo que aquilatamos a perfeição da Justiça divina. De quando em quando há um interregno, em que o espírito como que vai adormecer. Ele, então, possuído de intrepidez moral, protesta só praticar ações meritórias, roga ao Onipotente a concessão de provas dolorosas, para que menos durem seus padecimentos e mais depressa possa encontrar guarida nos mundos dos redimidos e ditosos.

Pude esquecê-lo, por algum tempo, devido àquela música indizível que fizera um súbito *staccato*[22] em meus pensamentos, paralisando-os, tornando apáticos todos os meus sentimentos, dando-me a sensação de uma anestesia invencível, ou a impressão de só existir, na minha memória, o presente. Bruscamente, porém, as palavras do austero guia me chamaram à realidade; houve, de novo, em minh'alma, o recrudescer do afeto que consagrava à adorada criatura, que tanto padecera por mim, e isso me incutiu novo alento, gerando em meu ser uma heroicidade desconhecida para suportar as mais penosas provações morais. Dispus-me, assim, resolutamente, a satisfazer à deliberação do Protetor, que me dominava brandamente.

Achava-me, então, caro amigo, prisioneiro feliz de uma entidade superior, que dispunha de poder ilimitado sobre mim e a quem eu dedicava infinita e imorredoura

---

[22] Designa um tipo de fraseio ou de articulação no qual as notas e os motivos das frases musicais devem ser executados com suspensão entre eles. Sentido figurado: pausa; expectativa.

gratidão. Sentia-lhe o cativante e benfazejo influxo e, com veemência, aspirava a mostrar-me digno da sua proteção e desvelo, fazendo-lhe conhecer que lhe compreendera as magistrais lições, que uma só coisa me poderia amedrontar: a nossa separação, o seu desamparo.

Expus-lhe, lealmente, meus receios e ele me orientou, com bondade extrema:

– Eu te sigo e velo por ti há séculos, Paulo. Sofri atrozmente todas as vezes que transgrediste alguma das leis sacras da Providência, quando eras réprobo. Exulto agora, porque te vejo submisso e dócil aos meus ensinamentos. Não temas, pois, te abandone no momento da vitória definitiva. Em todas as tuas desencarnações – deves ainda estar lembrado do que te afirmo – te norteei para o bem, como agora o faço. Mas teu Espírito, muito mais imperfeito do que atualmente, não me compreendia como hoje. Jamais te deixarei entregue a ti mesmo, enquanto necessitares dos meus conselhos e do meu patrocínio.

"Há pouco, quando pela primeira vez fizeste voejar o teu pensamento para o eterno, lamentei não houvesses traduzido somente um transporte de reconhecimento sincero, deplorei que expressasses um anseio de ventura perpétua. Ainda revelaste egoísmo. Deves apenas desejar a tua evolução psíquica que é o que libera a alma das dores quase sempre imprescindíveis ao seu acrisolamento.

"Vais regressar à Terra – onde o teu último invólucro material já se desfez em pó – e comigo verás os túmulos dos que sofreram por tua causa; conhecerás, também, um lar tranquilo que, em breve, será o teu. Prepara-te, pois, Paulo, mais do que nunca, para saldar as tuas culpas do passado, cumprindo impavidamente uma lacerante missão".

Ao saber que, não por alguns instantes somente, como supunha, estava afastado do globo terrestre, porém que os anos já tinham galopado velozmente, que mais de um quinto de século havia desaparecido do sorvedouro infinito do tempo; indaguei do destino daquela que continuava a ser a minha preocupação incessante – Elisabet – e daquele que fora meu algoz, mas sem cólera, porquanto já lhe perdoara todos os suplícios que me infligira.

Meu Protetor, entretanto, se conservou silencioso. Compreendi, pela serenidade reinante em minh'alma, que nenhum sentimento humano, cruel ou malfazejo, restava no meu íntimo. O ódio, que me flagelara longamente, já se havia desfeito qual *iceberg* atirado a uma cratera chamejante.

Poderes desconhecidos em mim desabrocharam. Minh'alma se assemelhava a um arbusto de hastes espinhosas, que, nascido numa escarpa, se conservara por muitos anos estéril e vergara açoitado pelos vendavais que lhe arrancaram os acúleos e as raras folhas vírides; mas que, aos primeiros sorrisos da primavera, com a fronde já esmeraldina, se cobriu de flores róseas, de pétalas odoríferas e velutíneas, de contato delicioso para a própria planta em que se abriram.

Essas flores ideais eram os sentimentos generosos que nela despontaram, substituindo os abrolhos – os preconceitos nocivos ao meu aperfeiçoamento moral – que caíram por ilapso dos conselhos salutares do meu ínclito mentor e da radiante primavera que nos páramos estelíferos.

Vou abreviar a narrativa que vos tenho feito, da minha trajetória pela amplidão sideral. Dir-vos-ei apenas, prezado amigo, que por momentos inesquecíveis penetramos no aludido orbe de luminosidade azul, ameníssima; presenciamos, por instantes, a ventura dos seres gráceis e airosos que o povoam, sentindo-me vexado de mim mesmo, ante o contraste que notava entre o meu corpo astral e a correção escultural, a candidez e a radiosidade dos que, extático, eu contemplava, passando aos pares, enlaçados castamente. Eram almas gêmeas pelos sentimentos de uma afinidade perene, libertas das imperfeições do caráter, da hipocrisia, só cogitando de cometimentos grandiosos, tendo por escopo unicamente o Bem, as Artes e as Ciências, compondo hinos ou salmos consagrados ao Onipotente e aos sentimentos mais puros e dignificadores.

Pairamos a pouca distância de um solar (ou antes, de uma catedral primorosa), que parece cinzelado numa só mole de topázio com incrustações luminosas, ostentando esguios e rendilhados minaretes, coruscantes à luz que incessantemente lhe jorra do interior, e que julgo fazer parte integrante da sua contextura. Adejavam-lhe em torno as sonoridades maviosas de uma orquestra admirável, a vibrar os últimos acordes de uma música celestial. Quisera permanecer assim, por milênios, estacionado no Espaço, ouvindo-a com transporte, esquecido de todos os tormentos que me haviam farpeado a alma. Subitamente, porém, fui arrancado ao êxtase pelo preclaro instrutor:

– Eis um dos templos onde verdadeiramente se adora o Soberano do universo! Contempla, mais uma vez, Paulo, a colossal urbe onde a escultura impera em toda a plenitude e a arte dos sons é cultivada por artistas realmente geniais. Observa a felicidade que te aguarda se cumprires a tua próxima e pungentíssima missão terrena.

– Sim, confesso-vos que anseio pelas mais rigorosas provas, para que possa merecer a Misericórdia divina, o resgate dos delitos cometidos outrora, a fim de conquistar com Elisabet o galardão que ambiciono: vivermos em região como esta, que me fascina, eternamente unidos!

– Confio nas tuas nobres aspirações e folgo de que assim exprimas os teus pensamentos.

"Refaz mais uma vez, antes que tua alma retome o casulo da carne perecível, as potências anímicas de que necessitas para o cumprimento de uma proveitosa missão.

"Breve estaremos de regresso ao planeta da lágrima e do sofrimento."

Imenso terror se me apoderou da alma, que eu temia viesse a desfalecer nos momentos das grandes amarguras. Tornei a elevar o pensamento ao Altíssimo e repentina tranquilidade me invadiu todo o ser, despertando-me novas energias espirituais. Tive a impressão de que fragmentos daquela fotosfera azul, daquele ambiente seráfico se me impregnaram no espírito e, assim, foi com verdadeira convicção que disse a meu mentor:

— Estou preparado para os prélios do infortúnio: o Onipotente me inundou o ser com um oceano de luz e de melodias, avigorou-me os sentimentos, dando-me a contemplar as sublimidades da Criação.

"Acho-me instruído por vós nas verdades celestiais e só o que vos imploro é que me não abandoneis nos momentos das provas supremas! Tendo a vossa assistência, conseguirei triunfar de todos os reveses! Já sei onde buscar conforto moral nos instantes de tortura e expiação: farei que meu Espírito se eleve ao sólio do eterno, por meio de preces fervorosas."

— Rejubilo-me com as tuas louváveis resoluções, Paulo, e espero sejam inabaláveis. Previno-te de que, decorridos alguns meses, estarás aliado àquele que execraste e àquela que adoraste mais do que ao próprio Criador. Não te apavora a ideia de ligares à de *Carlos* a tua existência?

— Não; sinto-me quase venturoso, pois no meu íntimo não há mais vestígio de ódio, e ardo no desejo de pôr em prática os vossos sábios ensinamentos.

Foi esse o formal compromisso que contraiu o mísero Paulo Devarnier quando, após aquela estupenda digressão pelo Infinito, onde gravitam arquipélagos de nebulosas, pôde exprimir seus pensamentos à excelsa entidade que o acompanhava paternalmente. Esse o almejado e indissolúvel pacto que, naqueles solenes instantes, fizemos eu e o meu guia.

Caro amigo, ao proferir o último vocábulo do nosso

convênio espiritual, firmado em nome do Altíssimo, senti que começara a descer.

A força centrípeta, que havia muito deixara de existir para mim, entrou novamente a impelir-me vertiginosamente para o planeta da dor e do pranto, com rapidez indescritível. Uma energia incontrastável me atraía para a Terra, como se fosse arrebatado por um ciclone irresistível, por um torvelinho estonteante, para um abismo tétrico, insondável, infinito...

Livro III

O inspirado

CAPÍTULO I

Quando recobrei as faculdades intelectuais, que uma recente encarnação obscurecera – eclipse da alma, que a matéria obumbra – *status morbidus*[23] em que se dá a paralisia temporária de quase todas elas, noite cujo lento alvorecer só é completo quando o Espírito se liberta novamente do ceno carnal; quando recobrei as minhas faculdades, algum tempo depois daquela romaria maravilhosa, instrutiva e moral, através do Espaço insondável, depois de me ter inebriado com as refulgências multicores de miríades de astros deslumbrantes e com os acordes melodiosos que se evolavam de uma das mais esplêndidas estrelas engastadas na amplidão celeste – achava-me na Terra, o mísero planeta da expiação, onde eu tanto sofrera e para onde voltara a cumprir um aresto divino! Sabia que pertencia de novo à humanidade, mas não me era possível divisar os seres nem os objetos que me circundavam, como se o deslumbramento que experimentara no empíreo fora tão intenso que me houvesse absorvido a faculdade visual.

---

[23] Estado de morte.

Talvez para que, depois de ter me deliciado com o belo incomparável, com a arte superlativa, com a estética sideral enfim, não o profanasse na contemplação de espetáculos de ordem inferior, ou para que me não sentisse nostálgico do Infinito, saudoso do que, embevecido, vira e, assim, não tentasse voltar aos páramos celestes, na ansiedade de revê-los.

Encontrava-me na conjuntura de alguém que houvesse encerrado em urna de bronze, como relíquia sagrada, um punhado de pétalas de rosas, ofertadas por idolatrado ente na sua hora extrema, e que, transcorridos anos, temesse descerrá-las para não ver as pétalas reduzidas a pó, que a aragem mais branda poderia levar para sempre.

As rosas sempre foram o símbolo da quimera, do ilusório: têm duração efêmera. As flores ideais colhi-as eu no próprio azul onde cintilam as esferas multicores e era mister que as conservasse intactas no sacrário da alma, a fim de que, na Terra, não as visse pulverizadas pelas decepções da vida, arremessadas longe pelos turbilhões da adversidade.

Quem está com os pés atolados num pântano deletério, mais sofre se tem o pensamento preso às estrelas. Bem faz, pois, o Soberano do universo, em cativar as recordações de todas as suas obras portentosas nos mais escuros escaninhos do Espírito, para que este se conforme com o seu destino – que é o de viver aprisionado nas sombras, não se lembrando dos jorros de luz das constelações!

Que mais poderia contemplar que me maravilhasse, depois da excursão prodigiosa de que me ficara vaga reminiscência nos escrínios da alma, que também guardava pálida lembrança de ter ouvido alhures uma sonoridade dulcíssima, impressão que nela se incrustara, como da fragrância dos lilases se impregna um pedaço de alvo linho da Irlanda?

Que mais me poderia atrair no orbe terráqueo? Nada, por certo. Era um degredado nostálgico, desejoso apenas de cumprir rigorosamente uma sentença íntegra, a fim de poder regressar à pátria querida. Jazia no fundo do meu "eu" um misto de dor e de ânimo varonil que de mim fazia uma criança incompreendida, insatisfeita, de emotividade apurada, cismadora e desventurada. Ai! caro amigo, nascera cego!

Compreendeis toda a extensão da minha desdita? Uma flor a que se roube o perfume e o colorido; um astro que, extinta de súbito a sua luminosidade, arraste pela amplidão, eternamente, seu cadáver carbonizado – são coisas menos pungentes do que nascer sem vista um ente humano! De que lhe vale a existência, se não pode orientar-se, saber onde se acha – se é sombrio ou radioso o país em que lhe deram o ser, se não pode ver as criaturas que o rodeiam, se tem que ficar sempre na ignorância do que seja uma ave, uma camélia, um céu azul; se não lhe é dado conhecer um irmãozinho adorado, um pai laborioso, uma extremosa mãe, que o aconchegou ao seio, cobrindo-lhe as róseas faces de lágrimas e beijos?

Viver encarcerado em soturna caverna, sem um archote para espantar a escuridão em torno; ter no cérebro o negror de uma noite perpétua, sem o menor vislumbre de dilúculo; descerrar as pálpebras e só deparar com o luto da cegueira, que parece provir da profundeza de um sepulcro e penetrar, pelas pupilas fendidas, até a alma, entenebrecendo-a permanentemente: eis o que é ser cego, eis o que comigo se passava, bom amigo!

Quando começou a se me desnudar o senso, soube que renascera na França; que minha mãe morrera ao dar-me a vida; que meu genitor me olhava com infinita mágoa, talvez desejando que a minha existência, a seu ver, inútil, se extinguisse como o lume dos meus olhos; que ele muitas vezes se referia à minha desventura, revelando, na dolorosa inflexão da voz, prantos mal contidos.

Minha impressão constante era de estar com a alma amortalhada nas sombras da geena, ou de ser mirrada planta que germinara sob uma cripta umbrosa, onde nunca a mais pequenina seta de estrela penetrara.

Desde tenra idade compreendi o infortúnio de meu pai – probo mecânico, algum tanto ríspido – que não deplorava só a minha imperfeição física, mas a perda da esposa idolatrada, que já lhe dera uma encantadora filhinha, uma dessas graciosas e louras bonecas vivas, que parecem a toda gente importadas diretamente do paraíso. Não me quis oscular a fronte quando nasci, entregou-me aos cuidados de uma dedicada e antiga criada, que já o tinha sido também de meus avós paternos.

Afagos só os recebia de minha irmãzinha Jeanne – mais velha do que eu um lustro. Dizia ela sempre que eu fora a sua primeira e única marionete e que, por isso, se afeiçoara imenso ao formoso ceguinho, como as crianças, que amam as nacaradas efígies de *biscuit* representativas de belos bambinos, concentrando nelas todos os seus pensamentos e sonhos, sem o saberem, para a sementeira dos mais puros afetos que futuramente consagrarão aos entes que o Altíssimo lhes confiar.

Sabia que minha irmã era débil, de cabelos áureos como os meus, merencória e gentil. Tão perfeitamente a conhecia, como se a contemplara alguma vez com olhar de lince. Ideava-a com feições de querubim; sentia-lhe o contato das cetinosas mãozinhas que me cariciavam e que, de tanto segurarem as minhas para me guiar em nossa casa e nas ruas, já supunha inseparáveis destas, algemadas por grilhões de luz tépida e suave, que irradiasse de alma para alma. Inebriava-me o timbre melífluo da sua voz, que me ia até ao mais profundo recesso do espírito, lá onde dormitavam as reminiscências do sublime e da harmonia suprema. Distinguiria até os seus beijos dos de outrem, se alguém por piedade mos desse.

Só ela sabia tornar floridos alguns instantes da minha infância. Fazia-lhe interrogações curiosas sobre tudo que nos cercava e ela jamais se recusou a dar-me qualquer informe, com uma solicitude maternal e angélica ao mesmo tempo, porque entre mãe e anjo há um traço de união: a nobilíssima tarefa de ambos, que se resume nestes vocábulos – velar, proteger, amar!

Jeanne, para mim, realizava aqueles dois ideais e muito mais ainda: era a mãe que a morte me roubara, o anjo tutelar a quem estava confiado, o mundo que me não era dado ver! Despertava-me com meiguice; tirava-me do pequenino leito, mal podendo suster-me ao colo, alimentava-me, custodiava-me o dia todo; passeava comigo pelos arredores da nossa humilde habitação, esclarecia-me a respeito de tudo que nos rodeava e, ao crepúsculo, antes de me aninhar, ensinava-me a escalar com o pensamento o Céu, onde dizia estar a nossa desventurada mãe, de quem não me podia lembrar sem intensa amargura, porque meu pai repetia sempre que fora eu o causador da sua morte.

Nosso genitor – muito jovem ainda, robusto, talentoso e culto, pois iniciara o curso de Engenharia Civil, que não pudera concluir devido a uma brusca mudança da fortuna e à morte de meus avós – passava os dias ausente do lar, só estando a nosso lado à noite.

Deslizava assim a nossa existência de proletários, num casebre dos arredores de Paris, onde não faltava a côdea de pão, mas não existia a ternura materna – o alimento de luz da alma das criancinhas. Já me havia habituado a estar perto de Jeanne, a acompanhá-la como satélite ao astro.

Ela não se impacientava nunca e me prodigalizava lições profícuas sobre as coisas imprescindíveis à vida, regozijando-se por me ver aprendê-las com avidez e perspicácia pouco comuns. Desde os primeiros albores da minha puerícia eu lhe manifestara desejo de saber música e fazia projetos tão maravilhosos sobre a arrebatadora arte do célebre Paganini,[24] que causava pasmo à querida professorinha e à nossa fiel servidora. Esta, na qualidade de pessoa mais judiciosa da casa, me aparteava como a experiência lhe sugerisse.

Com o correr do tempo, meu pai se foi acostumando à minha desventura e tornando-se menos áspero para comigo. Já me ameigava, apertando-me nos braços vigorosos, e, muitas vezes, senti umedecida de pranto a minha

---

[24] Violinista italiano (1782-1840), célebre por sua virtuosidade prodigiosa.

fronte aureolada de caracóis dourados.

– Tão belo, tão inteligente – murmurava ele, deixando transparecer na voz soluços insofridos – e, no entanto, perdido para mim, para a família e para a pátria!

Assim transcorreu minha infância, entre os afagos de Jeannette e as apreensões de nosso pai, supliciado por dupla infelicidade, que o levava a falar-me, repetidas vezes, nestes termos:

– Que és afinal, meu filho? Uma treva que causou a extinção da luz mais preciosa do nosso lar! Pobre filho! Que será de ti, quando eu deixar de existir? Deus que vele por ti, meu François, que não tens mais do que um futuro sombrio, que não poderás amparar tua irmã, nem defender a nossa terra!

Escutava-o em silêncio, cabisbaixo, consternado, mal sofreando as lágrimas e desejoso intimamente (não ignorais que as crianças sabem devanear e conceber planos) de poder, algum dia, desvanecer-lhe os temores, fazê-lo pensar de modo diverso a meu respeito. Para realizar esse intento, arquitetava obter, por meio de uma arte qualquer, uma posição de destaque, que me garantisse a manutenção e a dos que me eram caros.

Ao completar 8 anos de idade comecei a frequentar as aulas de um Instituto de Cegos e era minha compassiva e formosa irmã quem, como eu outrora, exultante, acompanhava a gentil Elisabet a um dos colégios de Berlim – me levava aos estudos, diariamente, cheia de inexcedível solicitude.

Muitas vezes parávamos em caminho para que ela me orientasse sobre o local onde nos achávamos, apanhava do chão alguma flor arremessada pela viração e me fazia aspirar-

-lhe o perfume, dedilhar as pétalas cetinosas, dizendo-me a cor que possuíam. Deste modo, consegui distinguir diversas flores, pelo aroma ou pelo simples contato, pela conformação ou dimensão das pétalas, dando a cada uma o respectivo nome.

Não me eram estranhas também as ruas de Paris, por uma sensação que experimentava quando as percorria, sensação que não podia definir. Hoje, sei que se originava das recordações latentes no meu íntimo, acumuladas desde o tempo em que por elas transitara noutras existências.

Que vinha a ser, porém, a *cor*, para mim? Não saberia exprimir os meus pensamentos, se alguém me interrogasse sobre esse tema. Entretanto, a experiência própria me demonstrou que os desprovidos da faculdade visual sabem fantasiar inúmeros matizes, possuem noções incalculáveis sobre tudo que os circunda, faltando-lhes somente os vocábulos precisos com que traduzam suas ideias. A mim me sucedia ver em sonho o que minha irmã me ensinava durante o dia. Divulgava tudo, imerso num clarão intenso. Armazenava provisões de conhecimentos sobre pessoas e coisas, que se me tornavam familiares, e, ao despertar, descrevia a natureza com admirável exatidão.

Como menino, era dócil, tímido, estudioso, perspicaz e belo – ao que todos me afirmavam. Tinha, por isso, o dom de me insinuar agradavelmente no ânimo dos que comigo privavam. No Instituto, cujas aulas frequentava, tornei-me o alvo da simpatia de todos os docentes, com especialidade do professor de música, porque revelara, desde os primeiros rudimentos que aprendera da sublime arte de Mozart, uma percepção fácil, uma vocação digna de apreço.

CAPÍTULO II

É chegada a ocasião de confirmar, distinto amigo, o que, certamente, já descobristes: que Jeanne, a irmã modelar, era a mesma criatura de Berlim, a noiva infortunada; que, de fato, as nossas existências se fundiram de novo como as águas de dois regatos que, nascidos em fontes longínquas, vão sulcando as terras até fazerem junção, tornando-se um só riacho, sereno e cristalino; que ambas se entrelaçaram como se entrelaçam os pâmpanos de duas videiras sobre o mesmo gradil que as sustém, formando um só estendal de vicejantes folhas.

Eu, porém, naquela época – com as ideias enubladas pelo esquecimento, que narcotiza as potências espirituais, a cada existência – ignorava que Jeanne fosse a noiva de outrora.

Só sabia que era a mais extremosa das irmãs; que o Criador piedosamente ma concedera para meu lenitivo constante; que não lamentava nunca a minha imperfeição física, concorrendo em tudo que estivesse a seu alcance para minorar minha desdita. Transmitia-me quanto ia aprendendo; punha-me a par das notícias cotidianas, lendo, para que eu ouvisse, jornais e revistas que nosso pai nos ofertava. Ao anoitecer, passávamos as horas em efusivos colóquios e ela aproveitava o ensejo para me lecionar.

Certa vez estava a ler, num compêndio de História Natural, o capítulo referente aos batráquios. Comoveu-me a notícia de que nos lagos subterrâneos da Dalmácia e da Carníola se encontravam (como ainda hoje) misérrimos seres, os proteus, desprovidos de visão. Interrompi-lhe a leitura, para exclamar:

– Quanto lastimo o destino desses desgraçados animalejos, filhos das trevas, Jeanne! Que vida de suplício a deles, encerrados em dupla escuridão – a da cegueira e a subterrânea! Compreendo bem quanto são infelizes, minha irmã, porque sou um proteu humano.

Jeanne sensibilizou-se, beijou-me a face e disse:

– Não quero mais que te expresses assim, François! Eles são incomparavelmente mais desditosos do que tu, porque não têm uma Jeanne para adorá-los.

Senti-me vexado e arrependido de haver pronunciado aquelas irrefletidas palavras.

Éramos inseparáveis: vivíamos unidos um ao outro, como dois afamados siameses, porque Deus nos criara, não com os corpos, mas como espíritos gêmeos, ligados pelas fúlgidas e eternas algemas do amor fraterno.

Meu pai nos contemplava embevecido, mas, ao notar a debilidade dos nossos organismos, se entristecia e, algumas vezes, à hora da nossa ceia frugal – Jeanne é quem mo dizia em segredo – se punha a fitar-nos, com os olhos nevoados de pranto, e, debruçando-se sobre a borda da mesa, soluçava.

O conhecimento dessas cenas tocantes me comovia, e, tentando dissipar-lhe os desgostos, narrava-lhe, com entusiasmo infantil, os meus triunfos escolares. Ele, porém, me ouvia sempre taciturno, dando ensejo a que, comparado o seu retraimento com as demonstrações de carinho e incitamento de Jeanne, me visse forçado a confessar a mim mesmo que, incomparavelmente mais do que àquele que me dera o ser, adorava eu a minha irmã, pois que só ela me tratava sempre com desvelos inexcedíveis.

Sua inigualável dedicação chegava ao ponto de vendar os límpidos e magníficos olhos azuis – para identificar as nossas condições orgânicas – e se punha a tatear os caracteres em relevo nos quais estudam os que carecem de lume nas pupilas, os desventurados que, vivos, têm, incrustados nas órbitas, órgãos visuais de cadáveres, inanimados e inúteis.

Não se descuidava também do meu preparo espiritual, pois era fervorosa cristã. Aos domingos, enquanto o pai se deixava ficar em casa, repousando das fadigas de uma semana de labor, ela me guiava a um templo católico, proporcionando-me ensejo de ouvir, com enternecimento e enlevo, músicas sacras que me acordavam no íntimo recordações inexprimíveis. Fazia-me ajoelhar e erguer o pensamento ao Céu, sentindo eu, naqueles magnos instantes, que as minhas preces eram sinceras e vibrantes, que meus lábios se moviam por uma força alheia à minha vontade.

Depois, no caminho de volta ao nosso modesto domicílio, me descrevia tudo quanto estava a ver, tentando, abnegada criatura, substituir o precioso dom físico que a natureza sabiamente me negara.

Aos poucos, ia eu adquirindo conhecimentos não comuns na minha idade – 12 anos – porque minha inteligência facilmente apreendia as preleções dos professores e os ensinamentos de Jeanne, como os vegetais sedentos sugam avidamente as gotas de orvalho, aljofradas do Alto.

Mesmo depois que se fez moça, que se tornou uma graciosa jovem, continuou minha irmã a me conduzir às aulas e exultava ao saber que eu progredia nos estudos, que me distinguia nos cursos de violino e de piano.

Um dia obtive permissão do diretor do Instituto para que ela me acompanhasse até um dos seus salões, a fim de me ouvir executar uma formosa *rêverie* que, por mim elogiada, lhe despertara interesse e desejo de apreciá-la.

Jeanne sentou-se, timidamente, a pouca distância de um Pleyel,[25] dirigindo-me algumas palavras de animação. Venturoso por tê-la a meu lado, comecei a preludiar uma sonora cromática, quando, repentinamente, sem que soubesse definir o que então se passou comigo, perdi a noção da realidade, esqueci-me por completo da música estudada, caí em êxtase e entrei a dedilhar um desconhecido noturno harpeado, de beleza, melancolia e maviosidade surpreendentes, com uma agilidade e técnica irrepreensíveis.

Acercaram-se de mim algumas pessoas, julgando, talvez, que um estranho houvesse penetrado no Instituto, sem prévia autorização. Deparando com o ceguinho que, naqueles instantes, tinha a alma em apoteose, ou aclarada por singular crepúsculo, ao lado de uma airosa donzela de

---

[25] Marca famosa de piano.

olhos azuis, marejados de lágrimas de felicidade, ficaram surpresas. Terminada a execução da minha primeira produção musical, considerada primorosa para a minha idade infantil – fui despertado do meu sonho por muitos aplausos, estreitado em muitos braços amigos, mas eu, submerso de novo em atro nevoeiro – só procurava a mão gélida e fremente da dileta Jeanne.

Compreendi que aquele noturno me fora inspirado por um influxo extraterreno e pela gratidão que de minh'alma transbordava.

Assim como outrora o óbolo da piedosa Isabel, a rainha santa, se metamorfoseara em odorantes rosas – também minh'alma, a fim de poder exprimir seu profundo reconhecimento para com a generosa e angélica criatura que me dispensava extremos maternais, se transformara momentaneamente em centro de vibrações harmoniosas. O Céu me concedera a faculdade de transfundir o meu agradecimento em ondas melodiosas – o mais belo idioma do coração enternecido, aquele em que, certamente, as entidades luminosas manifestam seus pensamentos ao Criador do universo.

CAPÍTULO III

A partir desse inesquecível dia em que minh'alma teve a inflamá-la a primeira centelha da Inspiração – momentos de sonho em que dedilhei um instrumento sentindo que minhas pequeninas mãos se tornaram quase imateriais, leves como delicadas plumas, ora suspensas do teclado, ora por ele correndo quais asas de passarinhos em revoada – conquistei uma situação de destaque no Instituto. Meu estro musical deu tema a vivos comentários, e um dos professores sentenciou com entusiasmo: François Delavigne é um artista em perspectiva!

Meu pai, ao ter conhecimento dos meus triunfos escolares, exultou; mas logo a habitual tristeza o empolgou de novo. Deplorou mais do que nunca o meu infortúnio:

– Que vale ser um artista o meu François? Jamais poderá desfrutar a vida; há de sempre precisar de mãos alheias para guiá-lo. É quase um ramo que só poderá vicejar preso ao caule em que desabrochou. Que é que sucederá se lhe faltar o caule protetor – o meu amparo, a minha dedicação paternal?

Eu o ouvia sem pesar, tanto já me afizera às suas amargas reflexões.

Um dia, porém, não pude deixar de dizer-lhe:

– Não deploreis mais a minha sina, meu pai, pois que, apesar de cego, não me julgo desgraçado! Há momentos em que me considero tão ditoso que sinto minh'alma entoar hinos de reconhecimento ao eterno. Não me consolam, acaso, a vossa afeição inexcedível, o amor incomparável de Jeanne e a minha arte excelsa? Bem vedes: sou um sentenciado que vai cumprindo serenamente a pena que lhe impôs o destino. Que importa me haja o Onipotente negado lume aos olhos, se me iluminou o espírito com estelíferos clarões, radiosas carícias, melodias inefáveis – mais valiosas, para mim, do que a própria vista? Deslumbra-me, às vezes, um como luar interior. Parece-me estar exilado em região luminosa, a que faltam, para ser real, mobilidade, criaturas e plantas.

"Tenho a iniludível certeza de que minh'alma é fúlgida ninfa encerrada em espesso casulo, que lhe veda o esplendor solar e lhe tolhe as asas. Sei também que, quando dele se desligar, quando o casulo de carne for atirado ao fundo de um sepulcro, ela, liberta, cindirá o Espaço constelado, transformada em falena de luz. Lastimais a minha sorte, como se eu assim houvera de ficar eternamente. Entretanto, talvez o Criador me tenha degredado, para aqui, por tempo bem limitado. Não mais lamenteis, pois, meu pai, a condição em que me vejo neste planeta, ao vosso lado, no curso de uma vida que não passa de um átomo, comparada à existência eterna".

Ele, estupefato, absorto ante a linguagem incisiva com que lhe falara e a certeza inabalável que manifestara numa vida porvindoura, repleta de ventura, após as provas terrenas, deixou por algum tempo de aludir à minha imperfeição física, evitando que de seus lábios escapasse um só queixume contra a Providência, por me ter feito nascer cego.

Vivemos alguns anos uma existência plácida, despida de incidentes dignos de menção – qual um mar em calmaria, antes que o convulsionem as rugidoras procelas, que já estão iminentes sobre as nossas frontes.

Jeanne, segundo ma descreviam, era formosa como um arcanjo de Rafael. Disseram-me certa vez ter um rosto que parecia esculturado em nácar ou em neve rósea; olhos de diamantes azuis, luminosos, melancólicos, ressumbrando inteligência e candidez; cabelos fulvos, com reflexos de ouro liquefeito; corpo esguio e esbelto, de contornos suaves; porte donairoso que, sem arrogância, revelava distinção, ou antes, a superioridade dos seres divinizados pela nobreza dos sentimentos, que lhes transparecem nos semblantes de entes imaculados, como a luz de uma lâmpada através do cristal fosco.

Apesar, porém, da sua formosura, de seduzir a quem a visse, pela graça e pureza, pelo conjunto harmonioso de predicados físicos e intelectuais com que a dotara a natureza, que a fariam destacar-se entre todas as donzelas nos dias festivos, mesmo se se cobrisse de andrajos – qual princesa disfarçada em campônia, Jeanne não era feliz, por ter ideais irrealizáveis na Terra. Nem vaidosa, nem desejosa de conquistar corações, sofria por não poder cultivar o espírito quanto almejava. Por uma intuição que nunca ilude a alma em que desabrocha, pressentia que a vida terrena lhe seria um meteoro fugaz em firmamento borrascoso.

Ainda na flor da juventude, já se sentia definhar lentamente e, para não inquietar os que a amavam, ocultava de todos o seu estado mórbido. Muitas vezes eu a ouvia tossir, tapando a boca com as mãozinhas mimosas.

Impelido pela afeição e pelo interesse que me inspirava a querida Jeannette, fui levado a manifestar meus receios a meu pai, que se alarmou ainda mais do que eu. Levou-a imediatamente a um excelente médico, que lhe aconselhou cuidados extremos para com a filha adorada, declarando que o tratamento e incessantes desvelos poderiam estacionar a moléstia que começara a invadir aquele organismo juvenil, mas sem robustez. Proibiu terminantemente à enferma fatigar-se com qualquer labor manual, porém nenhuma esperança deu de lhe restabelecer a saúde alterada. Jeanne, entretanto, sorria da nossa aflição, tentando dissipá-la com meiguices e uma resignação celeste.

Apesar de secretamente torturado, por motivo da sua insidiosa enfermidade, não interrompi meus estudos, revelando cada vez mais decidida vocação para a música – a mais sublime de todas as artes terrenas porque arroja a alma ao Infinito, mergulhando-a em delicioso transporte, fazendo-a olvidar suas penas ou as dulcificando, aproximando-a, enfim, do próprio Onipotente, o Inspirador fecundo e inesgotável!

Minha existência apresentava então duas faces distintas: na escola, onde entesourava todos os conhecimentos artísticos e literários que me prodigalizavam os professores, era ditoso; no obscuro lar, as vicissitudes e mágoas me faziam desventurado aos dezesseis anos de idade. Tinha o pensamento sempre fixo em Jeanne, chorando às ocultas, inquieto, apenas dela me separava por algumas horas, temeroso sempre de ficar, talvez dentro de pouco tempo mais, sem as suas blandícias fraternais. Apavorava-me o pensar na falta impreenchível que ela me faria, se deixasse de existir. Certamente minh'alma se cobriria de crepe e conheceria o anoitecer dentro de si mesma. Seria, para mim, cegueira do próprio coração alanceado de dor imensurável.

Ela, no entanto, a irmã querida, se esforçava de todos os modos por me tornar venturoso. Entristecia-se ao notar que me achava taciturno e bem assim o nosso genitor.

Tentando dissipar lúgubres apreensões, entregava-me com frenesi aos estudos no Instituto, mas, de regresso ao lar, passava horas a meditar, desalentado, só despertando, às vezes, com os gracejos de Jeanne.

Não esmiuçarei, porém, meu amigo, todas as tribulações por que passei nessa existência em que me não conhecestes e na qual meu espírito se despojou de muitas máculas, ressarciu faltas graves cometidas em prístinas eras, em vidas de prazeres, de ignávia ou de crimes.

Uma tarde que, para mim, jamais se apagará na caligem do esquecimento, eu e Jeanne aguardávamos a chegada de nosso pai para fazermos a nossa frugal refeição. Eram momentos esses ansiosamente esperados, pois que, reunidos em torno de uma mesa circular, se estabelecia entre nós uma verdadeira troca de ideias. Relatávamos aí os episódios do dia, nossas lutas, alegrias e esperanças. Naquela noite, porém, notamos que ele tardava muito em regressar dos seus labores, o que não lhe era habitual. As horas se escoaram em letal inquietação, parecendo-nos intérminas e ninguém mais se lembrava de que a ceia não fora servida. Depois de muitas suposições, emudecemos, transidos de mortificantes receios. Quedo, meditativo, assaltou-me doloroso presságio, que é a antevisão das coisas do futuro: começara para nós uma via crucis pungentíssima! Permaneci, porém, silencioso à espera do ausente, implorando ao Altíssimo fossem infundados meus temores.

Quando já tocava ao auge a nossa inquietação, percebemos distintamente que uma carruagem parava à porta de casa e, logo após, ouvimos rumor de passos desconhecidos na escada que dava acesso à sala de visitas, como se diversas pessoas andassem dificultosamente, conduzindo alguém inanimado. Julgamo-nos, por momentos, sob o domínio de um pesadelo opressor, mas o ruído do bater enérgico de mão à porta da entrada – onde, como atalaia muda, se postara a nossa bondosa serva Margot – nos chamou à realidade.

Aberta a porta bruscamente, alanceou-me o coração um grito agoniado de Jeanne:

– Nosso pai vem ferido mortalmente, François!

Senti no peito, ao ouvir aquele brado de aflição e desespero, o despertar de emoções nunca experimentadas.

Naquele momento de dor inexprimível me pareceu que devera ter amado mais e com maior ardor a meu pai. Uma ternura e uma compaixão indizíveis transbordaram do meu coração tremente, brotando dos mais profundos refolhos do meu espírito, como vagas arrojadas, em horas de preamar, sobre longínqua e ignorada praia. Afigurava-se-me ter a alma revolta, enriçada, como desgrenhada fronde de uma árvore nascida na solidão de escalvada savana, exposta constantemente aos azorragues inclementes dos furacões do norte ou dos sirocos violentos.

Desde então um sentimento forte e sincero despontou no meu coração e se foi avigorando com o fluir do tempo, rivalizando com uma outra afeição que supusera única e inigualável – a que consagrava a Jeanne! Tive a impressão de que súbita e radical transformação se operara na minha existência, até então serena e ditosa. Foi como se de uma gôndola veneziana, embalado pelos acordes de suave barcarola, houvesse caído repentinamente ao mar, tornado tempestuoso. Julguei, por instantes, estar a debater-me como náufrago, nas ondas encolerizadas e bramidoras de um pélago revolto. Aturdia-me o troar dos vagalhões quebrando-se de encontro a ciclópicos penhascos. Imaginei que, além de cego, estivesse com os olhos vendados por fitas de ferro ou pelo crepe do horror. Senti-me desfalecer: quis gritar como Jeanne, mas perdera a voz.

Tudo isso, porém, que vos descrevo imperfeitamente, teve, em meu cérebro, a duração de um corisco, quando traça a fogo sinuosa linha, na ardósia plúmbea das nuvens. Novamente fui chamado à realidade pela fala de um companheiro de meu pai, que nos dava informações precisas a respeito do acidente ocorrido durante o dia nas oficinas em que trabalhavam:

– O Sr. Delavigne se achava calmamente entregue aos seus afazeres, quando notou que um maquinismo, de que se aproximara, funcionava desordenadamente, estando prestes a se inutilizar e a vitimar diversos operários. Procurou detê-lo e o conseguiu. Mas, a emoção que experimentou foi tão violenta, que lhe causou súbita vertigem, sendo então apanhado por uma engrenagem na fronte e num dos braços. Para evitar grande catástrofe, expusera a vida heroicamente.

"Um médico o socorreu sem demora, porém as contusões que recebeu foram consideradas gravíssimas. Todavia, confiamos na bondade divina; temos esperanças de que se salvará, a fim de ser recompensado do ato de coragem e abnegação que praticou! Esteve desmaiado até há pouco tempo e só quando recobrou os sentidos foi que, a conselho do doutor que lhe fez os curativos, resolvemos trazê-lo para aqui, até que a família delibere sobre a conveniência de interná-lo num hospital".

Jeanne, a soluçar, agradeceu aos bondosos operários o serviço relevante que nos acabavam de prestar, e um deles – certamente um coração leal e compassivo – se ofereceu para passar a noite conosco, o que não aceitamos. Ficamos sós, Jeanne e eu, com o nosso pobre pai, no qual já se manifestavam os primeiros sintomas do traumatismo. Minha irmã me descreveu o seu desolador aspecto: tinha um dos braços quase esmagado, a cabeça contundida, envolta em compressas de linho que já não eram brancas de tão ensanguentadas que estavam, o rosto lívido e transfigurado, como se lho houvessem substituído por outro, exumado de algum túmulo.

Passamos uma noite de indizíveis sobressaltos, dispensando ao ferido todos os cuidados prescritos pelo médico e os que a nossa dedicação filial sugeria, de momento a momento.

Mudo, absorto, naquelas infindas horas de tormenta, percebi que nasciam do meu íntimo sentimentos de altruísmo, energias benéficas e, sobrelevando a tudo, uma afeição imensa pelo infeliz que, a delirar, pronunciava de contínuo palavras incoerentes, que lugubremente ressoavam na calada da noite. Senti que, aos primeiros embates do sofrimento, meu ser despertara para outro amor.

Imagine-se um bloco de pedra que, depois de permanecer inerte por muitos séculos no alto de abrupto penedo, um dia de lá resvalasse, batido pelo tufão e se tornasse, na queda, luminoso, tépido, foco de brilhantes fagulhas. Assim sucede ao coração que se conserva indiferente às lágrimas alheias; que sempre resistiu aos impulsos dados pela mão potente do destino; que estaciona em repouso, sem que os reveses da vida o atinjam senão superficialmente; que se queda indiferente aos sentimentos mais elevados. Lá vem dia em que, subitamente sacudido pelo tufão das desventuras, batido na bigorna da dor, ferido pelo atrito das decepções terrenas, impelido do cimo alcantilado das desilusões ao vórtice insondável das amarguras da existência, começa pouco a pouco a desprender chispas inextinguíveis, que vão atear, noutras almas, imperecíveis afeições, fundir os elos dos amores quintessenciados que encadeiam os corações, pondo-os, como Saturno – o mais maravilhoso planeta do sistema solar – engrinaldados por fulgentes anéis.

Quando Jeanne me comunicou que a manhã já havia despontado – percebendo eu que entravam, pelas janelas descerradas, haustos de frescura matinal – e me levou o primeiro alimento, tive a impressão de me haver tornado um ente diverso do que fora até a véspera. Alguma coisa em mim se profundara ou volatilizara; os pensamentos sombrios ou pouco elevados foram soterrados nos subsolos da alma; desabrochou nesta e floriu de repente toda uma seara de nobilíssimos sentimentos, capazes de me levarem a dedicações extremas, não só para com aqueles que comigo viviam debaixo do mesmo teto, como também para com todos os que passassem privações ou me implorassem amparo.

A eclosão de um desejo ardente de ser útil aos que me eram caros pôs remate à luta que se travara no meu íntimo, durante uma noite de angústias, que julguei durasse uma eternidade.

Passaram-se dias intermináveis para os nossos corações aflitos e um pesar indizível nos assaltou: o adorado enfermo não podia ficar em domicílio, porque seu melindroso estado requeria despesas que excederiam nossos parcos recursos. Assim, a conselho do médico assistente – enviado cotidianamente pelo proprietário das oficinas de fundição onde meu pai trabalhava – foi este removido para um hospital, onde íamos vê-lo frequentemente.

O traumatismo resultante do choque no frontal lhe perturbara as faculdades mentais, fazendo-o proferir frases desconexas, revelar episódios de uma existência que seus filhos desconheciam; mostrar-se, algumas vezes, atormentado por lancinantes remorsos; outras, sofrendo acerbamente por causa de adversários inexoráveis, cujas vidas desejaria tirar, se pudesse.

Atribuímos à febre o delírio que o enlouquecia. Entretanto, o estado anormal do enfermo querido, em certos momentos, nos atemorizava. Teve, afinal, que amputar o braço direito que fraturara quando travou repentinamente a máquina em grande velocidade, para evitar a morte a muitos obreiros.

Visitávamo-lo sempre e grande tortura experimentávamos ao ouvi-lo pronunciar palavras que nos apavoravam, por não percebermos a quem se referiam. Durante todo o delírio, não só não nos reconhecia, a mim e a Jeanne, como até parecia odiar-nos.

Enquanto ele sofria num hospital, em nosso casebre a penúria se instalou soberanamente.

O que mais me amargurava era a supressão completa do tratamento de que necessitava Jeanne, cuja saúde delicada muito se ressentiu dos nossos desgostos. Pungia-me o coração ver que ela não podia gozar do menor conforto e fora forçada a trabalhar de novo na confecção de flores e bordados, para dar a Margot o necessário aos modestos dispêndios domésticos.

Foi nessa situação que, após algumas horas de dolorosas cogitações, deliberei pôr em prática o que imaginara naquela noite de martírio moral em que se produziu no hostiário de minh'alma o despertar de novas faculdades psíquicas; em que, por celestial influência, nela começaram a desabrochar pensamentos generosos que me impeliam a agir de um modo que nada tinha de infantil; em que me enchi de uma energia nova que não suspeitava, então, provir de amigos invisíveis, por ignorar que eles baixam do Além, para sustentar as criaturas nas suas provas árduas, a fim de que não desanimem.

Soara para mim o momento do combate espiritual decisivo. Cheguei até a entrever, na imaginação, um cronômetro fantástico, em cujo colossal mostrador um índex gigantesco indicava determinada hora, que ouvi soar vibrantemente num tímpano argentino. Compreendi nitidamente o que significava o estranho símbolo. Aprestei-me para a pugna, lealmente, desejando sair dela vitorioso e não vencido.

CAPÍTULO IV

Efetivamente, na noite em que meu pai entrou carregado em nossa humilde vivenda, começou a nossa angústia doméstica: ele internado num hospital, sem poder ganhar o necessário para a manutenção da família; eu e Jeanne, abatidos pelos desgostos, a fazermos prodígios de economia, para não nos faltar o pão. Já chegávamos a privar-nos de artigos que supúnhamos imprescindíveis.

Corriam-nos assim, penosamente, os dias. A moléstia de nosso pai continuava a retê-lo indefinidamente no leito. Ficara sem o braço direito, amputado a fim de se lhe evitar a morte pela gangrena, e as faculdades mentais continuavam desequilibradas.

De uma feita, indo visitá-lo, aproximamo-nos do pobre enfermo e ele não nos conheceu. Mostrou-se indiferente ao ósculo que lhe depusemos na mão afogueada pela febre.

Subitamente com os olhos a fuzilar – ao que me disse Jeanne, completando o que *senti* com tanta verdade que julguei estar a *vê-lo* – soerguei-se no leito, deixando descoberto o lado direito, com o braço decepado, e, agitando o esquerdo convulsivamente, exclamou com voz alterada pela demência:

– Sois os causadores de todo o sofrimento que me enlouquece, miseráveis! Eu vos detesto *ainda e sempre*! E sabeis por quê? Sois os meus adversários malditos; já me causastes muitas dores e não vo-las perdoarei jamais! Ide-vos da minha presença; não mais vos quero ver! Odeio-vos! Odeio-vos!

Recuamos soluçantes, aterrorizados ante tão cruéis exclamações, considerando irremediavelmente louco o nosso querido pai. Um dos médicos do hospital, porém, nos tranquilizou, dizendo que a febre, causadora do delírio, já principiara a declinar; que, assim que cedesse, os sintomas alarmantes parariam; que estava submetendo o doente a um tratamento rigoroso, findo o qual esperava confiante que ele ficaria sem nenhuma alienação mental.

Retiramo-nos, todavia, cabisbaixos, desagradavelmente impressionados, rememorando as sinistras palavras proferidas pelo nosso genitor, que parecia execrar-nos desde que enfermara. Por quê? Não fora razoável que, mesmo nos momentos de alucinação, se mostrasse apreensivo ante o nosso destino e manifestasse a ternura de um pai que sempre mostrara idolatrar os filhos? Por que nos considerava, havia muitos dias, seus adversários irreconciliáveis?

Essas interrogações, eu, triste, atormentado por dolorosos pensamentos, as fazia a mim mesmo. Elas, porém, mergulhando no mar misterioso que cada alma contém dentro de si, ficaram sem resposta – até que, novamente desencarnado, me recordei do que meu pai e eu fôramos, em anteriores existências criminosas.

Todos os arcanos da vida se desvendam ao Espírito, quando ele se liberta da condição de galé, de expatriado do Espaço, a cumprir na Terra uma sentença divina.

Reabilitado por esta forma, adquire faculdades admiráveis, conquista a ventura a que sempre aspirara e que só se torna realidade nas estâncias siderais.

Naqueles dias de suplício, de desolação e de angústias, motivados pela moléstia do meu pobre pai, comecei a perceber claramente que tinha uma missão a desempenhar no mundo; a compreender que a dor física ou moral é tão necessária à alma delinquente como as pelejas o são a um militar para poder a sua bravura ser aquilatada e galardoada. Finda a nossa campanha espiritual, o general supremo – Deus – não nos coloca ao peito insígnias coruscantes, mas nos engrinalda de luminosos lauréis a fronte, se vencemos!

Entrevi, pois, o objetivo dignificador que me cumpria atingir durante a minha estada no planeta terrestre e não me revoltei um só instante contra os desígnios do Alto. Mantive-me calmo, resignado a tudo suportar corajosamente e tratei de resolver o problema que, então, mais me preocupava: o da falta de meios de subsistência para minha irmã e para a bondosa Margot.

Ainda cursava, com sacrifício extremo, as aulas do Instituto de cegos. Estava prestes a concluir meus estudos, mas tive que os interromper, para poder trabalhar.

Pedi a um dos professores – o de música, que sempre mostrou mais interesse por mim – que me protegesse e obtivesse algum trabalho concernente à arte a que me dedicara, a fim de me ser possível sustentar a família. Compadecido de meus infortúnios, dos quais o inteirei, atendeu à minha súplica, e me apresentou a diversas pessoas de suas relações, que me contrataram para executar, ao piano ou ao violino, músicas clássicas e músicas apropriadas à dança.

Não podendo, devido à minha imperfeição orgânica, apresentar-me sozinho nos salões engalanados, minha irmã me conduzia, afetuosamente, às residências festivas. Começamos assim a frequentar os palacetes de alguns abastados burgueses. Mas, desde a primeira vez que assistimos a uma dessas festas mundanas, onde imperavam o júbilo, o conforto e o apuro dos toaletes, compreendi que Jeanne se estava sujeitando a martírio superior à sua coragem moral!

Ela, tão formosa que parecia, pela distinção, pelos predicados físicos, uma princesa encantada, possuidora de lúcida e surpreendente inteligência, não lograva, por se apresentar com singelos e desbotados vestuários, a honra de ser introduzida nas salas faustosas. Aguardava, num vestíbulo, que a festa acabasse para me conduzir ao nosso tugúrio, humilhada e retraída, assistindo ao perpassar constante dos pares venturosos, trajados com requinte, sorridentes, a olharem-na com indiferença ou desdém ao lado de fâmulos, transida de vexame.

Sua amargura não tinha limites ao confessar-me o que – naquelas horas em que eu, ao piano ou fazendo parte de uma orquestra, trabalhava pela nossa subsistência – se passava consigo, o suplício que lhe atormentava a alma impressionável, ao contemplar a mocidade feliz, garrida, rutilante de atavios, de pedras preciosas, a desfilar por diante dela, insensível à sua dor. Não podia sofrear as lágrimas, lembrando-se de que era a mísera filha de proletário enfermo e que aguardava a saída de um irmão cego. Quando voltávamos para casa, a pé ou em modesto veículo, eu a sentia álgida, trêmula e chorosa.

Dentro de pouco tempo, convenci-me de que não devia mais mortificá-la assim, pois que a tortura que experimentava, quase todos os dias, começou a influir maleficamente no seu frágil organismo – presídio de uma alma de névoas, de carinhos e de sensibilidade apurada, que se contraía, qual "mimosa pudica", ao contato da crueldade humana.

Deliberei não mais consentir que me acompanhasse às festas suntuosas, em que fosse tocar.

Jeanne protestou energicamente, dizendo que jamais deixaria de me guiar como fazia desde o meu nascimento, e que, se se apartasse de mim por algumas horas, não ficaria tranquila em nosso lar deserto.

Felizmente, não foi mister que o sacrifício se consumasse. Nosso pai, já em vias de restabelecimento completo, recuperara integralmente as faculdades mentais.

Enquanto não lhe foi possível me acompanhar aos concertos e aos bailes para que me contratavam, recorri aos préstimos de um bom amigo, Duchemont, companheiro de orquestra, admirador do meu estro musical e, ao que parecia, sinceramente enamorado de minha graciosa irmã.

Contava ela a esse tempo pouco mais de quatro lustros, tendo eu dezessete anos. Entretanto, parecíamos gêmeos.

Duchemont a viu, formosa e humilhada, nos vestíbulos dos palacetes, à minha espera, e compreendeu a sublimidade do seu sacrifício. Depois, indo buscar-me fraternalmente ao nosso triste domicílio, teve ensejo de com ela conversar, de lhe apreciar os predicados intelectuais e desejou desposá-la.

Jeanne, porém, relutou por alguns meses em lhe dar uma resposta positiva, porque ainda não o amava. Sentia-se apenas reconhecida ao meu generoso amigo que, naquelas noites de regozijo para os abastados e de tormento para o seu coração, foi a única pessoa que lhe notou a presença, que lhe dirigiu palavras compassivas e afetuosas, que se me ofereceu para substituí-la, ponderando que o seu melindroso organismo de flor humana se ressentiria, que sua saúde provavelmente se alteraria com a fadiga, a vigília ou o relento.

Também para mim eram penosas as horas daqueles saraus magníficos, em que a chamada alta classe social alardeava arrogantemente a sua felicidade, calcando os corações dos que não possuíam fortuna, sedas, diamantes. Para a minha acrisolada emotividade de idealista, eram horas de inenarrável amargura, porém, quanto mais a dor me ciliciava o espírito, mais o sentia eu inspirado, exteriorizado do seu invólucro material, como que eterizado. Assim, num quase êxtase é que compunha melodias arrebatadoras e tinha surtos de elevada inspiração artística que, muitas vezes, não sabia interpretar, por isso que, para o conseguir, precisaria de instrumentos mais perfeitos do que o piano e o violino.

O sofrimento, pois, era fecundo para minh'alma de artista, porque, quando me feriam os seus acicates, eu improvisava sonatas dolorosas, *rêveries* dulcíssimas, nas quais a emoção em mim dominante se manifestava vivaz, nunca traduzindo revolta, mas ternura e submissão. A mágoa se metamorfoseava em catadupas de harmonias, em arpejos maviosos que provavelmente me faziam passar, aos olhos da turba que me cercava, por um ser privilegiado. Escutava-lhe os aplausos que troavam aos ares e, temendo-os como se fossem vagalhões prestes a atingir-me, desejava fugir--lhes, mas, ao mesmo tempo, me sentia magnetizado, incitado para a luta. Nessas ocasiões, os pesares me desertavam o peito, como procelárias que abandonassem precipitadamente os cálidos ninhos para roçar com as asas sedosas as espumas dos escarcéus, num oceano em borrasca.

Quem era eu, porém, para aqueles afortunados do mundo, absorvidos por estonteantes prazeres, inebriados com as seduções e as delícias que o ouro, a vaidade, o amor, as vestes principescas soem proporcionar? Não era, para quase todos, mais do que um aparelho que se movia por si mesmo, que não podia participar dos gozos que os encantavam, tendo por única utilidade deleitá-los com a execução de melodias que nenhum dentre eles suspeitava fossem insufladas por entidades siderais, numa alma torturada, mas submissa aos desígnios providenciais. Era, enfim, para muitos, um instrumento humano, que sabia arrancar rítmicas vibrações a um outro, construído de madeira e de fibras sonoras.

Não me era dado observar o que ocorria ao meu derredor, porque trazia a fronte cingida sempre por um elmo de negro bronze. Mas as minhas lágrimas ignoradas se transmudavam em brandos arpejos e uma claridade fosforescente de santelmo me iluminava o cérebro. Produzia-se então na minha mente um fenômeno extraordinário: estendia-se diante de mim uma região infinita, como que aclarada pelas projeções do poderoso farol matutino, a devassar um nevoeiro prateado, que se transformava em pulverização de luz.

Algumas vezes, a multidão que me cercava surgia bruscamente dentro daquela bruma luminosa. Não a compunham, porém, criaturas cultas, magnificamente trajadas. Era antes uma hoste de duendes, em hórrido *Sabbat*,[26] vestindo flutuantes túnicas, todas a rodopiarem vertiginosamente, numa valsa macabra e apavorante, que me congelava o sangue nas artérias – transformando-as em tubos de gelo através dos músculos – e me inteiriçava as mãos sobre o teclado, arrancando-lhe brados de loucura ou de horror.

Dessa espécie de delírio me vinha despertar quase sempre alguma voz feminina, instigando-me a prosseguir meus estudos e a publicar as minhas originais produções. Verificava, então, que sabia sensibilizar fortemente os corações, ora lhes cravando dardos dolorosos, ora lhes levando haustos de gozo, frêmitos de arte, jatos de alegria de que eu não partilhava. Minha situação podia comparar-se à de um homem que, cultivando rara e preciosa árvore produtora de frutos deliciosos, se visse privado de colher um único que fosse para si, só lhe sendo permitido fazê-lo para quem os quisesse adquirir.

Desvaneciam-me as apreciações que a meu respeito faziam pessoas ilustres, desejosas de possuir composições minhas; a todas, porém, confessava lealmente serem improvisadas e, de pronto, esquecidas para sempre.

---

[26] Celebração da natureza em que os bruxos dançam, cantam, deleitam-se com alimentos e honram deidades da religião antiga.

CAPÍTULO V

Durante alguns meses Jeanne e eu fizemos rigorosas economias para que não faltasse o indispensável à nossa manutenção. Províamos a todas as necessidades, exclusivamente com o que eu auferia do meu trabalho, que constituía, para mim, motivo de prazer e ufania.

Nosso genitor obteve, enfim, alta do hospital. Fomos buscá-lo para o lar, onde a sua falta era impreenchível.

Imaginai, bom amigo, o quadro patético que então apresentava a nossa família: ele com o braço direito decepado, ainda trôpego, devido à longa enfermidade que o debilitara em extremo; Jeanne enfraquecida, pálida, descorada, com a aparência de um arcanjo diáfano ao qual só faltassem as asas para desferir o voo supremo; eu, cego, guiado por suas mãos frágeis, que temia não me amparassem por muito tempo, sempre grave e melancólico. Não era a minha desventura o que me entenebrecia a alma cismadora, mas os sofrimentos daqueles a quem adorava, e aos quais não podia prestar senão insignificante auxílio.

Afligia-me, sobretudo, saber que minha querida irmã, às primeiras rajadas impetuosas da dor, perdera parte da sua beleza helênica e que o seu estado se agravara. Estava como se fora uma neblina prestes a esvair-se no cimo da serrania, ao surgir o primeiro fio de luz, tecido pelo Sol.

Meu pai, depois que saíra do hospital, taciturno e alquebrado, sem poder labutar como outrora, deplorava a todo o instante a desventura que lhe sucedera. Não cessava também de me agradecer o socorro pecuniário que dispensara aos entes que nos eram caros, durante o tempo em que esteve enfermo. Falava-me carinhosamente e, relembrando o passado, a época da minha meninice, dizia:

– Que cautela devemos ter com as nossas palavras, meu François! Eu, que vivia sempre a dizer que eras inútil à pátria e à família, sou forçado a reconhecer que já prestaste inestimável assistência àqueles a quem amamos e prevejo que poderás tornar ainda mais gloriosa a nossa França, enriquecendo-a com as tuas formosas produções, que, infelizmente, ainda não tive ocasião de aplaudir.

Aproveitava, então, o ensejo para lhe lenir as mágoas dizendo-lhe que sofresse resignado as suas provas terrenas, afirmando, por intuição celeste que o Onipotente não nos feria injustamente e que, por maiores que fossem as nossas dores, não seriam eternas, teriam limite e uma recompensa equivalente à nossa coragem moral.

A Providência divina, dizia-lhe ainda sinceramente convencido das minhas ideias, vindas do Alto – é qual magnânimo Creso:[27] para aquilatar da perspicácia e da intrepidez de um emissário seu, incumbe-o da execução de arriscada

---

[27] Último rei da Lídia (Anatólia), atual Turquia. Famoso pela sua riqueza, atribuída à exploração das areias auríferas do Pactolo, rio onde, segundo a lenda, se banhara o rei Midas (que transformava em ouro tudo que tocava).

empresa. Se o desempenho for satisfatório, dar-lhe-á valor real ao mérito, aos esforços e, premiando-o regiamente, lhe outorgará a posse de tesouros, como não os há no mundo, porque os deste são todos perecíveis, ao passo que são perpétuos os que o Céu concede.

Que custa passar este momento, que o é a vida humana, em lágrimas, quando há a esperança de uma outra existência livre de cuidados, calma, ditosa, acenando-nos com um lenço alvíssimo à alma flagelada, incitando-a a caminhar por sobre espinhos na Terra, a fim de colher no empíreo as flores imorredouras da ventura?

Surpreendia-o ouvir-me falar assim, ouvir tais coisas de mim que não conhecia nenhuma alegria mundana. Ele não concebia que alguém desfrutasse um instante de prazer, vivendo condenado à geena da cegueira. Reputava este infortúnio pior do que aquele que constantemente o afligia, o de ter sido mutilado. Replicava-me, às vezes, exprimindo o afeto paternal que me votava, com veemência igual à de que usara quando, no seu leito hospitalar, declarava odiar-me.

– Admiro-te a coragem e a resignação, meu François! Continuas a considerar magnânima a Providência divina que tão mal te aquinhoou, que negou uma gota de luz aos teus olhos imprestáveis, uma migalha de lume às tuas pupilas que parecem vazadas por agudo punhal, ao passo que disseminou prodigamente pelo universo milhões de sóis inúteis!

– É que mereci, meu pai, esta sentença que se vos afigura iníqua e a que me submeto sem revolta, osculando a mão que a lavrou imparcialmente, mão de juiz austero, íntegro, incorrupto! O Altíssimo não é déspota inclemente e não me condenou certamente sem provas e sem causas.

"Pois bem! Sofrerei todas as tribulações e asperezas da existência, todas as mágoas que me ensombrarem a alma, bendizendo sempre aquele que negou uma centelha de luz aos meus olhos e os inundou de lágrimas, que são o orvalho da desventura, porque nutro a convicção inabalável de que a vida humana equivale em duração às rosas de Malherbe[28] e porque sei que há um galardão para os heróis, para os que sabem triunfar das suas imperfeições de caráter e do próprio coração.

"Esses os únicos adversários que precisamos combater a todos os instantes, com denodo e tenacidade de estoicos, a fim de alcançarmos a vitória definitiva e com ela a felicidade, vãmente sonhada neste orbe: a nossa reabilitação espiritual, que traz como corolário o desaparecimento de todas as dores!"

Meu pai – inteligente e sagaz – percebeu que minhas ideias estavam de acordo com as dos psiquistas, cujos preceitos filosóficos vinham sendo, na época a que me refiro, propagados na França e em quase todos os países cultos, coordenados pelo preclaro e inesquecível mestre – Allan Kardec.

Eu tivera a ventura de conhecer, lidos por Jeanne, os livros do eminente codificador do Espiritismo,[29] e não relutei, um momento sequer, em aceitar a Doutrina, plena de moral e de verdades inconcussas, neles explanada.

---

[28] Poeta lírico francês (1555-1628).
[29] Essas obras podem, atualmente, ser lidas pelos cegos, na biblioteca pública da Federação Espírita Brasileira.

O Espiritismo, pois, aliado às instruções salutares do meu protetor sideral – que ficaram insculpidas no meu Espírito, como estrias feitas a escopro no mármore – foi o bálsamo que me refrigerou o coração nos angustiosos instantes das provas acerbas, porque me deu a solução exata do grande enigma do destino humano. Graças a ele se me aclarou a gênese do sofrimento dos seres que, sem praticarem o mal, lutam com a adversidade até ao extremo alento, numa existência de abnegados e justos.

Já florescera no Espaço a seara da luz e as suas sementes, rutilantes quais o cristalino orvalho que aljofra as corolas das flores e reflete o fulgor dos astros, caíram sobre as almas sofredoras como uma tempestade de estrelas. Foi como se a Terra toda ficasse coberta de chamas ateadas em arminho.

E nada mais poderá deter essas labaredas, que não são vorazes, que não incineram, mas purificam acendrando os Espíritos flagiciosos ou desventurados, dealbando-os, por entre as sombras da vida planetária, para que trilhem unicamente o caminho alcantilado do bem e da virtude, que termina nos mundos perfeitos, isentos da lágrima. Jamais se extinguirão no orbe terráqueo, porque foram ateadas pelos emissários do Criador do universo, e porque é preciso que lavre nas almas conturbadas um incêndio bendito e redentor!

Meu querido genitor se quedava silencioso, padecendo sem mais queixume, para me não causar desgosto.

Nas oficinas em que mourejava antes do acidente que lhe ocasionara a perda de um dos braços, cruel decepção o aguardava.

Apresentando-se novamente ao proprietário da fundição, este o recebeu com demonstrações de carinho, mas não o reintegrou no cargo que anteriormente ocupava. Encarregou-o de outro mister, insignificante em resultados pecuniários, mais por piedade do que por gratidão. Entretanto, infinito devera ser o seu reconhecimento para com o bravo artífice, que lhe evitara consideráveis prejuízos materiais, bem como a morte a dezenas de operários.

Sabendo eu que isso o abatera e contristara, envidei esforços por lhe mitigar os dissabores, dizendo com jovialidade:

– Esqueceis, prezado pai, que, antes de vossa enfermidade, dois apenas eram os braços que trabalhavam para a nossa manutenção e que agora são três: dois meus e um vosso! Não houve, pois, diminuição, mas acréscimo de um que, até então, não sabia o que fosse o trabalho suave para o sustento de uma preciosa flor humana, qual é a nossa adorada Jeannette. Assim, não vos mortifiqueis, não nos encontramos numa situação desesperadora.

"Trabalhemos, cheios de íntimo contentamento com os nossos três braços. Peço unicamente que me empresteis à noite a vista, para que eu possa ir ao trabalho, uma vez que o meu amigo Duchemont se ausentou de Paris por alguns dias. Havemos de viver menos mal e me sinto feliz por vos ser útil e a Jeanne!".

Essa minha alacridade lhe derrocava as apreensões e, como outrora, durante alguns meses a ventura adejou uma última vez sobre o nosso tranquilo domicílio. Trouxera-a nas asas um arcanjo que, cerrando-as por momentos, pousou meditativo no cimo de um penedo, donde, recordando as delícias desfrutadas nos páramos etéreos, partiu para sempre, num voo vertiginoso, em demanda do Além!

Apresentou-se afinal a ocasião de meu pai me levar a uma das confortáveis vivendas, cujos donos costumavam contratar-me para tocar, como sinfonista. Ele, que só me ouvira ao piano em criança, quando ainda hesitante e sem estudo, ansiava pela hora de me acompanhar a um sarau musical.

Fomos. No limiar do salão um amigo aguardava minha chegada para me conduzir ao Pleyel. Antes, em segredo, preveni meu pai de que abriria a festa com a execução de uma sonata, que compusera naquele dia e que certamente... atribuiriam a Beethoven! Preludiei um *allegro*[30] vivíssimo, expressivo, demonstrando uma técnica que causou admiração aos assistentes e, com um *scherzo*,[31] gracioso, bem modulado, finalizei a inspirada partitura em que a harmonia mais dulcíflua e perfeita se enquadrava numa cadência surpreendente. Tornava-se às vezes de um vigor entusiástico, expresso em rápidos *fortíssimos*.[32]

Sentia-me como que em sonho, com a alma vibrando de emoção, enquanto minhas mãos, que se fizeram sutis, voejavam sobre o teclado ebúrneo, abalando os corações numa rajada de arte e de encantamento.

---

[30] Peça musical de andamento rápido.
[31] Trecho musical de estilo ligeiro e gracioso, e andamento vivo.
[32] Nota, passagem ou trecho executado com intensidade sonora além do forte, ou máxima.

Ao vibrar dos últimos acordes, meu pai, com a singela vestimenta do operário, meio delirante, abrindo caminho com o seu único braço, atravessou celeremente o salão iluminado e florido, roçando nas caudas farfalhantes de seda e gaze das ricas toaletes femininas, e me foi estreitar num amplexo carinhoso, apoiando num de meus ombros a fronte que percebi úmida de lágrimas.

O imprevisto da cena encheu de enorme pasmo os assistentes. Fez-se profundo silêncio, que ninguém ousou romper durante alguns momentos. Amigos me disseram, depois, que notável contraste oferecíamos no aspecto: eu, jovem, louro, delicado, com uma aparência de menestrel medieval; ele, robusto, tez amorenada pelo calor das forjas, a cabeça precocemente encanecida em consequência dos recentes sofrimentos, ambos, porém, identificados pelo destino. Éramos dois seres incompletos, mutilados, que, naqueles instantes, se uniram, como que para sempre, num abraço de afeição eterna e imperecível.

– Quem é? – perguntaram os espectadores, curiosos. – Que ousado será este que se atreveu a transpor os umbrais de um salão festivo, com a blusa de operário?

– Um homem que acompanhou hoje a Delavigne, substituindo seu amigo Duchemont – informou alguém. – Parece-me que enlouqueceu...

– É seu pai! – disse outro, percebendo o enternecimento do mísero mas ditoso mecânico. – Está comovido e entusiasmado por ouvir o filho executar essa formosíssima composição que tanto apreciamos.

E todos, sensibilizados, formando uma coroa humana ao redor de nós ambos – testemunhas daquele amplexo de um só braço enlaçando o corpo débil e gracioso de um artista cego – prorromperam em aplausos, que duraram segundos.

O resto da noite meu pai, com os olhos ainda nublados de pranto, o coração pulsando aceleradamente, fatigado dos labores diurnos, passou-o no saguão, à minha espera. Diversas pessoas generosas sutilmente lhe deitaram no bolso moedas que, por ele encontradas quando regressamos a casa, o puseram perplexo, pois não havia levado sequer um cêntimo.

CAPÍTULO VI

Esses triunfos musicais foram os últimos revérberos de alegria que me iluminaram a alma e que penetraram em nosso lar, onde, contudo, nunca faltou o clarão perene de uma felicidade incomparável no planeta terrestre: a da união de três entes desditosos, mas que se amavam carinhosamente, que compreendiam estarem as suas existências ligadas para o resgate de culpas remotas e talvez hediondas; que se resignavam com o destino que lhes outorgara a Providência, que desprezavam os gozos sociais e aguardavam, confiantes em Deus, uma vida plácida e ditosa, nalgum orbe venturoso, onde não há mais a separação dos seres que se idolatram, nem dores cruciantes a flagelarem os corações sensíveis.

Vai começar agora, meu amigo, a nênia final da minha última encarnação, que, se transcorreu isenta do tumultuar das paixões que agitaram a precedente, teve, contudo, lances pungentes, os quais, rememorados neste momento, como que me fazem vir as lágrimas aos olhos, que se fatigaram de vertê-las. Entretanto, hoje as abençôo, pois foram a caudal que me saneou a alma de suas faltas passadas, que a purificou, por um batismo redentor, num Jordão cristalino onde mergulhara para, tornando-a alva e luminosa, conseguir ingresso em qualquer das cintilantes mansões dos redimidos.

Certa noite em que nevava extraordinariamente, fui convidado a tomar parte num concerto a realizar-se no palacete de um burguês, que festejava o seu natalício... Acompanhou-me meu pai, que, lá chegando, se sentou, fatigado e sonolento, perto de um bom fogo. Pela madrugada, terminado o sarau, teve de sair, repentinamente, pouco resguardado contra o frio. Sentiu convulsivo calafrio; sobreveio-lhe, em casa, febre violenta e dor lancinante por todo o corpo. Ao cabo de alguns dias, estava paralítico. Novamente a penúria nos bateu à porta com a violência de um déspota e se alojou em nosso tugúrio para jamais dele sair.

Abreviarei, meu amigo, o rosário dos tormentos que então me supliciaram. Ainda hoje, ao recordá-los, me sinto reconhecido aos dedicados Protetores, que me dulcificaram todos os pesares, envolvendo-me em eflúvios balsâmicos, animando-me a suportar as refregas da adversidade, auxiliando-me a sair vitorioso de todas as provas.

Sofria, mas lutava com denodo, porque minh'alma sonhava, a todos os instantes, com a sua emancipação eterna, qual rouxinol engaiolado que, lembrando-se constantemente do tépido ninho muito longe deixado na haste de uma macieira em flor, tenta heroicamente quebrar as grades do pequenino ergástulo, aspirando a libertar-se dele para sempre, a ruflar as asas pelo infinito em fora.

Ao fim de pouco tempo, sem o auxílio pecuniário que provinha do labor paterno, nosso lar se tornou o esconderijo do sofrimento e da pobreza. Das sessões musicais em que tomava parte, eu percebia apenas o suficiente para não passarmos sem pão e para o aluguel da nossa choupana. A querida Jeanne, porém, sem conforto algum, enfraquecida pelas privações que nos atormentavam, embora ocultasse o seu estado mórbido, não resistiu à tuberculose que, até então latente, minou seu frágil organismo.

Sem a ver, eu não julgava fosse tão assustadora a enfermidade; mas um dia, com dolorosa surpresa, verifiquei que seus pulmões já se achavam devastados.

Após uma semana de chuva incessante, saíramos a passeio matinal e, dando-me ela o braço, senti-o abrasado por alta febre; percebi que andava a passos lentos, parando de instante a instante para tossir convulsivamente. Quase não conversava comigo, talvez para que não lhe notasse a alteração da voz, que já perdera o argentino.

Fiquei aflito. Tratei de regressar a casa e transmiti meus receios ao nosso genitor, que, entrevado no leito de dor, vendo a filha amada apenas na penumbra da alcova em que jazia, não notara ainda a mudança que se operara nela. Ouvindo, porém, o que lhe relatei, pediu-me, tomado de aflição, que, ajudado por Margot – a nossa modelar servidora –, o transportasse numa velha espreguiçadeira para a saleta das refeições, mais bem iluminada, embora o fosse tenuemente por uma janela, através da qual a luz solar, em pleno inverno, custosamente se filtrava.

Chamou Jeanne e, ao vê-la, se pôs a clamar, meio alucinado:

– Como está a nossa pobre Jeanne transformada, meu François! Que é que sentes, minha filha? Já não és a mesma que meus olhos viam antes de adoecer, formosa como um querubim. E eu sem poder trabalhar para te dar o conforto de que precisas!

"Puni-me severamente, ó Deus meu, mas poupai do sofrimento a minha querida Jeannette, que é um anjo de bondade, como os que vos rodeiam".

Minha irmã, sem se amedrontar, sorrindo e gracejando, lhe disse:

– Fiquei assustada, papai! Então julgáveis que a Jeannette nunca adoeceria?

"Isto nada vale: inquietei-me com a vossa moléstia, passei algumas noites em claro, mas, ao ver-vos um pouco melhor, a tranquilidade volve ao meu coração. Recobrarei a saúde em poucos dias, certamente, meu pai! Não vos sentis melhor hoje?

"Pois bem! vereis como dentro de uma semana a vossa Jeannette estará robusta e rosada qual camponesa!".

Meu pai fez um sacrifício supremo: dispôs da última joia que lhe restava – inestimável relíquia para o seu coração de viúvo saudoso –, a sua aliança nupcial, a fim de comprar um reconstituinte para Jeanne, que, apesar do seu inalterável bom humor, continuava a emagrecer assustadoramente.

Suas mãozinhas, que sempre me acariciavam, constantemente febris, se tornaram tão pequenas como as minúsculas asas de um beija-flor. Afigurava-se-me poder escondê-las sem esforço dentro de uma das minhas, que, no entanto, nada tinham de rudes nem de grandes: eram mãos de artista, de dedos delgados, que somente se exercitavam no marfim dos teclados ou nas cordas dos violinos.

Ferido no imo d'alma pela enfermidade de Jeanne, nosso pai entrou novamente a imprecar contra o destino, dizendo-me, com indescritível mágoa:

– Tudo suportaria com serenidade heróica, menos presenciar o sofrimento da minha adorada filha – meu consolo, toda a minha esperança, o gênio protetor de nossa família – impossibilitado de mourejar, a fim de lhe dar o conforto de que precisa para recuperar a preciosíssima saúde! Não me fale mais em resignação, François!

Para podermos fazer face às despesas domésticas e ao tratamento de Jeanne, era-me preciso trabalhar sem repouso. Em breve, porém, a fadiga – resultante dos esforços que fazia, estudando violino ou piano durante o dia, horas seguidas, e me expondo à noite ao relento e à chuva, só regressando a casa pela madrugada – começou a manifestar-se no meu débil organismo. Mas, imitando a querida irmã, ocultei a todos o meu abatimento, almejando ardentemente que a minha partida do orbe terráqueo coincidisse com a de Jeanne.

Não é que aspirasse à *morte* para fugir à luta, para deixar de padecer, ou que a buscasse. Acreditava estar nos desígnios da Providência a nossa união em paragens mais ditosas, libertos ambos das cadeias do sofrimento, ao mesmo tempo que da vida planetária.

Não haveria nisso egoísmo? Como poderíamos ser venturosos em qualquer estância sideral, deixando na Terra, corpo petrificado e espírito enlutado, o mísero paralítico? Que lhe sucederia, sem os filhos idolatrados? Em que desespero ou desalento não imergiria sua alma, tão propensa a revoltar-se contra a dor, se um duplo golpe a atingisse?

Estas e outras interrogações fazia eu a mim mesmo. Não podendo responder a elas, quedava-me silencioso e apreensivo.

Certa vez, absorvido pelos próprios pensamentos, senti na fronte o contato suave da mão delicada de Jeanne, que murmurou com a voz já velada pela afecção que a minava:

– Como andas cismático, François! Dar-se-á o caso que estejas *enamorado* de alguma deidade, cuja voz te seduziu, ou que andes a compor mais uma bela fantasia musical?

"Ai! há tanto tempo já que não ouço as tuas expressivas sonatas! Chego a ter saudades daquelas noites de suplício, em que te acompanhava aos bailes, porque pressinto que te não poderei mais guiar como outrora, o que, portanto, me privará de apreciar as tuas famosas produções, meu François!

"Se tivesses um violino, estudarias a meu lado, a felicidade volveria ao nosso lar, o prazer espantaria daqui a tristeza e até o nosso pobre pai se sentiria mais calmo e paciente. Sempre, porém, te utilizas de instrumentos alheios, o que te força a passar longe de mim muitas horas. Se pudesses trazê-los para a nossa mansarda... Possuis um tesouro inestimável, François, que somente aos estranhos é dado apreciar".

– Ainda não me foi possível adquirir o meu instrumento predileto, Jeanne; mas prometo-te que, logo à noite, trarei o violino de Duchemont e nele hei de tocar as minhas mais recentes composições, ou antes, as que executo ouvindo outras ao longe, em surdina, tocadas talvez no Céu.

Antes, porém, que cumprisse o que prometera, tivemos de nos mudar para outra casa mais humilde do que a em que residíramos por alguns anos. Tão contristado se mostrou com isso o nosso genitor, que resolvi adiar por alguns dias a realização do meu projeto.

Duchemont, vendo-nos em tão penosa situação, falou em efetuar sem mais demora o seu casamento com Jeanne. Era um modo generoso de ampará-la e beneficiar-nos sem nos vexar.

Não pôde, porém, realizar o seu intento, porque ela se opôs, declarando-lhe que se achava gravemente enferma. Ele insistiu ainda para lhe obter o assentimento, não aceitando a escusa que ela apresentara e prometendo que, logo depois de casados, a levaria para o sul do continente, a fim de, com a mudança de clima, lhe revigorar o organismo debilitado. Jeanne, sensibilizada, declarou que não era indiferente a tantas demonstrações de magnânimo afeto, mas que a sua consciência lhe impunha não pensar mais num sonho que, realizado, o faria desditoso.

E, tentando sorrir, mas tendo os olhos banhados de lágrimas, concluiu com estas palavras:

– Não me é permitido desposar alguém neste mundo, senhor Duchemont, pois que o meu noivado seria fúnebre. Já se aproxima o instante em que transporei as fronteiras da Eternidade! Aceitai a minha afeição fraternal e continuai a dar-me, como até hoje, as provas de vossa dedicação sublime. Assim, atenuareis minhas mágoas e me fareis venturosa até ao extremo alento.

Duchemont, emocionado, lhe tomou as mãos e as beijou castamente, orvalhando-as de pranto. Tornaram-se, assim, noivos, sem que pudessem aspirar à realização de seus esponsais.

Jeanne começou desde então a produzir comovedoras poesias, que me confrangiam o coração, quando mas declamava, entrecortadas pela tosse, comprimindo, às vezes, os meus dedos com os seus, escaldantes ou álgidos – como os dos que já se abeiram do túmulo.

Mais do que nunca, sentia eu, nos últimos dias que passamos juntos, estarem nossas almas presas pelos vínculos imateriais e perenes de um afeto imorredouro. Tinha a certeza, que me vinha de iniludível presságio, de que Jeanne não tardaria a baixar ao túmulo e que eu não lhe sobreviveria à libertação. Na Terra, nossos corpos repousariam em duas campas, ao lado uma da outra; no Espaço, nossos Espíritos se uniriam para sempre.

Animado por essa convicção, reagia contra o desalento que tentava empolgar-me. Afligia-me a ideia de estar iminente a nossa separação momentânea. Ao pensar, porém, que ela teria efêmera duração, minha dor abrandava, novo alento ganhava a minha coragem moral, mais submisso me tornava à vontade divina.

CAPÍTULO VII

Grande era a impetuosidade da tormenta que me convulsionava a alma, à espera de que lhe fosse arremessado o dardo agudo que a trespassaria, dilacerando-a.

Que benefício me fez o bálsamo refrigerante que o meu desvelado guia espiritual espargiu em cada uma das doridas chagas do meu coração!

Às vezes, receava não suportar, como devia, a mais rude prova daquela minha existência planetária e implorava com fervor o conforto e a resignação, que o Céu não nega jamais a quem o suplica.

Meus rogos foram atendidos. O sentimento nobilíssimo que se alojara no meu íntimo – qual centelha de sol em urna de diamante –, o da fé naquele que nos cria, julga, pune e perdoa; que preside aos nossos destinos, certamente me daria ânimo para não desfalecer no instante decisivo em que me visse privado dos afagos daquela que sintetizava todos os amores terrenos, sendo para mim, ao mesmo tempo, mãe extremosa, irmã incomparável, noiva ideal; daquela cuja voz era a única que descia ao santuário do meu coração, afogando-o em meiguices, iluminando-o de um luar opalino.

Meu pai, que quase já não externava seus pensamentos, tão amargurado vivia, aproveitando, em dada ocasião, a momentânea ausência de Jeanne, falou-me do seu leito de angústias:

– És bem venturoso, François! Já não lamento, invejo-te a cegueira. Que felicidade, meu filho, não poderes presenciar o que meus olhos contemplam: a nossa miséria e Jeannette quase a nos deixar para sempre!

"Aqui, morto para o trabalho, com um dos braços já sepultado, com o corpo imóvel como o de um cadáver, petrificado qual bloco de mármore, tenho, a aumentar-me a desdita, o espetáculo da derrocada do nosso lar, sem poder detê-la.

"Muito mais do que antes de adoecer, se acha intensificada a minha sensibilidade: meu coração palpita e sofre com mais veemência.

"Afigura-se-me que nele se centralizou toda a minha visão orgânica; meus olhos adquiriram mais lume, parecendo-me que minha vista poderá mesmo atravessar uma muralha; em meu cérebro germinam percepções mágicas, fazendo-me cogitar, perquirir, imaginar numa hora o que não poderia registrar em um ano, se tentasse reproduzir turbilhões de ideias que por ele passam, deixando-me às vezes quase louco!

"Não podes ver, meu François, dentro da treva em que vives imerso, que os nossos poucos móveis já desapareceram e, sobretudo, o esmaecimento, a transformação operada em Jeanne.

"*Só eu*, para maior suplício, observo a sua consumação. Vai-se-lhe extinguindo e fanando dia a dia a beleza angélica, que era o meu encanto e me fazia recordar tua mãe. É evidente que pouco falta para nos deixar. Tua irmã está a despedir-se de mim e de ti: em breve irá reunir-se à morta querida, e que será de nós, François, com a nossa penúria e a nossa dor inconsolável, sem o nosso anjo tutelar?".

Tentei lenir a dor do pobre pai, sentindo, embora, os olhos trevosos túmidos de pranto:

– Não, meu pai, a nossa Jeanne ficará conosco, enquanto vivermos. A morte, que apenas aniquila a matéria, não nos separará jamais: ao contrário, dar-lhe-á repouso, fará cessar seus padecimentos físicos e lhe outorgará a felicidade de que é digna uma alma pura de querubim, que, liberta da prisão terrena, velará melhor por nós.

"Que faremos, depois que ela não estiver mais incorporada em nosso lar? Submeter-nos-emos à vontade divina. Deveremos ser impávidos e valorosos nas horas da peleja e esperar serenamente que também chegue a hora da nossa felicidade. Deus não há de tardar em no-la conceder!".

– Ah! meu filho, quisera ter a sua resignação sublime. Se não fora o miserando estado de minha saúde, a minha invalidez para tudo, poria termo à vida antes de receber o golpe tremendo que nos aguarda.

– Não vedes, meu pobre pai, que, sem uma causa justa e forte, sem havermos praticado um delito horrendo, nossos destinos não se teriam entrelaçado para passarmos em comum pelos tormentos que nos excruciam os peitos, como se, juntos, estivéssemos cumprindo uma sentença lavrada pelo mesmo reto juiz?

– Assim pensas porque acreditas que todos os seres humanos contam várias existências, interrompidas pela morte e logo após recomeçadas; porque acreditas na pluralidade das vidas, como dizem os espiritualistas, explicando a gênese dos nossos sofrimentos, cujas causas situam em anteriores vidas criminosas. Eu, porém, não compartilho dessa crença, meu filho; e, além disso, confesso-te que, após as decepções formidáveis por que temos passado, considero o *nada*, o aniquilamento absoluto do nosso *eu* no seio do sepulcro, uma ventura ideal. Para que continuar, depois da batalha dolorosa da vida, a lutar e a sofrer?

– Não vos sentireis jubiloso, meu pai, se pudermos reunir-nos para sempre – eu, o senhor e Jeanne – em um mundo mais perfeito do que este, numa verdadeira mansão de repouso de gozos imateriais, depois de todas as nossas dores nobremente suportadas?

– Belo sonho irrealizável é o teu, François, no qual não posso crer.

Influenciado, então, pelos instrutores celestiais, exaltei-me e com tanta eloquência e entusiasmo discorri sobre o mérito que conquistamos, submetendo-nos cristãmente às provas ásperas que nos manda o Onipotente para resgatarmos faltas praticadas em caliginosas existências anteriores; com tanta convicção explanei minhas ideias, concitando-o a sofrer com humildade, que ele, por algum tempo, não se referiu mais à nossa desdita, quedando-se num mutismo profundo.

Um dia, a pretexto de comprar um objeto de que necessitava, Jeanne se ausentou da nossa residência que, sem ela, ficava escura de tristeza, qual caverna sem um raio de sol. Muitas horas estivemos à sua espera.

Que fora feito da adorada Jeannette? Por que não nos avisara de que pretendia demorar-se? Teria piorado a ponto de não poder mais regressar a casa? Teria sido recolhida a algum estabelecimento pio, encontrada exânime em qualquer logradouro público? Céus! Quanto padecíamos, eu e o desditoso paralítico por não podermos ir-lhe no encalço, descobrir-lhe o paradeiro!

Por fim, ao cair da tarde, ouvimos-lhe a tosse, o rumor dos alígeros passos, percebemos que empurrava brandamente a porta e entrava. Ao chegar perto de mim, notei que depositara alguma coisa pesada sobre a mesa onde tomávamos as nossas parcas refeições. A tosse constante a impediu por muito tempo de nos esclarecer a respeito da sua prolongada ausência de mais de quatro horas. Certamente, naqueles instantes, seu rosto escultural apresentava a lividez de jaspe e a beleza imácula dos seres santificados pelo martírio.

Afinal, aproximando-se, indagou dos meus estudos e de como passara o dia o nosso genitor. Vendo meus olhos inundados de pranto, osculou-me a fronte e pediu perdão de me haver afligido e ao caro enfermo, dizendo-me por fim:

– Não tarda muito, François, que me veja forçada a abandonar o nosso tugúrio, não por algumas horas, mas por tempo ilimitado... até que nos possamos congregar em outras paragens, mais ditosas do que estas. Quando eu *partir*, meu irmão, todos os teus esforços devem tender para confortar nosso pobre pai. Esquece a tua dor, para te lembrares da dele, que não tem a alma lapidada como a tua!

"Agora vou explicar-te a causa da minha ausência, que te causou estranheza e pesar. Não ignoro que estudas em instrumentos que não te pertencem; sei que desejas possuir um violino e, anelando ouvir ainda as tuas belas produções, uma vez que já te não posso acompanhar aos concertos e festins, como outrora, quis fazer-te uma surpresa e deixar-te uma suprema lembrança, que será lenitivo para a tua alma e para a de nosso querido pai, nestes próximos dias... quando minhas pálpebras se cerrarem para sempre!

"Desde criança possuía um *pendentif*[33] cordiforme, incrustado de diamantes, que pertencera à nossa querida mãe, presente de núpcias que o nosso genitor lhe fizera. Guardei-o zelosamente, como se fora uma relíquia sacrossanta, um fragmento da minha própria alma. Dele não me podia separar, porque me parecia fazer parte do meu próprio ser. Há dias, porém, compreendi que não o conservaria mais por muito tempo e, assim, o vendi para adquirir outra preciosidade, este instrumento que canta com as vozes dos sentimentos, que sofre ou exulta conosco, que será o meu consolo nos derradeiros instantes de vida e dos que aqui ficarem depois da minha partida em demanda do Além.

"Troquei um silencioso coração de ouro e brilhantes por um de madeira, mas tem fibras sensíveis das quais se desprendem divinas sonoridades, interpretando as procelas e as bonanças do nosso espírito. Enfim, meu François, trouxe um magnífico violino, quase um estradivários, que te ofereço!

---

[33] Pingente.

"Não suponhas que fiz desmedido sacrifício, dispondo de uma inutilidade preciosa, que, para mim, filha saudosa, só tinha o valor inestimável de haver pertencido àquela que ma legou. Não é certo que em breve estarei ao lado da nossa idolatrada mãe?

"Que vale uma migalha de ouro encerrada num escrínio de pelúcia, que o tempo destrói e que se esquece na Terra – onde fica o estojo da alma, que os vermes corroem – em comparação com o infindo regozijo que me aguarda no Céu, quando me encontrar com a joia de maior preço da humanidade – uma extremosa mãe? Sim, ela me perdoará o me haver desfeito da sua prenda de noivado que, certamente, muito amava, a fim de adquirir outra, mais valiosa ainda, para o filho em cuja face nunca pôde depor um beijo e que, talvez por isso, tenha ficado cego!

"Custei muito a tomar essa deliberação, mas agora me felicito pelo que fiz, necessariamente inspirada pela morta querida! Ainda me restam alguns francos, com os quais compraremos qualquer coisa para a nossa ceia, e poderás descansar por alguns dias! Trago, pois, a alegria hoje comigo! Por que choras assim, meu François?".

Falava sem cessar, com brandura e carícia, colocando-me nos braços o ataúde esguio de um violino, enquanto eu, silencioso, enternecido, não sabia o que lhe dissesse, diante daquela prova comovedora da sua dedicação fraternal.

Ela, porém, me compreendia, pois que lhe expressava todo o meu reconhecimento na linguagem muda das lágrimas, gotas que se desprendem, uma a uma, de nossa alma nas horas de amargura ou de enternecimento, orvalho que nos umedece as pupilas na noite do sofrimento e nos redime os passados delitos pavorosos, bálsamo que, pelos vasos lacrimais, vem do seio que padece – sua fonte perene – e forma caudal, como os minúsculos veios hialinos que fluem do coração das serras, para fertilizar e refrigerar as regiões por onde serpeiam, quais artérias de líquido cristal.

Quando pude falar, repreendi-a, brandamente, por se haver fatigado. Ao que a bondosa Jeanne, rindo, me retrucou:

– Quero me faças ouvir, neste instante, uma das tuas *rêveries*! Antes música... do que *censuras*! Quero me agradeças por intermédio deste instrumento, que sem dúvida maneja, muito melhor que os lábios, o idioma dos sentimentos. Esqueçamos nossos dissabores, nossas moléstias, nossas lutas; abafemo-la em onda de harmonia, fazendo como os céticos das coisas transcendentais que procuram afogá-los em champanhe ou absinto. Transformemos em zéfiros as tempestades que nos agitam os cérebros torturados! Chorar por quê? Trazendo para aqui uma estilha do paraíso, quis que esta desguarnecida mansarda se transformasse em mágico solar de fadas!

"Empunha o violino, François, porquanto desejo ouvi-lo agora e morrer embalada nas suas vibrações maviosas, que mitigarão a dor que me causa o ter que te deixar, assim como ao nosso infeliz pai... E ao noivo dileto! Creio bem que, depois que meu corpo estiver encerrado no sepulcro, meu Espírito volverá frequentemente à Terra, para ouvir as tuas sublimes sonatas, que tanto aprecio, e das quais não poderei me esquecer, mesmo no empíreo".

Com o peito oprimido, pois as palavras de Jeanne me demonstravam claramente que ela não ignorava o seu próximo fim, que sabia já estar a caminho para o Céu – única pátria de que era digna – ao tomar-lhe das mãozinhas quase intangíveis a dádiva que me fizera, estreitei-as fortemente e osculei-as reiteradas vezes, afirmando-lhe, ao mesmo tempo, que a morte não interromperia a nossa afeição, que, ao contrário, soldaria os nossos destinos até a consumação dos séculos!

Em seguida, abri o estojo, retirei o mimo e logo, por entre exclamações de surpresa e de agridoce júbilo do entrevado, nossa mesquinha e lôbrega habitação, abrigo da penúria e do sofrimento de três desventurados entes em ríspidas provações, se encheu de ondas sonoras, que a tornaram como que ampla e luminosa. E os sons do dulçoroso instrumento, anestesiando, como o Lete[34] mitológico, não a nossa nostalgia, mas os nossos pesares, amorteceram e mitigaram os padecimentos físicos e morais.

A música é o mais belo idioma do universo. Falam-no na Terra e no firmamento, tanto traduz a lágrima como o sorriso! Tal é o poder feiticeiro da arte sublimada de Rossini e Wagner[35] que, naquele dia, ninguém se lembrou de suas tribulações.

Mais do que das outras vezes me senti influenciado por entidades etéreas a me banharem a fronte de eflúvios radiosos, que me penetravam o cérebro, acionavam os

---
[34] Rio do inferno.
[35] Rossini – célebre compositor italiano (1792-1868); Wagner – célebre compositor alemão (1813-1883).

dedos, transmitiam ao arco uma agilidade de asas cindindo os ares, e arrancavam às fêveras do violino torrentes de modulações suavíssimas.

Dedilhei, assim, por algumas horas, sinfonias originais e arrebatadoras, como se as estivesse lendo gravadas no Infinito, em pautas, notas e claves fulgurantes, feitas de faíscas estelares e que, terminada a execução, desapareceram de súbito, sumindo-se no Espaço, de onde tinham vindo. Não seria capaz de reproduzi-las se o quisesse, e poderia dar-lhe por título *Soluços de um coração enternecido*.

Tinha, às vezes, a impressão de estar passando o arco nas fibras de um coração humano, que se tornassem sonoras e deixassem escapar gritos rápidos, preces em surdina, monólogos quérulos, flébeis gemidos, que voavam para a amplidão celeste. Quando cessaram as vibrações do último acorde e a nossa mansarda imergiu de novo em funéreo silêncio, Jeanne sussurrou, como num íntimo solilóquio:

– Fui portadora da ventura para o nosso triste lar. A música é um bálsamo divino que ameniza todas as dores da alma, tornando-a ditosa, deslembrada da Terra e nostálgica do Céu.

"Hás de, agora, François, tocar tudo quanto lês nas páginas do Infinito, para que me possa esquecer do que me magoa e de que tenho de me separar, embora por tempo limitado, de alguns seres extremosamente queridos. Desejo exalar o derradeiro alento ouvindo o que executas nesses instantes de sonho ou encantamento. Exulto por haver concorrido para a felicidade dos que amo. Posso agora *partir* para sempre".

Livro IV

A aliança

CAPÍTULO I

O desejo de Jeanne, expresso no momento em que me ofereceu o magnífico violino, foi prontamente satisfeito.

Nos últimos tempos que viveu conosco, para minorar-lhe a dispneia e as dores que a supliciavam, fiz-lhe ouvir alguns noturnos e romances de uma plangência comovedora. Ela, porém, premindo-me levemente um dos braços com os dedos sutis – a cujo contato mais sensível era minh'alma, que um íntimo tremor abalava, do que o meu sistema nervoso – murmurava palavras como estas, reveladoras de uma nobreza celestial que, por certo, lhe transfigurava o pulcro semblante, de mim apenas entrevisto em sonhos ou no sacrário do espírito:

– São muito melancólicas as tuas músicas, François! Executa outras que exprimam contentamento ou ventura. Acaso te entristeces por estar eu para deixar de padecer em breve? Não mais crês que nos encontraremos em regiões incomparavelmente melhores do que estas em que vivemos, onde o pranto e a dor se acham disseminados com a mesma profusão que as nebulosas no espaço?

"Não acreditas que nos reuniremos novamente, quando

não mais estivermos acorrentados ao mundo onde delinquimos e onde nos reabilitamos, cumprindo severa mas remissora pena? Acaso o afeto puro que nos votamos um ao outro poderá extinguir-se com a matéria perecível que vai ficar encerrada na campa?

"Não, François, um dia irás no meu encalço, como eu partirei em busca da nossa inolvidável mãe, que anseia por nos ver libertos.

"Aguardemos, pois, com o sorriso nos lábios, com a alma florida de esperanças, que o eterno nos livre das teias do sofrimento e nos reúna em estância onde imperem a paz, as artes, o amor, enfim, as felicidades irrealizáveis aqui. Não, a afeição que consagro a ti, a nosso pai e a Duchemont, jamais perecerá. Uma só coisa me aflige: o saber que andas enfermo. Dada a invalidez do nosso velho, temo vos venha a faltar o pão de cada dia.

"Sei, porém, que isso não deve me inquietar, porque a magnanimidade de Deus é inexcedível e Ele vela por todos os seres da Criação. Em breve, meu irmão, serás célebre em toda a França, como extraordinário compositor e, em futuro não remoto, terás a fronte engrinaldada pelos louros da glória. Então, sê carinhoso, ainda mais que até hoje, com aquele que nos deu o ser e procura mitigar-lhe todas as amarguras.

"Quero vivas mais alguns anos – embora isso retarde a realização daquilo a que aspiramos, a nossa união em paragens ditosas – para que possas consolar o infeliz paralítico!".

– Ai! Jeanne! a tua bondade angélica e a tua fantasia de verdadeira ideóloga fazem que tudo entrevejas por um prisma radioso, quando na Terra se me antolha um porvir nebuloso, obscurecido o horizonte da minha existência por nimbos lutuosos.

"Creio, sim, na mansão etérea onde se congregam os que se amam, como nós, com um afeto imáculo, mas, no planeta em que peregrinamos, cerrar-se-á para mim a porta da felicidade, quando se cavar no solo para o teu corpo um túmulo, porque nele serão também sepultados o meu coração, os meus desvelos de artista, os meus anelos de glória, os sonhos em que me embalava desde a infância! Ai! penso que até o meu estro musical morrerá, pois me parece que, além dos Invisíveis, tu me tens inspirado as mais belas produções.

"É que, Jeanne, és uma exilada do empíreo, porquanto só um arcanjo poderia ter substituído a mãe que não conheci, a noiva que jamais conhecerei, sendo a irmã modelar que velou por mim desde a puerícia até a mocidade. Foste única, porque és perfeita.

"Assim, concretizo em ti todos os meus mais elevados sentimentos. Como queres, então, que o meu violino cante jubiloso, quando minh'alma pranteia, temendo o nosso apartamento, mesmo temporário? Não é mais natural que as cordas deste instrumento solucem, exprimindo a dor inaudita que me avassala, vendo-te padecer? Posso dizer que passei pelo mundo sem o conhecer, tendo apenas para me guiar, através do nevoeiro em que vivo, o teu amor, e, quando vou ficar privado dele, me queres ver a sorrir, Jeanne?"

– Mas não te abandonarei, François! Não sabes que existo, sem nunca teus olhos terem me contemplado? Quando eu morrer, deixarás de me ouvir, do mesmo modo que agora não me enxergas, mas estarei a teu lado, como neste instante!

– Obrigado! Eram estas as palavras que eu almejava ouvir dos teus lábios, Jeanne! Quem me dera, como tu, minha irmã, já vislumbrar o mesmo resplandecente fanal, posto nas raias da Terra com o Infinito, cujas estâncias começas a divisar, desejosa de aportar a elas com a ansiedade do marujo nostálgico que, ausente da pátria alguns anos, avista perto as plagas natais e se impacienta por pisar o solo amado e nele adormecer o sono eterno!

– Afugenta esses pensamentos do teu cérebro, François! É mister que vivas para lenitivo de nosso pobre pai!

– Sim, tudo farei por satisfazer aos teus desejos. A vida não nos pertence, bem o sei: é-nos concedida ou extinta quando apraz à Providência; corre-nos, porém, o dever de conservá-la, enquanto jungidos à matéria, como preciosidade confiada à nossa guarda, submissos a todos os desígnios divinos. Conformo-me, pois, com os reveses que...

– Deixemo-nos de assuntos tristes! Vamos fazer um pacto. Não quero que deixes de ser artista e, como disseste que possuo o dom de Euterpe – a mais apreciável das musas – virei do Além inspirar-te, mas com a condição de que nunca abandonarás teus estudos! Queres comigo formar esse pacto? Não me respondes? O silêncio é igualmente afirmativo. Está feito! Agora, prefiro confabular com o teu violino, que, no entanto, às vezes também chora. Não o faças, porém, chorar hoje por minha causa, pois me apraz ouvi-lo de harmonia com o meu coração: contrito e esperançoso!

Amainado o temporal que rugia no meu íntimo, tomei

do mágico instrumento e me pus a executar árias graciosas, noturnos e *romanzas*[36] que nada tinham de melancólicas. Eram como que o diálogo misterioso de duas almas de noivos que se adorassem, e que, após anos de doloroso apartamento, degredadas em longínquas e inóspitas regiões, conseguissem unir-se no Espaço, e, delirantes de contentamento, se fizessem mútuas confidências, referindo uma à outra, dadas as mãos, todos os tormentos por que passaram, todas as saudades e recordações, os inauditos sofrimentos que curtiram ou as ridentes esperanças que alimentaram.

Ouvindo-os, Jeanne se considerava ditosa e o meu contínuo pesar quase de todo cessava, só me ficando, naquele momento, o de não lhe poder contemplar o semblante, que imaginava feito de jaspe e luz, como o de uma entidade paradisíaca.

Ah! que acerba foi a minha provação nessa última existência – a da cegueira! Quantas vezes me turvou os raros instantes de alegria que me foram concedidos! Nunca pude ter um gozo sem jaça. Na ocasião dos meus triunfos artísticos, quando, ouvindo o reboar dos aplausos ao finalizar a execução de uma página musical ou recebendo as demonstrações de carinho da irmã idolatrada, parecia que um clarão de aurora boreal me iluminava a mente, logo sentia que, de novo, em minha fronte passavam uma venda negra.

A claridade que me banhara se esvaía, como se eu penetrara de repente em extrema e lôbrega furna ou atravessasse o globo terrestre de pólo a pólo, apagando-se-me o facho que empunhava para me guiar na longa travessia. De onde

---

[36] Composição musical, para canto, sobre um assunto terno e sentimental.

vinha essa claridade efêmera, que, às vezes, relampeava em meu íntimo? Vinha da inspiração, que do Infinito jorrava em minh'alma, qual cascata de sons e de luar; vinha da afeição pura de Jeanne – lâmpada de minha vida – parecendo-me ser uma a sequência da outra.

Afigurava-se-me que, se uma se apagasse, também a outra se apagaria. E essa ideia me garroteava o cérebro, nas horas de profunda meditação, fazendo-me rilhar os dentes de pavor.

Imagine-se que um mineiro, atravessando infinda galeria subterrânea, se transviasse em inextrincável labirinto, quando já bruxuleava a chama da lanterna que lhe bailava na mão enregelada e convulsivamente agitada pelo terror de ficar sepultado em vida. Imagine-se ainda que, quando mais intensa era a sua tortura, sentia o mísero premir-lhe o braço uma diáfana mão amiga, que depois de guiá-lo até a borda de um vórtice cujo estrepitoso rumorejo lhe chegava aos ouvidos, de chofre o desamparava e desaparecia na amplidão celeste, deixando luminoso sulco nas sombras que o envolviam e que se tornavam trevas asfixiantes. Era o que eu temia me viesse suceder. A lâmpada maravilhosa que me iluminava a alma tinha a lhe alimentar a chama o estro musical, os carinhos de Jeanne e a esperança numa existência venturosa, uma vez aniquiladas em mim as funções vitais.

Faltando-lhe um desses elementos, ela começaria a bruxulear. E quem ousara afirmar que se não apagaria de todo? Amedrontava-me, assim, a prova pela qual seria aquilatado o meu valor moral, prova das mais rudes que dilaceram o coração humano – a da *morte* de um ente amado. Receava eu que, no momento preciso, me faltasse ânimo para a suportar cristãmente, que viesse a fraquejar como o timoneiro que, na hora da tormenta, visse em estilhaços a bússola que o nortearia às terras patrícias.

Esperava-a qual enfermo que se enche de terror ao pensar que lhe vão decepar um membro, em operação cirúrgica dolorosíssima. Tremia por mim mesmo, suspeitando que minha crença, até então profunda e inabalável na Providência, aluísse. Momentos houve em que me parecia estar à borda de um abismo – de um vulcão, úlcera de chamas que cancera a crosta terrestre, verrumando-a até ao centro; que ia ser atraído, tragado bruscamente, sentindo faltar-me o solo, gretado em pavoroso terremoto.

Nessas horas de angústia, porém, uma força misteriosa e potente me invadia, percorria-me o organismo uma corrente magnética formidável e, às vezes, em segundos, me transmudava noutro homem, completamente diverso daquele que, pouco antes, estava prestes a desfalecer. Ficava calmo, resignado, quase sorridente, alma jovial, ouvindo distintamente esta advertência amiga:

– É mister que vivas porque claudicaste outrora. Estás reparando crimes gravíssimos e depende de ti também a remissão do infeliz inválido!

Tão forte era a luta que se travava no meu íntimo, que sentia a fronte completamente frígida, rociada de gélido suor. Chamava então por Jeanne e a convidava para irmos em busca de nosso pai, a fim de que, acercando-nos do seu leito de torturas, esquecesse as minhas e me enchesse de intrepidez para suportar as lufadas da dor.

Um dia, ao sentarmo-nos infantilmente a seu lado, ele nos disse, entre repreensivo e carinhoso:

– Pelo que observo, há uma verdadeira conspiração contra mim ou a combinação firme entre vocês ambos para me deixarem somente com a Margot, não é exato? Muitas vezes vos tenho ouvido a conjeturar como devem ser invejáveis os mundos habitados pelos justos ou pelos que já se reabilitaram perante o tribunal divino, esquecidos de que o vosso pobre pai enfermo, inutilizado para a vida e para o trabalho, está a escutar o que dizeis e almeja seguir-vos.

"Não é generoso o que fazeis ou não sabeis avaliar a afeição que vos consagro. Ainda agora, quando aqui entrastes, pensava eu na morte, desejando que ela me viesse libertar dos meus padecimentos; mas, ao ver-vos, logo quis continuar a viver, assim mesmo desditoso, para vos amar e vos ter a meu lado. É o egoísmo de um infeliz a quem certamente o Onipotente perdoará. Agora, porém, não falemos mais de coisas pungentes, para não nos entristecermos. Olvidemos as nossas tribulações!

"Vai, Jeanne, buscar o violino de François e daqui nenhum dos dois sairá, sem meu prévio consentimento. Quero, François, apreciar longamente, bem próximo de ti, as músicas que, ainda há pouco, tocaste em surdina, só para Jeanne".

Logo que minha irmã voltou, satisfiz o pedido do entrevado e, instantes após, o ouvi murmurar como em íntimo solilóquio:

– Para um desgraçado como sou, o Criador foi magnânimo, concedendo a companhia de um anjo tutelar –

Jeanne, que o é para mim, e a de um protetor generoso – François, que trabalha, com os olhos enegrecidos pela caligem da cegueira, para que não me falte o pão de cada dia. Inverteram-se os nossos papéis: ele deixou de ser meu filho para se tornar meu jovem e extremoso progenitor. Ambos mitigam meus dissabores com as suas carícias, ungem as chagas que em meu coração abriram as farpas corrosivas da desventura, proporcionando-me, como nesta hora, instantes de felicidade no meu catre de supliciado.

"Deus é realmente misericordioso, como dizeis, caros filhos, porque eu não merecia ter dado o ser a duas criaturas tão dignas quanto sois! Não temais por mim, que não sou mais o cético de outrora: a dor me acepilhou a alma e nela esculpiu sentimentos de submissão aos desígnios divinos, de esperança numa existência louçã, após as ríspidas rajadas da adversidade. Com o corpo empedernido, qual se o houvera varado o olhar fatídico de Medusa, reconheço agora que uma espécie de aurora, alguma coisa indestrutível e imortal sobrevive à matéria.

"Saberei conduzir minha cruz ao Gólgota, aguardando a derradeira sentença que o Altíssimo decretar para cumpri-la fielmente, sem tergiversações. E, se é verdade que os entes amados não nos abandonam nunca, no caso de serdes chamados ao Além antes de mim, não desampareis o vosso infortunado pai, que ficará sozinho na Terra, qual Prometeu, não com o fígado, mas com o coração incessantemente dilacerado pelos corvos da saudade das ideias flageladoras!".

CAPÍTULO II

Jeanne ainda viveu conosco alguns dias mais, depois da cena que acabo de descrever, revelando sempre inalterável alacridade, compondo enternecedoras estrofes que declamava quase afônica, a voz entrecortada pela tosse. Já me considerava feliz por não ter vista.

A cegueira me poupava a aflição de ver esquelético e devorado pela febre o seu corpo *mignon*. Uma vez – a última naquela sua breve penosa existência – ela nos recitou uma quadra, que ainda conservo na memória:

Ei-la:

A alma, ao baixar do Além, prende-se à argila...
Geme em seu cárcere, luta, mas, de chofre,
Rompem-se-lhe os grilhões. Então, tranquila,
Liberta, cinde o Espaço e não mais sofre!

Foi este o seu canto de cisne. Compreendi-lhe o pensamento: desejava, macerada por longo padecer, quebrar os elos que a retinham presa à Terra e, Espírito acendrado nas pugnas tenazes do sofrimento, prelibava as delícias de uma vida futura, enflorada de inextinguíveis gozos. Era toda uma confissão enfeixada em poucos versos, em quatro estiletes de fogo que me trespassaram o coração, como as espadas da dor o seio da pulcra Mãe do Nazareno.

Duchemont, que se achava presente, sentiu-se tão emocionado que a interpelou assim:

– É verdade que poderás ser ditosa, longe dos que te idolatram?

– Não, certamente, caro Duchemont; mas já fiz um pacto com François: não partirei definitivamente, enquanto permanecerem encarcerados no ergástulo terreno aqueles a quem amo infinitamente.

Pouco tempo depois deste diálogo, uma noite, Duchemont ofereceu à noiva deliciosos frutos, que ela recebeu com demonstrações de reconhecimento, mas sem se mostrar para com ele tão afável quanto o era habitualmente. Conservou-se reclinada num antiquado canapé e, no decorrer da amistosa palestra que entabulamos, manifestou grande preocupação de espírito, invencível melancolia. Quando viu que o bondoso Duchemont ia retirar-se, disse, apertando-lhe a mão:

– Vou fazer-te um pedido, Duchemont.

– Um pedido, Jeanne? Por que te expressas assim? Dize antes que me vais dar uma ordem.

– Agradecida. Amanhã, em vez de frutas, traze-me flores... muitas rosas...

– Flores? Deus meu! Bem sabes que algumas vezes te tenho oferecido flores, por que mas pedes para amanhã? Estás pior? Dize, Jeanne!

– Parece-me que já não respiro como nos outros dias.

— Vou buscar um médico!

— Não, obrigada. Amanhã cedo poderás trazê-lo, se quiseres. Agora não, vou repousar.

Duchemont, apreensivo, despediu-se da noiva, prometendo-lhe voltar em hora matinal, acompanhado de um médico.

Apertei nas minhas as mãos de Jeanne e as achei enregeladas. Perguntei se desejava ir deitar-se e ela respondeu por uma negativa. Meu pai, muito aflito, me ordenou que, ajudado por Margot, transportasse o canapé em que se achava a adorada enferma para junto do seu grabato.

Jeanne já se tornava quase imponderável: pesava mais, naquele cruel momento, a minha consternação do que seu frágil organismo de mariposa.

Aplicamos todos os meios que estavam ao nosso alcance para lhe minorar os sofrimentos. Ministrei-lhe, por diversas vezes, sedativos, mas a sua respiração, depois da meia-noite, se tornou sibilante. Ela se esforçava por se mostrar plácida, a fim de tranquilizar o pai que, ferido em pleno coração por uma dor inaudita, não cessava de falar, de nos dar ordens com relação ao tratamento da filha bem-amada, parecendo, às vezes, que a aflição o enlouquecera. Mudo, ao contrário dos filhos de Saturno[37] que o próprio pai triturava, sentia eu o cérebro devorado por torturantes pensamentos.

Precipitou-se o desfecho do drama pungente que, havia muito, aguardávamos com pavor. Foi talvez para que Jeanne deixasse de ser flagelada mais depressa do que

---

[37] Na mitologia romana, Saturno era equivalente do antigo titã Cronos, deus do tempo. Governava o mundo dos deuses e dos homens devorando seus filhos ao nascerem para que não o destronassem.

supúnhamos. Certamente seu espírito cândido e redimido não precisava mais do tormento das provas terrenas, do mesmo modo que o diamante já facetado dispensa o buril do lapidário.

Eu me ajoelhava quase ao lado dela e, embora não a pudesse ver, afagava-lhe a fronte, sentindo os seus veludosos cabelos umedecidos por gélido suor. Quanto lamentava não enxergar aquelas madeixas preciosas, que tanto desejara contemplar ao menos uma vez na minha dolorosa existência, por me dizerem que eram belas, que tinham a cor do ouro líquido, luminoso e, sobretudo, por pertencerem à dileta criatura a que nenhuma outra, pensava eu, se podia comparar no globo terrestre!

Afinal, em dado momento, ela deixou de gemer e me disse, tão debilmente que sua voz parecia o ciciar do zéfiro perpassando pela fronde de um álamo solitário:

– Meu François, chegou a ocasião de fazeres o que te implorei, há meses. Penso, neste instante, em Deus e quero exalar o último alento ouvindo a melodia que executaste... naquele faustoso e torturante sarau... em que conheci o querido Duchemont... teu generoso amigo... ao qual desejo que, amanhã, exprimas a minha perene... indelével gratidão...

Procurei eximir-me de lhe satisfazer o desejo que, então, não me parecia razoável. Aleguei que esquecera a música indicada e não a enganava assim falando, porque a minha dor era tão profunda que me fizera deslembrado da própria arte amada. Tinha a impressão de que todas as ideias se me haviam dissolvido na mente, ficando apenas uma: a da nossa separação, embora temporária! Ela, porém, não aceitou nenhuma escusa. Impelindo-me docemente para me obrigar a ir buscar o violino, disse flébil e sutilmente:

– Sê corajoso, François. Pressinto que vou agora ser venturosa. Parece-me que, tendo cometido outrora um delito hediondo, acabei hoje de cumprir a sentença proferida contra mim, a fim de que me reabilitasse pelo sofrimento e me libertasse para sempre. Da vida breve e penosa que teve, a mísera Jeanne leva na alma – qual aroma dulcíssimo de violetas maceradas – a lembrança da tua afeição ilibada, a de meu noivo, de nosso pai e da Margot. Não lamentes, pois, François, tenha soado a hora da minha redenção. Se soubesses o que estou vendo neste instante... se visses o que me circunda... julgar-me-ias muito feliz.

"Cuido reconhecer nossa mãe... num dos seres que aguardam minha libertação... para me conduzir ao Além... São muitos, todos belos, sorridentes, parecendo venturosos... Dir-se-ia que esta humilde alcova... onde tanto tenho padecido... tomou proporções ilimitadas... que as paredes se afastaram muito... permitindo-me descortinar, ao longe, paisagens e entes formosíssimos... que não mais pertencem à Terra... Não vos mortifiqueis por mim, amado François, querido pai... Tenho a convicção inabalável de que, em futuro não remoto, nos havemos de reunir, como hoje, num outro mundo mais ditoso que este... Apressa-te, porém, meu irmão... atende ao supremo rogo da tua Jeanne... pois que minha vida bruxuleia qual lâmpada a que só resta uma gota de óleo".

Ergui-me, então, infinitamente magoado e combalido, mas amparado sem dúvida pelos Invisíveis que, nas horas da amargura, infundem coragem e resignação sublimes aos espíritos torturados – espargindo neles um bálsamo que mitiga a dor mais intensa. Pude, assim, atender ao pedido da agonizante.

De súbito, como se não obedecesse mais à minha própria vontade e sim à de outrem, que atuasse vigorosamente sobre mim, que me empolgasse e fascinasse, empunhei o violino e, enquanto este soluçava, o inundei de pranto. Meus lábios não proferiram um único queixume naquele instante de tremenda prova. Meu pensamento se alheou da matéria, cindiu o Espaço, implorando ao Criador do universo a energia de que necessitasse o meu espírito para não baquear, para não fraquejar na hora da suma expiação.

Perdera a noção exata do local em que me achava e do que fazia. Não sabia mais se estava sob o guante de um sonho opressor ou sob o de uma realidade esmagadora; continuava, porém, a executar quérulas cavatinas, trêmulos gemidos, que se evolavam do arco e das fibras sonoras do instrumento, como se as exalasse um coração premido sob alta montanha. De repente, houve um *staccato* e, pela última vez, ouvimos a voz de Jeanne, com um timbre diverso do que conhecíamos, revelando um esforço extraterreno e formulando uma súplica veemente:

– François... Consola nosso pobre pai!

Estas palavras, que repercutiam no mais escuro recesso do meu ser, paralisaram-me o braço. Fez-se um silêncio tumular na alcova funérea. Meu coração tremeu e, logo após, me senti aturdido, como que dominado pelo fantástico, possuído de incoercível desolação. Ao mesmo tempo experimentava a analgesia de todos os meus pensamentos, o olvido de tudo que me cercava, o adormecimento completo de todas as minhas faculdades mentais. Parecia-me carecer não só da vista como da audição e da voz. De novo, porém, meu braço se movimentou impelido por uma força alheia à minha vontade e modulei em surdina, no instrumento, um maviosíssimo hino sacro, uma elegia canora, um salmo doloroso, uma volata de lágrimas, ou, antes, uma prece de harmonias desconhecidas na Terra.

Ungia, balsamizava assim a agonia daquele ente querido que, à semelhança do pássaro baleado que, não podendo mais gorjear, se contenta com ouvir o chilrear das outras avezinhas quando saúdam a alvorada, se aprestava para contemplar no Além a aurora de uma nova vida, encaminhando-se para o Céu e para a felicidade verdadeira que aguarda os Espíritos depurados pelo sofrimento, desconhecida neste planeta de expiação.

Por fim, o violino cessou de soluçar; deixei-o cair das mãos que se me tornaram inertes, rijas e enregeladas, e desfaleci a poucos passos do corpo inanimado de Jeanne.

※

Foi assim, meu amigo, que se extinguiu a lâmpada da minha vida. Não me permitiu o destino contemplar, como desejava, o cadáver do ente adorado. Apenas o osculei lacrimoso, coração fendido pelo gládio da dor.

Jeanne, o meu sonho fagueiro, o único ideal da minha existência agoniada, que ela enflorava às vezes de rosas luminosas, feneceu como se dissipa na amplidão o acorde de uma harpa, o último trinado de um rouxinol moribundo.

Nos primeiros dias que se seguiram à nossa separação foi que verifiquei que realmente tateava nas trevas, sentindo que elas me asfixiavam, que se me embrenhavam pelas órbitas, faziam parte integrante do meu próprio ser e me amortalhavam a alma de crepe!

CAPÍTULO III

Desde que Jeanne foi sepultada, fiquei sem poder trabalhar, num estado de desânimo insuperável, sem, contudo, me lamentar uma só vez. Parecia-me que algo de impreenchível desaparecera do meu ser, onde se cavara insondável abismo, apavorante vácuo, capaz de conter o oceano.

Um silêncio de Campo Santo imperava em nosso lar, desde que nele ecoara o derradeiro grito súplice de Jeanne. Era como se ninguém mais se atrevesse a falar, para conservar, eternamente intacta, nos escrínios dos corações transidos de dor sagrada, aquela lembrança da morta inolvidável.

Julguei que não mais pudesse exercer minha profissão. Tão profundo era o pesar, que supunha haver esquecido os rudimentos da música. Também não desejava profanar o instrumento que acompanhou, soluçante, a agonia de Jeanne, executando nele peças dançantes, em saraus alegres, onde volteavam criaturas talvez indiferentes ao sofrimento humano.

Só então me considerei cego de todo: faltou-me o lume que vislumbrei ao nascer – a afeição incomparável da irmã idolatrada. Tive a impressão de me haverem arrojado do Infinito a uma cratera que atravessasse o globo terrestre até ao báratro onde se conflagram e crepitam as labaredas e as lavas incandescidas. Senti a alma qual galera desarvorada em mar alto, sobre ondas enfurecidas, envolta por lúrida cerração.

Experimentei tudo isso, meu amigo, prostrado numa cama da qual supus jamais me levantasse. Ao cabo, porém, de alguns dias após o infausto sucesso, desabrocharam em mim novas energias; forças ignoradas renasceram como das próprias cinzas renascia a Fênix[38] legendária. Senti-me com ânimo de lutar, de viver, sem que meus lábios se descerrassem para murmurar qualquer imprecação contra o destino, obra do mesmo artista egrégio que forjou as estrelas e as flores.

Compreendi, de modo categórico, que minha existência tinha por fim reparar o que quer que fosse de hórrido, que ela me fora dada para o desempenho de uma arriscada missão, e que era forçoso concluí-la impavidamente, a despeito de todos os óbices que surgissem, a fim de fazer jus ao galardão dos vencedores.

Um dia, depois de haver dormido longas horas, ergui-me do grabato onde, desde o passamento de minha irmã, estivera presa de invencível prostração física e moral, insensível às demonstrações carinhosas de Margot e de Duchemont, o incomparável amigo, que me visitava cotidianamente, que compartilhou da minha mágoa infinita, que custeou os funerais de Jeanne e a acompanhou até a campa e que se

---

[38] Ave fabulosa que era a única da sua espécie.

afligia por me ver imerso em tão grande apatia – e procurei um dos meus vestuários, apalpando os móveis mais próximos. Margot, que não cessava de me espreitar, solícita me levou um deles, perguntando com bondoso interesse:

– Quer a sua roupa preta, Sr. François? Não vai pôr luto?

– Trago-o na alma e nos olhos, Margot! Não é o bastante? Que importa que os outros o vejam? Dê-me uma roupa qualquer e pode retirar-se, pois desejo ficar só.

Ela atendeu ao pedido e, em seguida, ouvi que cerrava a porta da alcova. Sem uma lágrima, ajoelhei-me no soalho, mãos enclavinhadas, fronte alçada ao céu – na postura em que me ensinara a orar a dileta Jeanne quando eu era ainda a sua primeira boneca – e implorei com fervor e humildade ao Onipotente o valor de que precisava para triunfar das minhas árduas provas. Quanto tempo estive assim genuflexo, em súplica ardente, não vos posso dizer, porque, impossibilitado de contemplar a alvorada e o crepúsculo, de distinguir o dia da noite, o tempo era para mim sempre uniforme, contínuo, indiviso.

Não diferençava as horas senão quando as escutava badaladas nalgum relógio. O que, porém, vos posso afirmar é que, à medida que do meu coração se elevavam as preces, uma corrente magnética se ia estabelecendo entre o meu cérebro e o empíreo, donde descia uma cascata de luminosa espuma, transportando eflúvios balsâmicos à minha alma, que de repente se iluminou, como se a banhara um Niágara[39] radioso.

Levantei-me ainda aturdido, como se despertasse de um

---

[39] Rio da América do Norte, famoso por suas cataratas.

sonho anestésico, sentindo-me leve, quase levitado.

Ouvindo do aposento contíguo os meus passos, o pobre paralítico, que gemia, falando como se delirasse, murmurou com voz lamentosa:

– Vem para junto de teu pai, François; és o único lenitivo que me resta no meu leito de Procusto![40] Já te sentes melhor, querido filho? Julguei que também fosses morrer... deixar-me só!

Com o andar vacilante, a destra elevada, tateando as trevas que novamente me inundaram o cérebro, não tendo mais quem me norteasse dentro ou fora do lar, aproximei-me do inválido, que me disse, cheio de amargura, enlaçando-me o busto com o seu único braço:

– Estou cego, como tu, François, porque já não vejo também a nossa Jeannette, o raio de luz que clareava a nossa mansarda desditosa e despovoada! Agora está tudo consumado. Que é o que nos resta senão a nossa saudade, a nossa dor e a nossa miséria? Ah! supunha-me preparado para o grande golpe, mas me sinto outra vez cético, pusilânime, covarde, desalentado. Fomos rudemente feridos, meu filho. A *Providência* tem sido cruel para conosco e só não nos olvida para nos supliciar! Queres ainda que me resigne?

Ia dizer alguma coisa que lhe pudesse minorar a mágoa imensa, mas ele não mo permitiu, exclamando dolorosamente:

– Há dez dias, meu filho, que o nosso lar se acha envolto

---

[40] Personagem mitológico que atraía viajantes para a sua pousada. Depois que adormeciam, ele adequava o corpo da vítima ao tamanho do leito, cortando-o ou esticando-o com cordas e roldanas.

em crepe e, durante esse tempo, tens estado imerso num sono quase cataléptico, ao passo que eu ainda não consegui adormecer um só momento, vivendo numa vigília ininterrupta! Todos repousam, todos têm períodos de olvido para os seus pesares, só eu me vejo condenado a velar sempre e sempre, para meu maior suplício!

"Tens sofrido, bem o sei, mas reconheço que entidades extraterrenas te amparam. Elas como que te arrebataram a alma desde que Jeanne morreu, enquanto que eu me sinto abandonado por todos, até pelo sono! Chego quase a enlouquecer, imaginando que o meu martírio dantesco ainda pode durar muito! Os inquisidores eram menos desumanos do que quem nos tortura a alma com a saudade – o mais tremendo de todos os tormentos! Quem criou a saudade, fazendo-a germinar no coração ulcerado pela separação de um ente idolatrado?

"Deus! É Ele, pois, quem, depois de ceifar o precioso lírio que aromatizava o nosso tugúrio, ainda revolve em nossos peitos o punhal intoxicado da saudade, quando devia fazer que esquecêssemos o passado, murando-nos o pensamento, como fazem os obreiros ao construírem as represas que desviam o curso dos rios.

"Protestas? Tapas os ouvidos com as mãos? Ai! É porque não viste, como eu, roubarem a minha Jeannette para sempre. Não presenciaste, como eu, levarem o seu alvo ataúde coberto de rosas, o seu pequenino esquife, dentro do qual também foi encerrado o meu coração dorido e lacrimejante!".

Depois, com voz trêmula, entrecortada de suspiros,

denunciando lágrimas ou temor do que me ia sugerir, disse:
– Que propícia ocasião para pormos termo ao nosso martírio... Em poucos momentos, se o quisesses, poderíamos ir juntar-nos à querida morta...
Compreendi o alcance de tais palavras e o seu lúgubre alvitre. Estremeci, tomado de convulsivo calafrio, à ideia do suicídio que acabava de me ser sugerida. Levantei-me de um salto, desprendendo-me impetuosamente do braço paterno. Embora enternecido e apiedado dos seus padecimentos, meu espírito se revoltou, repelindo a insinuação criminosa.
Tive de novo um íntimo deslumbramento. Repentino clarão se produziu dentro do meu cérebro, como se o incendiasse um dilúculo de ouro, ou o pincelassem com tintas de luz. Pela primeira vez, naquela angustiada existência, vi tudo que me circundava mergulhado numa luminosidade intensa, aclarado por um arrebol multicor.
Voltou-me a inspiração, que julgara extinta. Senti que *alguém* me tocara muito de leve no ombro, depois de me haver roçado docemente a fronte, donde, a esse contato, me pareceu borbulhar uma luz que a tornava fulgurante. E fui compelido a dizer ao pobre enfermo, com inusitada eloquência:
– É mister olvidemos essa lutuosa página da nossa atribulada existência, meu querido pai! Que é, afinal, uma vida humana? Microscópico fragmento, minúscula faísca, mesquinho átomo da Eternidade, fração infinitesimal do tempo. Ante a grandeza imensurável da vida espiritual, que vivemos na Imensidade ilimitada, por milênios sem-fim, que

valem os minutos da vida atual? E por fugirmos a breves instantes da dor, havemos de retardar a ventura que nos aguarda, na sucessão indefinida dos evos, em outros orbes, donde foi desterrada a lágrima, onde as almas que se amam vivem num júbilo inexprimível, sem jamais se afastarem, cumprindo, juntas, missões sublimes? Sejamos heróis, meu pai, nos momentos da luta, e não soldados covardes do exército dos torturados da humanidade delituosa.

"Creio na justiça infalível do sumo Legislador e na imortalidade da alma. Sei que as provações por que passamos são lapidações necessárias ao nosso aperfeiçoamento anímico. Combatamos, pois, até ao derradeiro instante, nesta cruzada bendita da verdadeira felicidade. Pugnemos sempre, eu sem vista, vós sem um braço, como dois paladinos estropiados, como dois guerreiros incompletos, sim, mas que têm, dentro das suas mutiladas armaduras de lodo, uma centelha deífica, cujo fulgor se há de confundir com o das estrelas e das alvoradas!

"Pelejemos, sob o arnês da coragem moral, empunhando as armas da paciência, da resignação silenciosa, da submissão, da virtude, e esperemos tranquilos a vida futura incomparavelmente mais longa do que esta que não dura mais do que um meteoro, que, confrontada com a do Além, é uma gota d'água em face do oceano. Se triunfarmos na peleja, vencendo as nossas imperfeições morais, nossa vida passará a ser um incessante hino de vitória, um interminável cântico de alegria, um hosana perene, sem mescla de tristeza ou de infortúnio.

"Aqui me acho ao vosso lado; meditemos em nossa sorte

terrena. Tendes o corpo inteiriçado e uma vista de Argos;[41] eu me posso mover à vontade e tenho baças as pupilas, os olhos inválidos por atras sombras. Assim, cada um de nós é o complemento do outro. Eis aí como a Providência nos aparelhou para, unidos, desempenharmos a missão pungentíssima. O que falta a um sobeja no outro. Não é patente a intervenção do Céu nas nossas existências? Porventura, teria sido o cego acaso quem assim nos fez e reuniu?

"Não, meu pai, foi o Incriado. A Ele, pois, devemos dirigir uma prece, agradecendo-lhe todas as nossas decepções, todas as nossas amarguras, manifestando-lhe o reconhecimento que testemunharíamos ao discípulo de Asclépio[42] que nos houvesse sujeitado às torturas de uma operação dolorosíssima para nos salvar da gangrena o organismo que, sem isso, estaria, em breve, todo contaminado pelo vírus letal, donde mais prolongados sofrimentos e finalmente a perda da vida por entre dores lancinantes.

"Ah! meu desditoso pai, sem dúvida delinquimos no passado; somos galés que ainda cumprimos penas a que fomos condenados em existências, cujo prolongamento vemos nesta; penas resultantes de uma sentença rigorosa, mas remissora. Se não reincidirmos nas culpas que a determinaram, próxima estará a libertação. E o dia em que se nos abrirem as portas da masmorra será mais belo, mais esplendoroso do que o é, para um príncipe, aque-

---

[41] Na mitologia grega, gigante que possuía cem olhos, cinquenta dos quais estavam sempre abertos. Símbolo da vigilância.
[42] Deus da Medicina, entre os romanos e os gregos.

le em que, no apogeu da glória, o sagram soberano de grande e poderoso império! Corre-nos, portanto, o dever de, na atual encarnação, lutar com denodo, meio único de resgatarmos faltas de priscas eras, erros sinistros. Lutemos até ao último alento e seja a morte involuntária quem nos liberte das nossas tribulações".

Tomei-lhe depois a mão e, elevando o pensamento ao sólio do Incognoscível, com a voz emocionada, mas firme por efeito de uma força de vontade inquebrantável, formulei fervorosa súplica por mim e pelo triste paralítico.

Dirigi-me em seguida ao lugar onde costumava guardar o violino. Meu pai, ao ver-me empunhá-lo, julgou-me alucinado e entrou a exclamar:

– Não, François, não me martirizes! Não mais quero ouvir esse instrumento que me lembra a idolatrada morta. Seus sons me virão ferir o coração mais doridamente do que um acerado punhal. Piedade! piedade!

Já me não era, porém, possível obedecer-lhe. Um poder formidável me dominava. Preludiei formosíssima *rêverie*, a cuja maviosidade se misturava a voz gemente e alterada do paralítico, a dizer:

– Deus meu! Como sou desgraçado! nem ao menos posso tapar os ouvidos, pois que de uma só mão disponho e essa quase morta! Tenho assim que ser flagelado por estes sons que não desejara mais ouvir. François já me não atende, enlouqueceu decerto! De dia para dia aumenta a minha infelicidade! Que hediondo crime terei cometido, Senhor, para merecer tão bárbara sentença? Também eu vou enlouquecer. Dar-se-á que, por ser demente, a natureza me haja manietado, a fim de que ninguém me temesse, impedido, como me acho, de praticar o mal? Se ficar louco, que serei senão um despojo humano, um miserando cadáver acorrentado a uma alma igualmente morta, pois que a razão é a vida do espírito?

Pouco a pouco, entretanto, foi serenando. Deixou de imprecar contra o destino e por fim se calou, enquanto eu, sentindo mais do que nunca a fronte iluminada pelo estro musical, continuava a modular sinfonias incomparáveis.

Cedendo ao influxo de uma potência misteriosa, a mão movia o arco com inigualável maestria, arrancando às cordas frases musicais de incomparável beleza, de harmonia com os acordes que, perto de mim, se evolavam de uma orquestra portentosa, constituída de dezenas de flautas, cítaras, alaúdes e harpas tocadas por artistas imateriais, que, comigo, realizavam maravilhoso concerto. Procurando imitá-los, meio desvairado, eu os *via* ao redor de mim, em semicírculo gracioso, com seus corpos intangíveis airosos, entrajados de alvas roupagens vaporosas, como que feitas de nevada escumilha.

Súbito, dentre tantas entidades diáfanas, uma se adiantou sobraçando uma lira de rosas, encordoada de fios luminosos, semelhantes aos raios das estrelas. Deslizando pelo solo, aproximava-se de mim para me ofertar o célico instrumento. Em torno da fronte ideal lhe voejavam pétalas de flores, irisadas falenas e alvinitentes pombas, que bailavam nos ares com a graça das sílfides.

O ser angélico, que por esse modo de mim se avizinhou, era Jeanne. Cumpria a promessa que fizera, de me inspirar nos momentos de amargura. Reconheci-a por uma intuição indefinível. Era qual a contemplava em sonhos, quando minha alma se exteriorizava da matéria por influência poderosa e incontrastável.

Sim, era mesmo Jeanne. Era esse ser familiar a quem amara em diversas existências e que, então, pertencendo àquela trupe de artistas siderais, me apareceu qual a própria Euterpe,[43] para me incutir ideias grandiosas em relação à Arte excelsa, que ela simbolizava e eu sempre cultuara. Fitava-me com insistência, como que para afirmar que não esquecera o que havia prometido e o que me pedira nos derradeiros momentos da sua agonia. Fazia-o, também, decerto, para me animar a prosseguir na minha via crucis até alcançar a vitória definitiva. Notei que, entre todos aqueles entes venturosos, era ela o único que se mostrava merencório.

Quando concluí a execução da magistral sonata (assim me posso exprimir, pois não me refiro a um trabalho meu, mas a uma composição de etéreos virtuoses), tinha o cérebro ofuscado, eclipsado. Mas, lá nas profundezas da mente permaneceu indelével a preciosa reminiscência da música executada e das arcangélicas aparições, lá essa lembrança se impregnou como no cerne do sândalo o suavíssimo aroma de uma inebriante essência, que resiste à aniquiladora ação dos séculos.

Meu pai, que a princípio se revoltara contra mim, em poucos momentos se achou dominado pelas vibrações harmoniosas do violino. Aquietou-se. Decorrido algum tempo, ficou embevecido, quase em êxtase. Quando terminei,

---

[43] Musa da música (Mitologia grega).

pediu que me acercasse do leito, abraçou-me ternamente e me osculou a fronte cálida, orvalhando-a de lágrimas.

Estivemos longos minutos assim unidos, enlaçados pela mesma dor, pelo mesma túrbida saudade, pelos mesmos esperançosos sonhos. Compreendi que, naquele momento, em nossos espíritos acabava de se dar algo de extraordinário, de misterioso, de supremo, que para sempre os aliara, que nos encadeara para a eternidade as almas e as existências, tornando-as desde então inseparáveis. Naquela hora soleníssima, fundiram-se, na forja do destino, os elos que as manteriam presas uma à outra, até a consumação dos séculos.

Nessa noite meu desventurado pai dormiu profundamente.

CAPÍTULO IV

Por poucos dias tivemos as almas em paz. Horas esquecidas levávamos então, meu pai e eu, a falar de Jeanne e de minha mãe, como se nos referíssemos a duas pessoas que andassem em excursão por longínqua e afortunada região, à qual iríamos ter em breve prazo para nunca mais nos separarmos.

Ansiosos, mas resignados, aguardávamos esse momento, consistindo toda a nossa ternura em pensar nele. Éramos como dois grilhetas que, em deserta e soturna ilha, cumprissem uma sentença ao mesmo tempo severa e justa, ávidos pelo dia já próximo da libertação, sôfregos por voltarem à pátria distante, onde os esperam entes idolatrados. Para nós, esses entes eram os que nos precederam no túmulo-pórtico do infinito.

Normalizara-se a nossa existência. Recomecei a trabalhar como trabalhava antes do passamento de Jeanne. Geral, porém, foi a surpresa no auditório que costumava aplaudir-me, quando de novo perante eles apareci. É que eu envelhecera. Contando apenas 18 anos, tornara-me excessivamente débil, de lividez marmórea. Muitos amigos supuseram que eu houvesse estado doente.

Algumas noites de vigília e de contínuo labor bastaram para que meu estado se agravasse. Sintomas alarmantes se manifestaram. Eram os pródromos do mesmo mal que levara minha irmã à sepultura.

Olhando-me através do seu coração extremoso, sempre a pressagiar inevitáveis infortúnios, maiores cuidados e temores inspirava eu a meu pai do que a quantos me viam. Acabou ficando totalmente alarmado. Para o tranquilizar, fiz-me conduzir por Duchemont ao consultório de um médico e, pelas frases vagas que este proferiu depois de me examinar, percebi que jamais recuperaria a saúde.

Em pouco tempo a insidiosa moléstia se apoderou inteiramente do meu organismo, produzindo-me desânimo e sofrimento tão grandes, que se tornou impossível dissimulá-los.

Um dia, cheguei-me ao paralítico e lhe disse com a máxima placidez:

– Prevejo, meu pai, que não mais poderei sair à noite e já me vai inquietando a ideia de que venha a faltar de todo o pão necessário à nossa subsistência. O que eu supunha ser apenas consequência das dores ultimamente curtidas, é um mal incurável, que já me avassalou os pulmões. O que mais me aflige, porém, não é o meu padecimento físico, é a ideia de que em breve não possa mais exercer a minha profissão, sendo entretanto o meu maior desejo o de sempre amparar-vos.

"Cumpre, pois, meu pai, sejamos previdentes e nessas condições vamos conversar calmamente acerca da nossa situação e do futuro. Se daqui a pouco tempo me vir impossibilitado de trabalhar para nossa manutenção, providenciarei no sentido de sermos recolhidos a um hospital. Como, porém, são diferentes as nossas moléstias, teremos que ficar separados. Não vos entristeçais com isso, pois tudo farei para vos dar coragem e vos mitigar os pesares. Irei visitar-vos muitas vezes, todas as que os enfermeiros me permitirem enquanto puder manter-me de pé. E quem sabe se consentirão que leve o meu violino? Se conseguir a satisfação deste desejo, não deixarei de executar as produções que tanto apreciais, do vosso François.

"E por que hão de impedir que o meu querido instrumento me acompanhe à morada da dor e da agonia?

"Por que é que os opulentos e venturosos que, trajados a rigor e cobertos de joias, percorrem as enfermarias dos hospitais, ostentando diante da miséria e do sofrimento o fausto e a felicidade, como se passeassem pelas ridentes aleias de um lindo parque, não se lembraram ainda de oferecer, em vez de moeda que sempre deixam cair nas mãos descarnadas, quase gélidas, de seres que só do que precisam é de uma campa e de preces, algumas flores aos pobres moribundos? De que servem moedas aos infelizes que não têm mais lar, nem pátria; vizinhos que estão das fronteiras da pátria comum, o espaço, onde não há balizas, plantadas por homens, nem cordilheiras ou rios que delimitem pátrias diversas? Por que não se lembraram de levar aos que, nos leitos hospitalares, vestíbulos do túmulo, estão prestes a mergulhar no seio do Infinito, que, mais carinhosamente, acolhe o rude e probo calceteiro do que o monarca onipotente e cruel, um instrumento musical, que, tocado por mãos de artista, certo suavizaria os estertores da morte?

"Haverá na Terra *de profundis*[44] mais solene, deprecação mais vibrante do que o *Requiem* de Mozart?[45]

"Pois bem! quero ser o primeiro a praticar a caridade por essa forma, eu tão pobre que não posso agasalhar os que tiritam de frio, nem socorrer os torturados pela fome, que já nos ameaça. Quero ser o primeiro a mostrar que não só os ricos, os ditosos, fazem jus à audição dos primores musicais dos afamados mestres, que também os desventurados e principalmente os que estão quase a abandonar a arena da vida, onde deixam entes idolatrados, podem ter uma agonia mais branda, suavizada pelas melodiosas notas de um violino, de uma flauta, de uma harpa, dedilhados com extrema delicadeza. Será um lenitivo para as dores que os flagelam, para a febre que lhes requeima os corpos, para as pungentes saudades que experimentam, lembrando-se dos seres amados que vão ficar no mundo.

"O Onipotente não deixará de abençoar tão meritória ação e sinto que é Jeanne, ou alguma entidade sideral, quem me sugere estas ideias. Ideias desta natureza só do Céu nos vêm.

"Mas, perdoai-me, meu pai, essas divagações sobre assunto diverso daquele de que vim tratar. Daqui me aproximei apenas para vos dizer: sejamos fortes, sejamos heróis nas supremas batalhas da vida. Não há motivo para consternação. Não percebeis que se avizinha a hora da

---

[44] Das profundezas.
[45] O *Requiem* é a última composição e uma das mais importantes obras de Mozart – compositor e músico austríaco (1756-1791).

redenção eterna? que, dentro em pouco, nos teremos reunido à saudosa Jeanne?

"Por que então chorais? Coragem! O Criador, que é a suma bondade, talvez haja comutado a nossa pena abreviando-nos os dias de cárcere terreno. Devemos aguardar com os corações jubilosos a nossa próxima libertação".

– Ah! meu François! Como hei de regozijar-me, temendo que partas antes de mim, temendo ficar só com a minha dor sem limites? Quando Jeanne faleceu, julguei endoidecer. Tornei-me de novo cético e só não me suicidei por não ter mãos para empunhar uma arma. Tu, meu François, conseguiste dar ânimo à minha alma desolada. Deste-me alento para viver. Mas, se me precederes no túmulo, mergulharei em trevas, enlouquecerei de saudades e de tristeza.

– Pois bem, meu pai, não vos abandonarei jamais, nem agora, nem quando pertencer ao mundo espiritual, que começo a divisar, uma vez que é por demais angustiosa para nós ambos qualquer separação, ainda que breve.

"Acabo de conceber uma ideia que submeto à vossa apreciação. A vigília e o relento me prejudicam grandemente a saúde. Para evitá-lo, sairei durante o dia com o violino, tocarei nos lugares públicos as minhas mais preferidas composições e estou certo de que poucos ouvintes deixarão de me socorrer.

"Protestais? Tenho a certeza de que, mais do que nunca, as entidades celestiais me inspirarão e, assim, colherei muitas moedas que repartirei convosco e com os nossos irmãos – os cegos e os paralíticos.

"Não será para mim um sacrifício, meu pai, pois que implorarei a caridade pública, mas de dentro da treva em que vivo. Assim, não vendo aqueles a quem peço a esmola, meu rosto não se cobrirá da púrpura do vexame, quando, estendendo-lhes a mão, me responderem com o sorriso de escárnio, que facilmente assoma aos lábios dos impiedosos ou dos felizes. Com os olhos vendados pelo negror da cegueira nada vejo e, portanto, agradecerei qualquer mesquinha dádiva e nenhum ressentimento guardarei dos que me recusem o seu óbolo."

Ele me interrompeu, surpreso e desorientado, dizendo-me:

– Mendigares uma esmola à caridade dos transeuntes, tu, meu amado François, um violinista exímio, uma glória francesa?

– Não é o artista, meu pai, nem a *glória* francesa quem irá suplicar um óbolo aos transeuntes. É o cego enfermo, que tem de manter o seu querido pai inválido, para lhe poupar mais uma dor.

– Está bem, meu François, e para, por minha vez, te evitar mais uma amargura, estou resolvido a recolher-me a um hospital.

Nem mais um queixume proferiu, mas, enquanto isto disse, chorou abundantemente.

CAPÍTULO V

Algum tempo depois dessa afetuosa palestra, já me sentia extremamente debilitado, necessitando de repousar e fortalecer o organismo, coisa de que a nossa desprovida bolsa não me permitia cogitar.

De dia para dia minguavam os nossos modestos recursos pecuniários. A modelar Margot, de inexcedível desvelo para conosco, tanto nas horas de alegria, como nas de adversidade, frequentemente saía a oferecer à venda os poucos móveis e objetos que nos restavam e que até então julgáramos indispensáveis. Mais o era, porém, o pão para o nosso sustento.

Eu por mim vivia numa quase completa imobilidade, tanto os meus sofrimentos físicos e morais. A falta de meios me impossibilitava de me sujeitar a um tratamento médico conveniente. Todavia, continuava a confortar a alma do meu companheiro de infortúnio, sempre que o desânimo o assaltava, ensinando-lhe a suportar todas as vicissitudes da existência sem se queixar, com valor espartano.

Quanto maior se tornava minha prostração, mais experimentava a benéfica influência dos protetores espirituais. Eles me transmudavam. Levantava-me, empunhava o violino e executava melodias de uma suavidade de luar a esbater-se por sobre um roseiral em flor. O pobre paralítico, com a alma ungida de resignação, confessara-me julgar-se, então, quase venturoso.

Certo dia, mais prolongada foi do que de costume a ausência da bondosa Margot e vimo-la regressar trazendo estampado no rosto o desalento. Nesse dia, tardou muito em nos dar um pouco de alimento. Clara se nos fez a penosa situação em que nos encontrávamos. Disse-me então meu pai:

– Está iminente a nossa separação, François. É preciso que hoje mesmo providenciemos o nosso recolhimento a uma casa de caridade. Logo conversaremos a esse respeito com o prezado Duchemont.

Margot, que se achava à pequena distância, ouviu o que disse meu pai e, com a familiaridade que a sua afeição maternal autorizava, exclamou, entrecortada de lágrimas a voz:

– Que é o que acabo de ouvir? Pretendeis ir para um hospital e de nada prevenis a pobre Margot! Supondes que não tenho coração e que, portanto, a nossa separação não me mortificará? Pois me abandonais? Já não vos sirvo a contento, Sr. Delavigne? Já não tendes confiança na velha Margot, que vos viu pequenino?

– Tens sido, minha boa Margot, de uma santa dedicação para conosco e por isso te consideramos como da família. Mas não devemos sacrificar-te por mais tempo. Bem sabes que o nosso François já não pode trabalhar. Havemos de condenar-te a mendigar para nós, ou a sucumbir de fome ao nosso lado? Tens direito a uma existência melhor, mais isenta de cuidados do que a que passas nesta miserável mansarda.

– Mas eu não vos importuno exigindo o que não me podeis dar. Sempre arranjo tudo como posso, de modo que ainda não ficastes sem uma refeição, pelo menos...

– Olha, Margot, as inquietações, em que todos nós vivemos, precisam ter um termo. Foi por isso que deliberamos internar-nos num hospital.

– ...e deixar sem destino a infeliz Margot, já velha, sem parentes, sem poder mourejar, como antigamente, não é assim? Pois bem, esperai ainda uns dias. Não façais coisa alguma antes que eu vos venha dizer: "De nada mais posso dispor com que atenda às vossas necessidades". Depois que vos houver falado desse modo, podereis ir para o hospital.

Comoveu-nos profundamente a nobreza de sentimentos daquela inculta mas abnegada criatura, que, enquanto nos dizia tais coisas, enxugava as lágrimas com o avental.

Seguiu-se longo silêncio. De súbito, porém, a nossa dedicada serva o quebrou, perguntando a meu pai:

– Que é feito do seu irmão Jaques, Sr. Delavigne?

– Bem sabes – respondeu meu pai – que, ainda jovem, emigrou para a América, temendo o serviço militar na Argélia. Há muito não recebo notícias suas. Por que te lembraste dele agora?

– Porque hoje, tendo saído à pressa para umas compras, esbarrei com um homem quase da sua idade, muito parecido com o senhor, antes da sua enfermidade. Espantada, estive para lhe perguntar o nome, mas me contive, receando alguma indelicadeza. Trajava com apuro e caminhava devagar, reparando nos transeuntes, o que me chamou a atenção. Quem sabe se é mesmo o Sr. Jaques, que, tendo regressado da América, anda à procura do irmão que aqui deixou? Pode bem ser que Deus o tenha enviado à França para vos socorrer.

— Não nos devemos embalar nesses sonhos de felicidade, Margot. Entretanto, vou tratar de verificar se meu irmão está de volta do Canadá, de onde me escreveu pela última vez há mais de dez anos.

À noite, como sucedia sempre, tivemos a visita de Duchemont. Meu pai lhe referiu o que Margot nos contara e pediu fizesse algumas investigações para saber que fundamento poderia haver na ideia que lhe sugerira o encontro que tivera a nossa companheira de desdita.

Quando Duchemont se despediu, Margot o acompanhou até a porta e lá se demorou em longa e animada palestra com o nosso bom amigo, que dali por diante passou a visitar-nos com mais frequência. Também na boa Margot se operou, a partir daquela noite, sensível transformação. Mostrava-se satisfeita, quase alegre e, sem sair diariamente à rua, como dantes, todos os dias nos servia bons acepipes.

De uma feita, meu pai a interpelou:

— Achaste a galinha dos ovos de ouro, Margot? Olha lá, não vás matá-la...

A boa criatura nada respondeu. Guardou silêncio sobre a sua extrema dedicação para com os míseros enfermos. Pensando no caso, não nos foi difícil descobrir que ela nenhum tesouro achara. Nós, meu pai e eu, é que encontráramos alguma coisa de mais precioso do que um filão aurífero: a abnegação sublime de uma serva, aliada à piedade de incomparável amigo, objetivando ambos nos poupar a mais rude de todas as provas – uma dolorosa separação.

Vexava-nos, porém, semelhante situação. Compreendemos não nos ser lícito aceitar por tempo indeterminado o sacrifício de uma e a generosidade do outro.

Mas, quando nos dispúnhamos a deixar definitivamente a nossa desconfortável morada, uma dita inesperada nos sorriu em meio de tanta desventura.

Não eram infundadas as suspeitas de Margot, relativamente ao regresso de meu tio Jaques. Graças às informações que Duchemont obteve, pudemos abraçar ainda uma vez o parente que emigrara para o Canadá.

Foi uma cena enternecedora a do encontro dos dois irmãos. Fizeram-se mútuas e íntimas confidências. Meu tio se tornara opulento, por efeito de arriscados, mas sempre bem-sucedidos empreendimentos. Era chefe de numerosa família, de cujos membros nos ofereceu belas fotografias. Entre estas havia a de uma bela jovem loura e esbelta, extremamente parecida com a nossa Jeanne. Meu pai, vivamente emocionado com essa semelhança, exclamou, dirigindo-se a meu tio:

– Por que não a trouxeste contigo, Jaques? Que lenitivo seria, para as saudades que me pungem a alma, ver ressuscitada na tua filha, bela e sadia, a minha Jeannette!

Como me achasse melhor de saúde no dia que meu tio passou em nossa companhia, proporcionei-lhe ensejo de ouvir uma das minhas mais apreciadas composições. Ficou maravilhado e logo firmou o projeto de me levar consigo para a América, contando que, com a mudança de clima, talvez minha enfermidade paralisasse.

Recusei aceder ao seu desejo para me não separar do entrevado, que não assentira em viajar estirado, como um cadáver.

Antes de voltar para Quebec, onde residia, o que se verificou pouco tempo depois, meu tio encarregou um banqueiro, com quem fazia transações, de entregar a meu pai uma pensão mensal, suficiente para nos mantermos com modéstia.

Regressou pesaroso ao Canadá, prometendo-nos voltar mais tarde com a família, que seria também a nossa. Fora o coração, sensibilizado pelas nossas desventuras, que, decerto, num gesto de compaixão, lhe ditara aquelas generosas palavras. Ante o estado valetudinário em que nos encontrávamos meu pai e eu, nenhuma dúvida poderia meu tio nutrir de que, quando novamente pisasse as plagas francesas, só lhe restaria procurar as nossas campas – campas humildes, anônimas, sem inscrição alguma, assinaladas apenas por uma cruz singela, que as mãos piedosas de Margot e de Duchemont sobre elas colocassem.

Podeis imaginar, meu amigo, qual tenha sido nossa alegria, reconhecendo, depois de haver estado iminente a nossa separação e exatamente quando mais necessitávamos de recíprocos carinhos, de uma íntima comunhão de pensamentos, de uma constante confidência de mágoas e de anelos, que só a morte, desde então, nos poderia separar os corpos mutilados.

Meu pai, cheio de intenso júbilo, me disse:

– Reconheço a intervenção divina neste sucesso, que

nos tranquilizou os corações e nos faria ditosos se não fossem as nossas enfermidades.

A calma do espírito, algum conforto, dias de repouso absoluto e alimentação conveniente operavam, ao cabo de algum tempo, a tonificação do meu organismo, de modo a me ser possível estudar as composições dos mestres favoritos – Beethoven e Mozart. Fui levado, assim, a aceitar convites para tocar nalguns concertos realizados em magníficos solares. Bastaram, porém, a vigília e a fadiga de algumas noites para que a saúde ficasse de todo irremediavelmente perdida.

Certa vez me comprometi a executar músicas clássicas em casa de opulento capitalista que festejava o aniversário dos seus esponsais. Nesse dia, porém, senti-me, como nunca, desalentado, febril, incapaz de qualquer esforço. Chegada a hora do concerto, notei em mim alguma coisa de anormal. Pela primeira vez me pareceu que a inspiração me abandonara. Faltava-me o alento que os Invisíveis sempre me deram, alento que me aligeirava o arco e fazia tirar do violino indescritíveis harmonias. Desprotegido, desamparado pelos meus celestiais inspiradores, não consegui interpretar as partituras com a maestria de outrora. Lancinante dor me constringiu o peito e estive prestes a desfalecer.

Teriam todos notado a minha perturbação? Ansiava finalizar a execução da música inicial da esplendorosa festa, pois que sobre-humanos eram os esforços que empregava para executá-la. Não lhe sabia, como dantes, dar a expressão, a vida, as admiráveis cadências que os artistas siderais sempre me insuflavam.

Livre, com o vibrar do último acorde, dessa tortura inenarrável, recebendo frios aplausos, sentei-me extenuado numa cadeira. Gotas de glacial suor me orvalhavam a fronte, dando-lhe a algidez do mármore. Tão desorientado, tão conturbado fiquei, que certamente tinha a fisionomia descomposta, alterada pela decepção, pela angústia, lívida como a dos moribundos.

Imerso nesse acabrunhamento, pressenti que alguém de mim se aproximava a passos leves. Sei hoje de quem eram eles, porquanto daqui contemplo a graciosa criatura que, numa hora de árdua provação, compreendeu o meu suplício. É uma dessas almas de querubim, um desses lírios humanos que despontam na Terra, sob a forma de cândidas donzelas, para desempenhar missão de paz e de carícias.

Esse alguém me observou meigamente:

– Precisa ter muito cuidado consigo, senhor Delavigne!

– O estado lastimável da minha saúde lhe mereceu atenção? – perguntei.

– Por que duvidar? Aprecio tanto, tanto, as suas produções! Hoje, porém, não parece o mesmo.

Antes que lhe dissesse qualquer coisa, ela, mudando de tom, me perguntou com afetuoso interesse, que me comoveu até às lágrimas:

– Que é daquela jovem, que diziam ser sua irmã e que o acompanhava aos saraus? Era tão graciosa e parecia tão inteligente! Quantas vezes, de volta a casa, lembrando-me dela, me senti comovida ao extremo! E por que não lhe hei de dizer a verdade? Compadecia-me dela e desejara protegê-la, se ela o quisesse. Por que não a trouxe mais consigo?

– Obrigado! Quanto agradeço o vos terdes lembrado de minha pobre irmã! Ela, porém, jamais tornará a acompanhar-me, pois não descerá do Céu, para onde se alou, a fim de me fazer companhia... Deus vos cubra de bênçãos! Agradecido! Sois infinitamente bondosa!

A recordação de Jeanne, naqueles instantes dolorosos, sensibilizou-me e entristeceu-me ainda mais. Quis, num impulso sincero e profundo de reconhecimento, apertar a mão à meiga e piedosa donzela, que se me afigurava nimbada de luz. Quis agradecer a quem se dignara de compadecer-se de mim.

Mas, ao erguer a mão na direção do compassivo arcanjo que me falava, senti que outra mão repelia a minha com energia, ao mesmo tempo que uma voz áspera abalava todas as fibras do meu coração, arrojando-me de dentro do sonho fugaz em que me deleitava ao pélago estonteante da mais brutal realidade.

– Tenha consciência, senhor! – bradou-me essa voz. – Ignora por acaso estar afetado de uma moléstia contagiosa? *Aqui* já não é mais o seu lugar.

Oh! como ainda me maceram a alma as mágoas recentes dessa última existência terrena, amigo! Só os séculos, no seu incessante e vertiginoso perpassar, poderão atenuá-las, esvaecê-las, como se desfazem as espumas das vagas, quando o mar se torna bonançoso.

Naqueles tumultuosos segundos experimentei um súbito atordoamento, uma rápida vertigem e, logo após, a sensação de que o sangue afluíra celeremente ao meu tórax dolorido. Tornou-se efervescente e começou a umedecer-me a boca em jatos tépidos e espumosos. Levei o lenço aos lábios e pedi ao leal companheiro Duchemont que me conduzisse a casa, dizendo-lhe achar-me impossibilitado de continuar a tomar parte no concerto.

Ele atendeu prontamente ao meu pedido e, em veloz carruagem, me acompanhou à lôbrega mansarda. Minha brusca chegada causou indescritível aflição a meu pai, que sem demora mandou chamar um médico para me socorrer. Achava-me quase exangue, em consequência de repetidas hemoptises.

Seguiram-se, para mim, horas infindáveis de agitação e delírio. A cruel ofensa que sofrera me vergastava incessantemente a alma. Atormentava-me também a ideia de que o meu protetor invisível me desamparara. Dirigi ao eterno uma vibrante e sincera súplica e imediatamente benfazeja calma me invadiu o ser. Adormeci e tive a ventura de *ver* em sonho a querida Jeanne, que estendia a nívea mão para me ajudar a atravessar impetuoso rio, sobre estreita e frágil ponte, livrando-me de ser tragado pelo terrífico vórtice que ululava debaixo dos meus pés.

No dia seguinte, o ricaço em cujo palacete fora rudemente afrontado me remeteu elevada quantia em francos, muito acima da remuneração que podia ser devida. Por me haver expulsado de sua casa, mandava-me, disfarçadamente, munificente esmola. Fiquei perplexo, sem saber se deveria ou não recebê-la. Compreendendo, porém, que me cumpria ser atrozmente espezinhado, aceitei-a.

Meu pai me perguntou:

— Por que não desististe de tocar, uma vez que, antes de principiar o concerto, te sentiste indisposto?

— Uma vez que agora não nos faltam os meios de subsistência, planeei adquirir um piano com o produto do meu trabalho. Eis por que não desisti de tocar naquela noite.

— Era uma bela aspiração, meu François, mas não valia a grande inquietação que me estás causando.

— E me vai talvez custar o sacrifício da própria vida. Quem sabe, porém, meu pai, se não estarei mais perto de a realizar? Os desígnios de Deus são sempre sábios.

Ele não se conformou com o que eu lhe disse. Lamentava a todos os momentos a minha imprevidência. Imaginava que do esforço por mim feito com o braço direito, para executar uma acidentada composição wagneriana, resultara romper-se uma das veias do pulmão. Para lhe poupar maiores desgostos, eu lhe ocultara a verdade.

Aquela foi a última vez que me apresentei diante de uma sociedade mundana, que se despediu de mim repelindo-me do seu seio, desde que, invalidado pela moléstia que me levava ao túmulo, não pude mais, como dantes, fazê-la deliciar-se por algumas horas, executando irrepreensivelmente composições dos grandes mestres.

Bem amarga despedida me fizeram os ditosos do mundo! Abençôo, entretanto, aquele cruel momento em que me vi duramente humilhado, pois que a dor da humilhação é rutilante moeda com que adquirimos a ventura nos orbes redimidos. Aplacado o sofrimento de minha alma, rendi graças ao Criador por me não haver revoltado contra quem me ferira em pleno coração, por haver podido sofrear até as lágrimas, recalcando para o íntimo tão aviltante ultraje, ocultando-o de todos, levando para o sepulcro a mágoa que, durante alguns dias, como áspide traiçoeira, me não deixou de pungir um só instante.

O artista, que tantas vezes recebera aplausos delirantes, fora vaiado da última vez que aparecera em público, para depois se recolher aos bastidores. Empanando o brilho das horas de triunfo, ficara a recordação dolorosa da cena final. Uma coisa, no entanto, me restara para suavizar a impressão penosíssima e indelével dessa noite de fecunda prova para o meu espírito. Restara-me a lembrança da gentileza de uma piedosa donzela, que certamente percebera a nobreza do meu sacrifício e de mim se apiedara.

De quando em quando, um sorriso de júbilo me assomava aos lábios. Que eram os meus sofrimentos em comparação com a felicidade que me aguardava no Além? Para que me afligir, se tanto maior seria essa felicidade quanto mais dura fosse a provação?

Afinal, com o tempo se esbateram as tristes reminiscências do fato que tanto me mortificara e, embora à custa de heroico esforço, consegui triunfar da prova que Deus me impusera para aquilatar da minha coragem moral.

Está quase terminada, meu amigo, a narrativa dessa existência em que, posso dizer, não tive infância nem juventude, pois vivi sepultado nas sombras, encarcerado em lúgubre masmorra; em que não conheci os brincos de uma nem os gozos de outra; em que as decepções e os reveses me flagiciaram constantemente o coração. Mas, em compensação, inúmeras vezes tive o cérebro iluminado por uma lâmpada interior, semelhante às que oscilam à frente dos sacrários, enquanto aos meus ouvidos baixavam ondas sonoras, divinais melodias, que me faziam esquecer todas as dores tão de pronto quanto os raios solares fazem dissolver-se as brumas matinais, desnudando a natureza até então oculta ao olhar dos condores que, ao impulso de leves asas, se elevam a alturas que o homem ainda não atingiu. Que importa, porém, isto ao homem, se, acorrentado embora à superfície da Terra, pode ele, com as asas luminosas do pensamento, levar a alma a cindir o infinito do céu, através da poeira de astros coruscantes?!...

CAPÍTULO VI

Mais alguns meses vivemos sob o mesmo teto, meu pai e eu, recordando o passado, lembrando-nos dos que haviam partido para o Além. Às vezes, em íntimo colóquio, ele me dizia:

– A dor, François, é necessária à alma, não só para arroteá-la, a fim de que nela germine a sementeira dos sentimentos elevados, como também para que não nos esqueçamos do nosso Criador. A felicidade é estéril e egoísta.

"Estou certo de que, se fora são de corpo, opulento, venturoso, faria da vida outro conceito, cometendo faltas que, certamente, me acarretariam severíssimas punições. Seria ateu, indiferente ao sofrimento alheio, arbitrário, orgulhoso e, provavelmente, ao primeiro desgosto, poria termo à vida.

"Precisamente nos instantes de suprema angústia é quando reconhecemos que uma força incontrastável nos governa, que o nosso destino o traçou uma potestade divina, que esta, entretanto, não nos esmaga com o seu ilimitado poder, mas antes nos incute ideias de libertação, de justiça, de piedade, de altruísmo. Graças à sua bondade, a nossa mente entrevê como realidade, em mundos isentos de sombras e prantos, as aspirações com que sonhamos na Terra.

"Quanto mais padecemos, tanto mais desejamos evolucionar, progredir moral e intelectualmente, marchar na senda do bem e da virtude, a fim de conquistarmos rapidamente o galardão reservado aos que triunfam do mal e das imperfeições que maculam as almas humanas.

"Bem dizes: estamos remindo dívidas desde muito acumuladas. Compreendo agora que nossas vidas já estiveram entrelaçadas em existências anteriores. Ficamos jungidos uns aos outros por crimes praticados em comum. Reabilitamo-nos hoje, chorando juntos. Horrendos devem ter sido os nossos delitos, para que tão cruciante seja a nossa expiação.

"Pela dor nos vamos libertando das sombras desse passado lúgubre. Nossos crimes, como elos de bronze, nos encadearam os destinos através dos séculos. Assim unidas têm as nossas almas que caminhar, permeando todas as adversidades, por uma vereda que se nos afigura intérmina, cheia de obstáculos que iremos transpondo com o olhar fito no céu.

"Quando houvermos atingido a meta de tão dolorosa peregrinação, todos os tormentos por que passamos, confrontados com a felicidade que então fruiremos, certo nos parecerão suavíssimos.

"Marchemos, pois, meu filho, com as mãos enlaçadas e com o pensamento alcandorado ao empíreo donde flui o inefável lenitivo que se chama – resignação –, o que muitas vezes temos sentido descer sobre os nossos Espíritos, como fúlgido orvalho.

"Incrédulo era eu na sobrevivência do ser, no seu destino ultraterreno, e foste tu, François, quem me incutiu estas transcendentes ideias que acabo de expender e sem as quais seria o mais desgraçado dos seres.

"Sabes do que me lembro continuamente? Do teu nascimento, da quase aversão que me inspiravas. Culpava-te da morte daquela a quem adorava – tua mãe. Quantas vezes te chamei de *treva*! Achava-te inútil à pátria e à família. Penso agora de modo diametralmente oposto. Tens sido o nosso arrimo, serás uma glória da França, és o meu brilhante archote. Praza a Deus que ele me alumie até ao derradeiro alento.

"Assim como a estrela de Belém guiou os magos ao berço do Nazareno, tu me tens guiado para o Céu e para o eterno.

"Abençôo-te por esse benefício, com a alma inundada de dulcíssima ventura, sentindo-a como que imersa em sutilíssima e radiosa espuma. Abençôo-te pelo bálsamo que tens espargido no meu coração tantas vezes flagelado pelos acúleos da dor! A *treva* é quem faz abrolhar a luz no meu Espírito. Bendito sejas, François!".

Estes e outros pensamentos da mesma natureza meu bom pai mos externava num tom de infinita ternura, velado por uma tristeza que me emocionava e ao mesmo tempo me fazia exultar, por perceber que promissora evolução e benéfica metamorfose se estavam operando no seu espírito, encaminhando-o para a perfeição cujo corolário é a felicidade eterna!

Certa vez, assim me falou, com voz cariciosa e melancólica:

– Que união a nossa, François! somos dois mutilados

que, reunidos, não formamos um ente completo, pois que não nos podemos integrar para o trabalho. Tens, como dizes, mortos os olhos, e eu poderia, com os meus, guiar-te os passos por entre as trevas em que vives.

"Mas tenho o corpo inanimado, um corpo cadáver, ao qual, demais, falta um dos braços. Eis-me, pois, imprestável para a minha família e para a minha pátria. Sou exatamente o que eu, quando eras criança, dizia que havias de ser!

"Penitencio-me de ter dito tais coisas cruéis. Peço-te perdão da mágoa que com elas te causei. Vejo, hoje, que somos dois réprobos a cumprir, no mesmo cárcere, dolorosa mas remissora pena. Quando obteremos o alvará da libertação? Quando nos desvencilharemos destes despojos inúteis? Oh! quando chegará para os dois sentenciados sem apelação o momento da liberdade? Só a morte, a grande redentora universal, nos poderá libertar, descerrando a porta eril do nosso ergástulo. Ah! então, as lágrimas que a dor nos faz verter se transformarão em róseas pérolas de ventura.

"Tenho, presentemente, inveja dos que partem para o Além. Tão soldado me sinto ainda à Terra, que, prevejo, muito custará minha alma desprender-se da pétrea masmorra que a empareda!

"Estou, porém, conformado com a sorte. Já sei abençoar cristãmente todas as adversidades. Receio, entretanto, François, que se te fores, antes de mim, me venha a faltar a coragem que desde alguns meses tenho tido, pois me parece que o refrigério da paciência me vem das tuas palavras, das músicas que executas como se foras um enviado do paraíso, um ser extraterreno, dotado da faculdade de aplacar as minhas dores e recordações, como tinha Davi a de serenar, com a sua harpa celeste, a cólera de Saul! Ai! que situação horrível será a minha, se vier a ficar *só*, com os meus pensamentos, com o corpo e a alma torturados tenazmente pelos sofrimentos físicos e morais!".

Ao ouvir essas palavras, verifiquei que me enganara supondo que a resignação se implantara naquele coração. Então, querendo predispô-lo para a prova decisiva, disse-lhe:

– Preparai vosso coração, meu pai, para receber mais um tremendo golpe, que provavelmente será o último da vossa existência: o de me ver desaparecer do cenário do mundo, ao cabo destes dias de amargura, que estão prestes a findar, pois já comecei a transpor o limiar da vida espiritual.

"Sinto que hora a hora o alento me vai faltando, que se adelgaçam os laços que me prendem o Espírito ao corpo, que em breve eles se romperão para sempre. A ninfa está ultimando a obra de destruição dos liames que a mantêm encerrada no casulo, onde lhe falta a luz, e, dentro em pouco, se transformará na falena de asas tênues, ágeis, leves, diáfanas, que se elevará ao firmamento, em demanda da pátria eterna".

– De nós dois, serei eu o que se libertará primeiro; mas pressinto que me conservarei ao vosso lado. Não deixarei, portanto, para mais tarde um pedido que vos quero fazer e que, espero, será atendido. Quando, daqui a poucos dias, não me for dado consolar-vos, executando no meu violino as músicas que vos mitigam os pesares, não vos lamenteis, nem vos desespereis por motivo da minha morte. Sabeis quanto as nossas existências têm sido acidentadas, como os reveses e os sofrimentos se multiplicaram nelas; deveis, portanto, compreender que será para mim uma dita alcançar a libertação do meu Espírito. Figurai que concluí o meu tirocínio artístico e fui contratado para fazer parte de uma orquestra de profissionais, que esta irá tocar em longínquas terras e que, passado algum tempo, ireis ao meu encontro, com a saúde restaurada, com os passos firmes de um mancebo de dezoito anos.

"Imaginai ainda que, enquanto durar minha excursão, vos transmitirei constantemente meus pensamentos, que confabularemos amistosamente como agora, porquanto não ignorais que, livres da matéria, nossas almas podem confabular com os que lhes são caros no mundo, servindo-se de uma linguagem muda, mas inteligível.

"Rogo, pois, tenhais a maior e mais santa resignação, quando me virdes partir para o *paraíso longínquo*, de que vos falei, onde espero ser feliz, porque nesta vida só conheci o sofrimento e nunca me rebelei contra as Leis providenciais, não reincidi nos delitos que outrora cometi quase impunemente. Humilhei-me quanto devia e, nos momentos das mais acerbas aflições, recebi a benéfica influência dos Mensageiros celestiais, que sobre a lápide da minha alma derramaram alegrias, como sobre um túmulo se espalham flores.

"Tive sempre o amor puro de Jeanne e o vosso amor de pai, os quais sinto que superarão o tempo e as distâncias. Recebi do Céu alento nos instantes em que mais áspera era a refrega moral, como recebi também as mais sublimes inspirações musicais, linguagem de numes, que escuto enlevado e mal posso interpretar nas cordas do violino, que, entretanto, exprime todos os sentimentos da alma humana.

"Não devemos temer a morte, uma vez que a consciência não nos acusa de haver transgredido as Leis divinas. Sabemos que o crime é sempre punido e a virtude galardoada. Podemos, pois, sondar sem receio o futuro, que será o eco do presente. Não maculamos as mãos na prática de nenhum crime, antes as enobrecemos pelo labor honesto. Não profanamos os lábios com o perjúrio, a traição, o ateísmo. Resta-nos, conseguintemente, esperar, com um estoicismo digno de Zenon,[46] a hora extrema, serenamente.

"Assim, quando a minha vida, curta mas dolorosa a ponto de me parecer, às vezes, que já vivo há um século, for ceifada, porque o haja determinado o Criador, não deploreis o meu desaparecimento fugaz da vossa presença, certo de que mais tarde me encontrareis de novo, como a todos aqueles a quem consagrastes afeição imperecível e imaculada.

"Sede, portanto, intrépido e submisso às determinações do Alto. Gravai bem, no âmago do vosso ser, as minhas exortações. É preciso que saibais sofrer nos momentos

---

[46] Filósofo grego, fundador do estoicismo: doutrina que se caracteriza por uma ética em que a imperturbalidade, a extirpação das paixões, a aceitação resignada do destino, são marcas fundamentais do homem sábio, único apto a experimentar a felicidade.

das provas definitivas. Não imprequeis contra o destino. Abençoai as vossas tribulações e dores, objetivando a felicidade que desfrutareis se souberdes cumprir a pena que vos foi imposta, pena aparentemente bárbara, mas de fato calcada no direito celestial, proferida por juízo absolutamente imparcial e justo."

Acabando de pronunciar essas palavras, ouvi soluços. A palestra que entabuláramos, de cama para cama, cessou por instantes. Fiz esforços ingentes para me levantar; não o logrei. De mim se apoderara invencível languidez. Invoquei o auxílio dos emissários divinos e só então me pude sentar.

Com tanta eloquência e persuasão lhe falei ainda da paciência necessária nos momentos aflitivos, que meu pai não articulou uma só queixa e me prometeu resignar-se à nossa próxima separação temporária.

CAPÍTULO VII

Durante quase dois meses me pungiu um indizível pesar. Supus haver perdido o estro musical, ter sido abandonado por meus queridos inspiradores.

Essa, de todas as minhas expiações, a mais dolorosa. Muitas vezes chorei em silêncio, sem ter a quem transmitir minha tortura íntima. Um dia, quase ao anoitecer, dirigi ao Criador uma súplica sincera e logo ouvi, numa linguagem muda mas enérgica, que se filtrava pelo meu cérebro, estas palavras:

– Empunha o violino.

Era uma ordem dos Invisíveis. Para cumpri-la, ia chamar pela Margot, quando lhe ouvi os passos morosos no compartimento contíguo ao em que me achava. Pedi-lhe me levasse o amado instrumento, que jazia no seu pequenino estojo, desde que a enfermidade se agravara.

Meu pai protestou, dizendo não consentir que, no lastimoso estado de fraqueza em que me encontrava, me fatigasse. Temia uma funesta consequência. Prometi-lhe ser moderado, executar só uma melodia e descansar longamente.

A custo sustive nas mãos o precioso instrumento quando das de Margot o tomei. Faltava-me a força muscular necessária para com o braço esquerdo mantê-lo horizontalmente, assim como para premir as cordas e movimentar o arco. Tal era a minha debilidade! Pedi então à bondosa serva que me achegasse às espáduas as diversas almofadas, sobrepondo-as umas às outras. Assim recostado, pude preludiar uma ária – a primeira que aprendera e com a qual sempre experimentava a afinação do violino.

Fazia-me, porém, sofrer o esforço que empregava para sustentá-lo nos meus braços esqueléticos e enfraquecidos pela febre. Senti-o pesar tanto como se fora um alude colossal que, resvalando sobre eles, começasse a esmagá-los.

Meu pai, apreensivo, exclamou:

– Não faças um excesso que talvez te seja fatal, François! Não agraves o teu estado, meu filho! Por Deus, não te fatigues!

Não lhe atendi ao carinhoso apelo e continuei a dedilhar lentamente a ária, naquela santa relíquia com que Jeanne me presenteara, dominado pelo misterioso pressentimento de que nunca mais o faria de novo. Tive ímpetos de abraçar o violino, de cobri-lo de beijos e lágrimas. Cumpria-me, porém, ocultar o que em mim se passava. Meu pobre pai me estava observando.

De repente, como se me houvesse transformado em barra imantada, um brando fluido magnético me percorreu da cabeça aos pés e meu corpo fremiu. Experimentei, em seguida, agradável sensação de conforto e bem-estar. Senti que sobre minha cabeça jorravam eflúvios benéficos, que se me infiltravam por todo o organismo, suavizando-lhe as dores, tonificando-o prodigiosamente.

De um só impulso me pus de pé, dentro de ampla camisa de dormir, que se assemelhava a uma veste talar, e que avultava na proporção do emagrecimento do corpo. O violino, que pouco antes se me afigurava de bronze, mal podendo segurá-lo com o braço pendido, se tornou como que imponderável. Com a mão direita comecei a impelir agilmente o arco, arrancando às cordas sons que pareciam desferidos por argentinas fibras.

Inesperadamente sucedeu o que não acontecia havia dois meses precisos, desde aquela memorável noite em que adoeci gravemente: entrei a escutar, num intraduzível arroubo, como se estivera com o ouvido no receptor de um telefone, cujos fios descessem do Infinito, maviosíssimas vibrações. Eram dulcíssimas melodias, sonoridades incomparáveis, misto de luz e harmonias, que cascateavam do Alto, como se viessem de um festival seráfico fendendo o firmamento. Fluíam de lá e se coavam em minh'alma, incendendo-a no seu cárcere sombrio.

Deixara de sofrer. Todas as minhas dores físicas desapareceram inteiramente. Julgava-me elevado a uma região encantadora. Tinha os pés presos ao solo e a fronte mergulhada no espaço sideral. Extático, principiei a divisar caracteres romanos, que, luminosos, iam surgindo um a um, formando uma legenda, ou uma epígrafe misteriosa. Sem dúvida compunham o título daquela música deliciosa que eu, enlevado, executava. Formaram a curva de um arco-íris, destacadas todas as letras, como numa projeção elétrica multicor, terminando o dístico por uma reticência de estrelas.

Li estas palavras:

La Dernière Larme***

Quanto tempo durou o êxtase? Não o sei dizer... Pouco a pouco me voltou a noção da realidade e pude compreender o que dizia o paralítico:

– É a tua mais bela produção, esta que acabas de executar, meu filho! Jamais me esquecerei dessas volatas divinas, que me inebriaram por momento e que, julgo, ficaram insculpidas em minh'alma. Por que se me não extinguiu a vida nestes instantes inefáveis?! Morreria venturoso, se morrera ouvindo-as. Tocaste uma serenata do céu, meu François!

– Sim, meu pai, também eu, sem imodéstia, a posso qualificar de sublime, porque ela, como aliás todas as composições que me atribuíram, é obra de virtuoses siderais. Sempre as ouvi como se as modulassem nas mansões cintilantes os Espíritos purificados pela dor. São eles os inspiradores dos artistas terrenos, aos quais, assim, dão a conhecer o regozijo que os aguarda no Além, se aqui não claudicarem, se conservarem impolutas as almas. A composição que acabastes de ouvir, eu vo-la dedico. É o meu canto de cisne. E quem a mereceria mais do que o meu companheiro de cárcere? Sabeis qual o nome que lhe *deram*?

– Se me competisse dar-lhe algum, escolheria o de *Prantos fulgurantes*, porque realmente, enquanto a apreciava, as lágrimas que me orvalhavam os olhos se tornavam brilhantes, se transformavam em gotas de luz, que me permitiram ver a nossa mísera alcova como que inundada da claridade de um luar que se difundia por toda ela. Divisei, como se estivera alucinado, uma entidade vestida de luminosa neblina, com um dos braços alçado, fitando o céu, donde certamente desceu para mo apontar. Imagina, François, que reconheci nessa aparição um ser que nos é muito caro, muito saudoso. Vê quanto se deve achar refrigerado meu coração! Ah! doravante, saberei ser digno da dor que me flagelar o peito e do céu que ma enviou, pois tenho quem me norteie para ele: um dos mais pulcros arcanjos que lá decerto me aguarda para sermos ditosos. Qual, porém, a epígrafe dessa melodiosa e célica produção?

– *A derradeira lágrima.*

– Antes o fosse para mim!

Ditas essas palavras, senti que me ia faltar o equilíbrio, que no meu íntimo algo de extraordinário se passara. Senti-me novamente desamparado pelos Invisíveis. Sofri violento abalo em todo o ser e, logo após, um desfalecimento invencível, a impressão de que fora arremessado da cúspide de uma torre a um abismo pavoroso.

As forças me abandonaram de chofre, como se houvessem isolado o dínamo – meu organismo – das baterias elétricas. Meus esguios braços ficaram inertes, frígidos. Deles pendeu o violino que outra vez se tornou pesado como se feito de bronze. Resvalou até ao solo, foi cair junto do leito de meu pai, e, ressoando, como se soltara angustioso gemido, se espatifou.

Inutilizou-se o precioso instrumento, cujo tampo harmônico se espedaçara. Meu pai deu um grito estridente de inenarrável pesar, como faria o desventurado Saul se visse em fragmentos a melodiosa harpa de Davi.

Percebi que se esforçava por apanhar do soalho o violino, o que afinal conseguiu. Começou então a lhe passar pela fenda a única mão de que dispunha, como a passaria sobre uma chaga que desejasse ver cicatrizada.

Em outra ocasião teria compartilhado do desgosto paterno, mas, naquele momento, apenas uma fugitiva mágoa me aflorou à alma. É que em mim se operava uma grave alteração. Minha individualidade e meu corpo me pareciam diversos do que haviam sido até então.

Compreendi, por uma sensação indefinível, mas não inédita, que começara o afrouxamento dos laços fluídicos que me retinham o Espírito preso à argila humana e tive a lúcida certeza de que me não deveria afligir pelo violino amado, que já não tinha dono, pois minha existência se avizinhava do seu termo.

Um mundo, de que já não me lembrava mais, principiou a esboçar-se no meu íntimo. Tinha a impressão de que meu crânio tomara proporções colossais. Afigurou-se-me que minh'alma, depois de jazer em letargo por muito tempo, despertara aos acordes daquela sublime cavatina. Comecei a distinguir, como em sonho, sombras, vultos femininos, envoltos em roçagantes clâmides de deslumbrante alvura, que desfilavam, ininterruptamente, a pouca distância do meu leito.

Tantas coisas fantásticas surgiam e desapareciam diante de mim, que meus sentidos físicos se embotaram. Tornei-me insensível aos padecimentos corporais. Esqueci meu próximo fim, mergulhado num Letes profundíssimo, do qual me parecia que jamais havia de emergir. Quase deixara de ter vida orgânica. Sentia-me longe da Terra, próximo das paragens inatingidas pela dor e pelos seres que ainda se acham agrilhoados fortemente às vestes materiais.

Por fim distingui duas silhuetas graciosas, de túnicas nevadas, que se postaram uma aos pés, outra à cabeceira do meu catre, e não mais deixei de as *ver* senão quando se me romperam os últimos liames da vida.

Numa delas reconheci Jeanne e na outra um ente familiar também, meu protetor bem-amado. Não as enxergavam meus olhos feitos de luto, que nenhum milagre tornara perfeitos. Era minh'alma, já quase exteriorizada do corpo físico, que as vislumbrava, ao clarão de suave radiosidade, que eu supunha descer, em bátegas de luz, do próprio Infinito.

Reconheci, por intuição, naquelas duas entidades, as adoradas atalaias que vigiavam todos os meus passos, que se desvelaram por mim durante toda a minha existência, enquanto lutei na arena terrestre, e que aguardavam meu regresso ao mundo em que habitavam, mundo das sombras para os precitos, mundo das luzes inextinguíveis para os justos ou regenerados.

Contemplava-as distintamente e por vezes as supunha tão achegadas ao leito, que estendia os braços, procurando segurá-las pelas vestes tenuíssimas, alvinitentes e intangíveis.

Estava consumada a minha atroz provação – a cegueira. Já não existia também, para mim, o mundo palpável, que eu apenas conhecera por intuição e pelos ensinamentos de Jeanne. Um outro começara a se me patentear. Era como se assistisse ao desenrolar de um filme cinematográfico, em que se sucedessem imagens de regiões extraterrenas, de paisagens bizarras, crepúsculos de pérolas e de rosas, alvoradas de ouro pulverizado, seres de beleza vestalina e andar alígero.

Compreendi o fenômeno que se dava comigo: meu espírito já se libertara de muitos vínculos que o enclausuravam na prisão carnal, donde ansiava por se desvencilhar, qual falena que, ao se lhe dilatarem as asas de gaze, corrói os filamentos que a tolhem, para, librando-se nos ares, inebriar-se nos liriais em flor.

Já o sentia flutuante nos meus órgãos, qual bergantim que oscila sobre as vagas. Ao passo que, aos poucos, se iam dilacerando os últimos elos fluídicos que ainda o ligavam à matéria, entrava eu na posse de uma faculdade potente, que reconhecia não pertencer à vida, mas à alma – a da visão!

Todas essas impressões que vos acabo de expor, querido amigo, experimentei-as nos breves segundos que se seguiram aos em que deixei cair das mãos o dileto violino.

Meu pai, vendo-me quase desmaiado sobre as almofadas, deixou por sua vez cair de novo ao chão, com fragor, o pobre instrumento e se pôs a chamar-me reiteradas vezes, sem que me fosse possível atender às enternecedoras súplicas que me dirigia. Chamou então a Margot, que não lhe respondeu, por se achar ausente naquele momento em que minh'alma se emancipava dos finais obstáculos que a prendiam à Terra.

Meu infortunado genitor não cessava de implorar socorros para mim, delirando de aflição, no auge da angústia, até que, regressando, a dedicada serva acudiu, me acomodou na cama e entrou a fazer-me fricções na fronte e nos pulsos com um éter que não pude aspirar senão dificilmente.

Recobrei, porém, os sentidos. À letargia sucedeu a exaltação febril. Tinha sobre o tórax dorido um Etna[47] em atividade. A todos os instantes meu pai me interrogava, com a voz cheia de soluços e carícias:

— Que tens, que procuras, meu François? Por que agitas assim os braços? Quanto sofro por te não estar prestando auxílio algum! Queres tomar o teu calmante?

Pude, pela última vez, balbuciar, num supremo esforço:

— Coragem, meu pai... chegou o momento de vos deixar... mas, não para sempre! Soou a minha hora derradeira... já *vejo* seres incorpóreos, que a meu lado esperam minha partida... É a morte que se aproxima, bem o sei, mas que não nos há de separar... prometo mais uma vez... proteger-vos... amar-vos... não vos desamparar... jamais...

— Não me fales assim, François; é a febre que te faz tresvariar! Acalma-te, meu filho, que ainda hás de viver longamente para meu consolo! Foi o excesso que fizeste, de tocar violino no estado de debilidade em que te achas, o que te pôs nesta agitação... Foi...

Não pôde concluir a frase encetada: apavorado, ele

---

[47] Vulcão da Sicília (Itália).

me viu soerguer o busto e golfar pela boca, numa onda espumosa e escaldante, todo o sangue que me restava no organismo, até a última gota.

Passei, então, por um esvaimento, uma tortura rápida e empolgante, ao mesmo tempo que branda anestesia me foi ganhando todo o corpo, paralisando-lhe os membros, tornando-os glaciais, dando-me a sensação de que os músculos se me fizeram de mármore, destacando-se os dos pés e dos braços por uma algidez extrema.

Sobreviera-me, mais intensa, a dispneia e ligeira convulsão me abalou todo o corpo, contraindo as próprias vísceras. O coração, que até ali palpitara precípite, começou a imobilizar-se, fremindo, por vezes, nas derradeiras sístoles e diástoles. Afigurava-se-me estar prestes a adormecer profundamente, de um sono que me insensibilizaria por completo, distanciando-me do solo, fazendo-me tênue, leve, flutuante. A calma aniquiladora em que me via era apenas perturbada pela voz de meu pobre pai a chamar pela Margot, dando-lhe instruções para me acudir e reanimar, prevendo o próximo fim.

Ouvindo-lhe as palavras de tribulação, de dor e de súplicas contínuas e inolvidáveis, com o pensamento alçado ao Criador do universo, foi que deixei de viver nessa existência em que me chamei François Delavigne.

Lembro-me ainda, nitidamente, das comovedoras exclamações do meu desventurado companheiro de infortúnio ao notar que o alento vital se extinguia em mim. Foi ouvindo-as que expirei.

Exclamava ele:

– Deus meu! o que mais sinto é estar acorrentado ao leito, não me poder levantar para abraçá-lo pela derradeira vez! É preciso que mo atirem sobre este corpo de pedra, para que lhe possa oscular a morta fronte inspirada! Não me é dado prestar-lhe os últimos tributos de minha afeição! Perdoa-me, François! Meu adorado filho, cumpre o que me prometeste com tanta segurança: vem lenir as minhas amarguras para que eu não blasfeme até final cumprimento da minha cruel sentença – a de ver partirem para o sepulcro os entes que mais amei neste mundo! Vai com Deus, meu François, roga-lhe por este infeliz ainda algemado ao corpo, para ser supliciado, e que acaba de perder o último ente idolatrado, que o confortava nas horas da desventura!

Por fim, deixei de ouvi-lo. Meu corpo se enregelou inteiramente, fez-se rija estátua de gélido alabastro; minhas pálpebras cerraram-se fortemente numa última contração, para todo o sempre – como a tela que desce sobre o derradeiro ato de um drama pungente, para ocultar aos espectadores um cenário desolado e sombrio – vendando meus olhos onde só trevas houvera.

Cessara o eclipse para minh'alma, que cumprira uma das suas mais acerbas provações. Ela fora mondada de todas as urzes nocivas, sulcada pela charrua da dor, arroteada, enfim, para o cultivo de todas as virtudes, para que germinassem em seu seio, como searas divinas, todas as potências psíquicas, flores imortais que desabrocham nos páramos etéreos e que engrinaldam a fronte dos justos, dos habitantes siderais, flores cujas pétalas são feitas da mesma luz inextinguível que jorra do âmago das estrelas.

Findou-se assim a minha existência planetária, aos dezoito anos de idade, dez meses após o passamento de Jeanne. É que, meu amigo, nossas almas não se adoravam menos que as de Castor e Pólux[48] – um dos mais belos símbolos do amor fraterno – e, acendradas pelo sofrimento e pelas lágrimas em caudais fecundas, remidas dos trágicos delitos de suas precedentes encarnações, não mais precisavam das lapidações terrenas. Aprouve por isso ao Onipotente, sempre magnânimo, que a nossa separação não fosse longa e, com a sua misericórdia infinita, abençoou, afinal, a nossa inabalável e perpétua aliança!

---

[48] Heróis mitológicos. Estes dois nomes são citados muitas vezes para simbolizar a amizade.

Livro V

O homem astral

CAPÍTULO I

"Até hoje, vivi exilado da minha verdadeira pátria; volto para ela; não me choreis; recupero a morada celeste para onde cada um de nós seguirá por sua vez: lá está Deus."

HERMES

Eis-me de novo no Espaço, no pélago do éter e das constelações, de regresso de uma das mais penosas existências, em que minh'alma executou em surdina a sinfonia da dor e do pranto ignorados.

Logo que se quebraram as fêveras fluídicas que me retinham o Espírito preso aos tecidos corporais, ligeira perturbação me obumbrou as potências anímicas. Em branda letargia imergiram todas as minhas faculdades intelectuais. Esse estado, entretanto, não se podia comparar com o aniquilamento, com o torpor e a inquietação que me sobrevieram quando findou a vida planetária de Paulo Devarnier.

Desta última vez, parecia-me estar sob o império de um grato anestésico. Embora um pouco aturdido, percebi que era transportado carinhosamente nos braços intangíveis de um ser que, conquanto vagamente, dava-me a impressão de não pertencer mais ao mundo cujos umbrais misteriosos acabava de transpor.

Umbrais misteriosos, digo bem, porque quer se trate de entrar na vida terrena, quer se trate de sair dela pela morte, sempre os transpomos adormecidos, empolgados por um sonho aprazível ou doloroso. Tive, depois, a sensação de estar cindindo os ares, ascendendo velozmente para uma região ignota. Apesar de não me achar na posse plena das minhas faculdades, julgava-me venturoso e aguardava serenamente o julgamento de todos os atos que praticara durante a existência em que estive privado da vista, por sentença emanada do supremo tribunal divino.

Inigualável bonança, eflúvios de alegria e de paz me invadiram docemente o ser. Não tinha a toldar-me a tranquilidade da consciência a mais tênue sombra de remorso pela transgressão dos deveres humanos e espirituais. Regozijava-me por me haver submetido aos decretos do Onipotente, por não haver conspurcado meus lábios com alguma blasfêmia; por ter cumprido, quase austeramente, a minha pungentíssima missão terrena. Era, pois, tranquilo que me recordava de quase todos os episódios da última encarnação, não tendo a vergastar-me a consciência o látego do remorso, parecendo-me que superara os óbices, nos momentos das lutas morais.

Tudo isso me passou pela mente, enquanto ia sendo conduzido por uma entidade protetora, como pelos tutelares braços maternos um infante adormecido, sem descerrar as pálpebras. Estranha força me obrigava a conservá-las fechadas, como se ainda estivesse cego. Depois, senti que me depositavam docemente sobre um solo relvado, macio, como que feito de pelúcia ou arminho. Um estremecimento me agitou todo o ser. Logo, pude erguer-me e abrir os olhos.

Amigo! Há impressões que jamais poderemos traduzir, por serem inexpressivos os vocábulos. Falta-lhes o colorido sem o qual não logramos exprimir os sentimentos que nos tumultuam dentro d'alma, nas horas de emoções intensas! Fácil, porém, vos é compreender o que comigo se passou! Oh! poder, enfim, após quase quatro lustros em que tive os olhos sempre enlutados, contemplar a natureza, num desabrochar radioso de manhã primaveril, em zona equatorial; poder mergulhar a vista na amplidão sidérea, pincelada de ouro e nácar diluídos nas fráguas do Criador do cosmos! Depois da treva, da sombra, da penumbra, do eclipse, um arrebol! a Terra em flor, a luz volateando em jorros pelo Infinito, numa profusão digna do Senhor do universo!

Cessara a cegueira que me obscurecia até a própria alma, porquanto esta, constrangida na tétrica prisão carnal, raras vezes vislumbrava efêmeras alvoradas, rápidos crepúsculos, fugazes meteoros que passavam, deixando-a ofuscada e caliginosa.

Saber que terminara, afinal, a acerba prova com que a Providência aferira a minha resignação e a minha humildade; recobrar um dos mais belos atributos espirituais – o da penetração visual; poder admirar a natureza, as maravilhas que a embelezam, os astros irisados que fulgem no firmamento, formando uma gama portentosa de colorações, de cambiantes, que deslumbram as faculdades enfraquecidas daquele que apenas acordou do sono tormentoso que se chama vida terrena, oh! que ventura! Considerai tudo isso e compreendereis, bom amigo, o júbilo que de mim se apoderou.

As horas decorriam com assombrosa rapidez e não me fatigava de fitar o que me circundava, de embriagar-me na contemplação das flores silvestres, dos vegetais, da amplidão azul, zimbório cinzelado num só bloco de turquesa. Pus-me a sondar tudo quanto a vista alcançava, desejando orientar-me a respeito do local a que me haviam levado. Em que região do globo terrestre estava eu?

Sabia apenas que me encontrava no cimo de uma cordilheira gigantesca. Era alvo condor feito de brumas e pousado no dorso de descomunal megatério, que os séculos petrificaram. Apesar das névoas que a embuçavam, semelhantes a um cendal de gaze tenuíssima, de brancura açucenal, minha visão, decuplicada, varava uma extensão incomensurável. Ao longe, descortinava um oceano undoso; singravam-no inúmeras embarcações, com as suas velas desfraldadas, banhadas de sol. Assemelhavam-se a um bando de alcíones, brancos, aninhados nas vagas com as asas longamente espalmadas para o Além.

O nevoeiro que me cercava no cume da serrania, atravessado por farpas luminosas arremetidas do levante, se desfez aos poucos, desvendando o horizonte róseo, de um matiz incomparável de flores de macieira ou de eloendros desmaiados. Apolo[49] inflamou, então, com espadanas douradas, toda

---

[49] Deus grego e romano dos oráculos, da Medicina, das Artes, dos rebanhos, do dia e do Sol. Filho de Zeus.

a natureza, que cintilou por entre fulgurações de diamantes em combustão, liquefeitos, ainda coruscantes. Admirava-me de conservar latentes na memória todos os conhecimentos e toda a nomenclatura das coisas, todo o acervo de recordações de passadas eras, em que não ignorava as formas, nem as cores de quanto a Terra contém. Surpreendia-me o verificar que subitamente se reavivaram todas essas percepções, como que ao mando de um condão mágico.

O tempo deslizava celeremente e eu não me saciava de admirar a Criação, que é amar o Arquiteto do universo, é tributar-lhe uma homenagem sincera, tácita, inexprimível; é erguer-lhe, do dédalo do nosso ser, uma prece silenciosa que escala o Espaço, evolando-se do nosso imo como das corolas fragrantes se desprende o aroma que transpõe os ares em ondas de delicioso perfume, até atingir o próprio céu.

Começou a anoitecer lentamente. O Ocidente, numa apoteose crepuscular, parecia incendiado por um Nero[50] que, montando alado Pégaso,[51] galopasse pelo infinito, numa ânsia louca de Arte suprema. Depois, como se potentes duchas invisíveis jorrassem sobre as rubras e áureas labaredas, ateadas havia poucos instantes, o fulgor do ocaso foi empalidecendo, desmaiando, até se extinguir de todo, tornando-se cinéreo, figurando colossal forja apagada.

Qual cortina que oculta um cenário infindo, as som-

---

[50] Imperador romano de 54 a 68, a quem se atribui o incêndio de Roma, a que assistiu, declamando versos que compusera.

[51] Cavalo alado que nasceu do sangue de Medusa. É o símbolo da inspiração poética; supõe-se que leva os poetas pelo Espaço. Montar o Pégaso ou cavalgar no Pégaso significa fazer versos.

bras velaram então, por alguns momentos, os píncaros da cordilheira em que me achava sem outro pensamento que o de explorar o que me rodeava.

Morosamente o céu principiou a porejar sóis, primeiramente isolados, depois em profusão maravilhosa. Eram exércitos lúcidos mobilizados no firmamento, em marcha cerrada e vitoriosa para uma conflagração de nuvens, brandindo baionetas coruscantes.

Do mesmo passo que iam surgindo, o solo também ficava salpicado de luz, porque os lampejos esvoaçavam sobre os vegetais como minúsculas e aladas estrelas de esmeralda, caídas do domo sideral, ensaiando graciosos volteios aéreos.

As constelações me fascinavam: eram punhados de ouropéis disseminados copiosamente pela amplidão etérea, mais nalguns pontos do que noutros, e as argênteas nebulosas me davam a impressão de que miríades de astros haviam sido triturados numa ciclópica mó, reduzidos a poeira que, em seguida, um harmatão desenfreado espargira pela cúpula celeste, formando a via-láctea, que a cinge de um pólo a outro, qual Arco de Triunfo posto sobre a Terra, por onde as almas sonham ascender, supondo-o a estrada do ideado Paraíso. Mirando os primores divinos, em minha mente irromperam ideais retrospectivas, de uma romaria prodigiosa através do empíreo.

Aos poucos, todas as recordações se aviventaram, todas as cenas de meu último avatar se desnudaram. Então pensei longamente em meu pai, que ficara muito além, a carpir decerto a minha ausência. Enterneci-me e as lágrimas gotejaram de meus olhos. Se algum habitante planetário me ouvisse agora, talvez sorrisse, indagando desdenhosamente:

– Quê! Como pode existir a lágrima, quando os órgãos estão verminados no âmago do sepulcro?

Ai! é que esse ente ignora ainda que o sentimento não medra da matéria, que o pranto não se gera nos vasos lacrimais, que ele nasce na alma, que o expele gota a gota, quando emocionada ou entristecida. O sentimento a acompanha, espaço em fora, porque ela é a sua sede. Podemos assim chorar mais copiosamente depois de desmaterializados do que com o espírito encerrado no ataúde carnal. As lágrimas são átomos da nossa própria alma, quando a dilacera a dor.

Comovido, pois, com a recordação do mísero paralítico, empolgado pela magnificência do firmamento, ajoelhei-me e, por muitas horas, na calada da noite, meus pensamentos se elevaram até ao sólio do Sempiterno, estabelecendo-se uma misteriosa comunhão entre eles e a vastidão cerúlea, como se um hífen os ligasse, ou como se galgassem um a um os degraus de luminosa escada.

CAPÍTULO II

A pós longas horas de meditação, no silêncio majestoso da noite, sob o esplendor da abóbada estrelada, foi-me surgindo nitidamente, no cenário da imaginação, o conhecimento exato de toda a minha última existência.

Recordei meus raros contentamentos, meus grandes pesares, o pranto que vertera em momentos de amargura, os afagos de Jeanne, as lamentações e o sofrimento do nosso genitor; meus arroubos musicais, os aplausos que obtivera em instantes de sublime inspiração. Sentia-me venturoso, intimamente banhado de incomparável tranquilidade. Verdadeiramente reconhecido ao Altíssimo, tornei a agradecer-lhe a magnanimidade de que usara para comigo, o auxílio espiritual que nunca me fora negado nos dias aflitivos.

Se tivesse ao meu alcance um instrumento sonoro, uma harpa, um violino, um piano, comporia ali uma sinfonia consagrada ao Sumo Artista, tributando-lhe assim, em ondas musicais, toda a gratidão que de mim transbordava pelos benefícios que dele recebera.

Ao conceber essa ideia, logo se me tornou visível um ente formosíssimo, de alvíssimas roupagens, postado à minha frente. Reconheci nele, por um rápido despertar de reminiscências, o meu amado guia, o meu Inspirador divino. Certamente a ideia que acabara de corporificar-se na minha mente fora por ele sugerida. Sua presença iluminava o local em que me achava.

Prosternei-me a seus pés, como o cristão ante um altar sagrado, sentindo-me vibrar de intenso reconhecimento. Ele, porém, me ergueu suavemente, roçando-me a fronte com a sua destra radiosa, e logo, dadas as mãos e fitando o céu constelado, que começava a desmaiar aos primeiros albores do Oriente, fizemos juntos uma prece ao Incriado. Em seguida ele disse, com um timbre de voz que me era familiar e infinitamente melodioso:

– Não foram inúteis, felizmente, os meus esforços por te suster a alma, que pendia para o vórtice do erro e do ateísmo, por alçá-la aos páramos sidéreos! Atendeste fielmente às minhas inspirações, superaste intrepidamente os escolhos das árduas provas; nunca imprecaste contra as vicissitudes da sorte, nem contra o destino traçado por aquele a quem aprouve dar-te a luz da vida sem a das pupilas, de ti ocultando toda a Criação, como se a envolvera em lúrida cerração, a fim de que dentro do teu ser se patenteasse um mundo, que desconhecias, o mundo subjetivo.

"Soubeste lenir com o bálsamo da resignação todas as dores – físicas e morais – que te não faltaram, foste humilde e paciente nas horas das ríspidas mas profícuas lapidações psíquicas; amparaste e confortaste aquele que era o teu genitor adorado e no qual não reconheceste o primo crudelíssimo, o adversário execrado em muitas encarnações e que, na penúltima, te assassinou impiedosamente, naquela em que foste Paulo Devarnier.

"Ainda te assustas, meu irmão? Tremes, ao sondar o báratro do passado? Serás capaz de adiá-lo novamente? Não reconheceu o teu espírito, um momento sequer, nessa finda existência, o antigo e implacável inimigo que te causou tantos desgostos e cujo coração também feriste com incomparáveis ultrajes?

"Não imaginaste nunca que Carlos Kœler era o Delavigne, que tantas vezes osculaste? Não, eis o que dizes e é o que eu esperava de ti.

"Compreendes agora por que no período mais agudo da enfermidade de Delavigne, ele parecia detestar-te e à tua irmã, quando íeis visitá-lo ao hospital onde jazia, vítima de heroico altruísmo? Lembras-te de como o teu coração se confrangia de terror ao ouvires dele palavras de maldição? É que seu cérebro, incandescido pela febre, semelhante ao vulcão que, quando em atividade, arremessa longe as lavas mais profundas – arrojava de seus abismos interiores, dos verdadeiros subterrâneos do espírito, todas as reminiscências, as escórias de um passado de abominações, que ressurgia qual espectro pavoroso a erguer-se de um ossário funéreo.

"Sentes, no recôndito de tua mente, algum átomo de aversão contra ele? – Não! – é o que me respondes na tua consciência íntegra e translúcida de ser evoluído, vejo que votas sacrossanta ternura àquele desditoso.

"Ao recordar o teu nobre espírito onde predominam os sentimentos generosos, todos os extremos que recebeste de quem, tendo-te ceifado a vida numa existência, te deu o ser em outra; ao te lembrares da afeição lídima e inextinguível daquele a quem chamaste – Pai! – e que trabalhou para a tua manutenção, quando eras desventurada criança cega; ao pensares no teu companheiro de lutas e infortúnios, que aumentaram e solidificaram o amor que lhe tinhas; ao te recordares de quem suportou a teu lado os mesmos golpes que te feriram o coração; daquele a quem consolaste nos momentos de amarguras inauditas; daquele a cujo espírito – torturado pelo ceticismo e pelo desalento – deste o refrigério da fé e da esperança; daquele a quem prometeste lenir as mágoas, cicatrizar as chagas que em seu coração abriu o punhal da dor, assim transpusesses o limiar do mundo em que já te encontras e ao qual regressamos finda cada uma das nossas missões terrenas, tu choraste, François!

"Bendito pranto o teu! Choras ainda! Ah! como são diversas as tuas lágrimas de hoje das que vertias quando ainda eras réprobo, quando tinhas a alma açoitada no abençoado pelourinho do remorso, que leva o delinquente a investigar os seus próprios crimes, a sentir horror das vilanias praticadas e o encaminha para o bem e para a virtude! Essas gotas, que destilam de teus olhos, são aljofres de enternecimento e de saudade e não mais chispas de compunção, de desespero, de ódio e de dor!

"Meu irmão, eis-te com o espírito depurado pelo sofrimento, desbravado pelas provas ásperas mas benéficas, preparado, enfim, para os grandes surtos, os sublimes tirocínios de mensageiro divino, para os mais nobres cometimentos!

"Não tens mais a enegrecê-lo nenhum lodaçal de crimes, nenhum labéu de ódio, de perjúrio, de ateísmo, de traição, de vingança. Está níveo e sutil. Ele se enrijou, como aço, na forja da dor, adquirindo uma têmpera inquebrantável; não é mais idêntico ao que já foi; de diamante tosco e informe se tornou luminoso, semelhante a uma cintila de estrela, graças às torturas da lapidação. Acha-se atualmente mais alvo e diáfano que um floco de bruma aureolando uma cordilheira, à hora do alvorecer, e já principia a inundar-se de um luar inextinguível.

"Conheces, agora, a onisciência do Altíssimo; sabes quanto ele é compassivo, magnânimo, paternal para com os transviados, concedendo-lhes guias e instrutores dedicadíssimos, que os arranquem do sorvedouro do erro e os elevem às estâncias de luz. Já não ignoras por que modo ele põe termo ao rancor dos adversários: soldando-lhes os Espíritos pelo mais excelso amor, acorrentando-os para sempre com os vínculos dos mais dignos e nobres sentimentos!

"Pela afeição filial estás ligado àquele que viste padecer, Delavigne, cuja fronte marmorizada pela insônia e pela desventura beijaste muitas vezes, cuja mão estreitaste carinhosamente em horas tormentosas de acerbos reveses. Já não mais podes esquecer e abandonar o infeliz que deixaste na França, sonhando com a felicidade de contemplar – finda a sua espinhosa jornada – os dois seres que, há muito, são por ele amados quanto foram, outrora, odiados; que lhe dulcificaram as amarguras da vida e aos quais ainda chama *queridos filhos*, completamente esquecido do tenebroso passado.

"Eis como se patenteiam a necessidade e a conveniência do esquecimento de todos os episódios de suas transcorridas existências para a criatura que se acha enclausurada no aljube carnal. Só assim se opera, por alquimia divina, uma assombrosa metamorfose no escrínio da alma: do ódio, larva repulsiva, que corrói todas as alegrias, todos os mais generosos sentimentos, todos os impulsos para o bem e para o perdão, despontam – após as expiações longas e flageladoras – as asas gráceis da borboleta gentil que é o amor, seja este filial, conjugal, paterno ou fraternal, capaz dos menos concebíveis sacrifícios remissores.

"Explicam-se deste modo as tuas mais pungitivas provas, mormente a da cegueira e a da perda de entes estremecidos. Aquela foi para que te humilhasses; para que melhor domasses os teus ímpetos de rebelião contra o destino, para que pudesses avaliar o poder do Criador, a quem não sabias venerar; para que te compenetrasses de que unicamente dele derivam todos os bens que desfrutamos, todos os nossos sentidos corpóreos, dos quais a falta de um só nos faz imperfeitos, desditosos, mutilados. A outra, a da separação dos entes diletos, serviu para que aprendesses a avaliar a dor que farpeia os corações, quando os ferimos com a deslealdade, com o menosprezo pela honra alheia; para que avaliasses a extensão e a pureza de teus próprios sentimentos. Não é absolutamente justo que os seres a quem infelicitamos outrora não possam concorrer para a nossa ventura senão depois que lhes consagramos afeições extremas e imorredouras?

"Remiste, porém, pelo amor impoluto, pelo desvelo, pelo labor, pelo respeito às leis celestiais, todas as máculas do passado, da época em que levavas aos lares castos o vitupério, o luto, a lágrima, ficando impunes os teus delitos.

"Quando a justiça humana se mostra impotente e falha para reprimir os erros danosos e prejudiciais à coletividade ou a um de seus membros, a Têmis divina[52] lavra irrevogável sentença, que tem de ser cumprida inflexivelmente.

"Assim se opera a reabilitação decretada pelo Céu. E do esforço próprio do antigo precito depende acelerar ele a sua redenção, obter o alvará da liberdade, depois de cumprida a pena, que sempre equivale à falta praticada.

"Na tua última encarnação conseguiste, com esponja embebida na lixívia das lágrimas, limpar as páginas em que se achavam exaradas todas as tuas transgressões, todos os flagícios que havias cometido. Tens agora, no espírito acendrado pelas duras provas, a diafaneidade das gazes liriais, a alvura e a pureza da neve e o aroma delicado dos jasmins".

– Com relação a Jeanne, quero ainda perguntar-te: Não reconheceste na irmã adorada a tua amante de outrora, ou a tua noiva dileta, a encantadora Elisabet, por quem tanto sofreste? – Não – dizes tu. Entretanto, as recordações do que já foste começam a abrolhar no teu intelecto, que ficou obumbrado pela matéria e só readquirirá toda a sua lucidez quando se dissipar o último laivo de perturbação.

"Quando amaste mais a essa criatura – como noiva ou como irmã? Como irmã certamente, pois que Jeanne consubstanciava, para o teu espírito, todos os afetos humanos, sem o menor ressaibo de impureza. Sentias por ela ternura, afeição fraternal, veneração, sem que, uma vez sequer, pudesses contemplar o seu perfil angélico. Tu o trazias,

---

[52] Justiça divina.

porém, encarcerado no hostiário de tua alma, como a fragrância das violetas ocultas sob as folhas, que parecem verdes corações aconchegados, velando pelas flébeis florzinhas para que não as devassem profanos olhares, tal qual fazemos com os nossos mais cândidos sentimentos.

"Vais, enfim, após decênios de amarguras, que ressarciram as ignomínias de outras eras, poder unir-te perpetuamente àquela que foi a origem de tuas mais graves iniquidades, mas que também concorreu depois, eficazmente, para que te elevasses moral e intelectualmente, transformando em culto o afeto que lhe dedicas. Sim, não é mais o amor humano que te alia à alma açucenal de Jeanne, mas a imorredoura afeição fraterna, a que sempre prevalece sobre todos os sentimentos afetivos, a única indestrutível, a que entrelaça os seres, redimidos pela dor, os nivela na mesma hierarquia espiritual, os agrilhoa eternamente, tornando-os irmãos que reciprocamente se buscam, que se congregam em esferas fúlgidas, juntos executando missões nobilíssimas.

"A fraternidade é o penúltimo elo da quase infinita cadeia das mais dignificadoras afeições; somente ela faz que se confundam e incorporem, numa única, duas ou muitas almas afins, que se tornam gêmeas pelo mesmo grau de elevação moral, pela harmonia dos pensamentos, capazes desde então de executar sublimes cometimentos. Acima do amor fraterno só há um outro, indefinível, forjado de luz, de aromas, de melodias: é o amor dos amores, o amor supremo – o que consagramos ao Criador do universo!

"Já tens, meu irmão, essas duas fagulhas deíficas para te

iluminarem o espírito e foram elas que te fizeram o coração invulnerável aos golpes do venábulo das paixões criminosas, das imperfeições de caráter, dos erros ignóbeis. Saíste ileso das derradeiras pugnas morais em que entraste e por isso conquistaste o troféu, a que aspiras há mais de um século – a tua união com o ente adorável que, ultimamente, conheceste com o nome de Jeanne.

"Previno-te, porém, de que não está finda a tua tarefa e jamais o estará. Deixaste na Terra aquele que, em existências infrutíferas, como foram muitas das tuas, poluiu as mãos em crimes hediondos – homicídio e suicídio –, arrastado ao turbilhão das iniquidades por tua causa. Já iniciaste a sua reabilitação e tens que erguer às paragens radiosas aquele Espírito, ao qual estás preso por liames indissolúveis, urdidos de carícias, de acatamento, de sacrifícios, de amizade recíproca, que se denominam amor paterno e filial.

"Não está, pois, consumada a tua missão no planeta a que te achas ainda ligado por compromissos sagrados e inalienáveis. Vais repousar por algum tempo, numa das mansões venturosas da Criação, refazer a têmpera da tua alma, após os torneios arriscados do sofrimento, recordar o que já foste, receber imprescindíveis instruções. Em seguida, aqui voltarás custodiado por mim, que te norteio há séculos, com um desvelo que não podes pôr em dúvida, empenhado pela tua definitiva regeneração.

"Lembra-te, sobretudo, de que prometeste mitigar os infortúnios, a acerba saudade de quem expia excruciantemente os seus desvios, supondo-se abandonado nos instantes de indizíveis tormentos íntimos!"

CAPÍTULO III

Dito pelo meu querido instrutor o que vos acabo de repetir, começamos, por um brando impulso na nossa volição, a fender os ares em demanda do Infinito, onde se engastam as joias faiscantes do Onipotente – os astros e as nebulosas.

A Terra que, no princípio da nossa ascensão, vista do alto, tinha proporções titânicas, foi decrescendo, diminuindo de volume, até se tornar um fruto gigantesco, depois uma pequenina e escura noz, desaparecendo por fim, qual microscópico protozoário.

Chorei novamente, enternecido e saudoso ao rememorar o insulamento, a desventura do paralítico que ficara ainda no orbe das lágrimas, no tétrico esquife terrestre, inumado em profundas trevas, carpindo por mim, talvez abraçado aos estilhaços do dileto violino, como um náufrago aferrado aos destroços da galera esfacelada, tendo a enflorar-lhe o coração a derradeira esperança de avistar um recanto da terra patrícia.

Compreendi, então, à proporção que aumentava a nossa separação e se tornava incomensurável a distância existente entre nós, que nossas almas se achavam perenemente ligadas uma à outra. Afigurava-se-me ver delgadíssimo fio, tirado de um novelo de luz, atando-as perpetuamente.

Mas, por que chorava eu, quando ia ser feliz? Feliz? Quem o é em todo o universo? Onde existe a ventura sem jaça, em toda a sua plenitude, meu amigo? Sempre a alegria e a dor, a fazerem entre si a partilha do nosso coração ou da nossa alma, unidas como a sombra ao Sol, a escuridão à claridade, a noite ao crepúsculo. A dor é como a áspide que se oculta na fronde dos jasmineiros em flor, à espreita dos ninhos dos rouxinóis, ou que rasteja pelas verdes hastes, tentando magnetizar e deter, para devorá-los, os que passam voando, a sonhar venturas.

Sim, eu ia unir-me à adorada Jeanne, prender na minha a sua mão tutelar, oscular-lhe a fronte pura e, no entanto, tinha a tristeza a mesclar de azeviche o meu júbilo, lembrando-me de que subia para o repouso, para a paz, e deixava petrificado, acorrentado ainda ao sofrimento, o meu companheiro de suplícios.

Ai! a ventura integral não existe na Terra nem no Céu. Deus, porém, o artista inimitável, bem sabe por que não a criou. Foi pela mesma razão por que não criou a rosa sem a lagarta, a luminosidade sem a penumbra, porque a felicidade completa arrastaria o Espírito à beatitude, à inércia; ao passo que a dor o estimula, fá-lo conceber aspirações excelsas, é, enfim, imprescindível à natureza humana, porque espiritualiza e sublima os seres.

O riso, que desabrocha nuns lábios que se descerram, dá muita vez lugar à sátira, à irrisão, ao passo que a lágrima a deslizar de pálpebras violáceas inspira uma epopeia, uma sinfonia majestosa!

Bendita, pois, a melancolia que me acompanhava ao empíreo, como o satélite a um astro, pois era ela quem me infundia n'alma sentimentos bons, generosos e puros!

∾

Sempre a voar celeremente como outrora quando era Paulo Devarnier, com as ideias desanuviadas pelo meu nobre mentor, todo o meu passado se me patenteou. Contemplei-o desde o instante mais remoto até os que estavam transcorrendo.

Vi todos os quadros das minhas várias existências, desde a época em que era um simples lapúrdio, animalizado, boçal, atuado por instintos grosseiros, um quase antropoide, pertencente à humanidade primitiva do globo terráqueo. Acompanhei meu desenvolvimento físico através de múltiplas encarnações. Observei-me a delinquir muitas vezes, transviado da virtude em muitas vidas improfícuas, até que me arpoou o espírito o remorso. Então, compungido, meus sentimentos se foram aprimorando e me tornei afinal um homem culto, um artista dominado por elevados ideais.

Ora me *via* como algoz, ora como vítima, expiando os meus desvios abomináveis. Reconhecia, um a um, os seres que me são caros, salientando-se sempre Jeanne e o meu longânimo Protetor. Pude avaliar todos os seus sacrifícios ignorados, todos os atos de heroísmo que praticou para me erguer do paul do vício, em que me chafurdara, às paragens luminosas da perfeição psíquica.

Agradeci-lhe comovido toda a sua dedicação, mas, modestamente, ele me impôs silêncio e pediu que observasse a série de quadros em que eu aparecia sempre como protagonista de algum drama familiar, quadros em que, como bólides sulcando o céu enegrecido, a cólera, o arrependimento, a vindita e o amor riscavam o cenário das minhas existências.

Tantos pensamentos tumultuavam e se entrechocavam na minha mente, que me sentia torturado e julgava estar delirando ante o desfilar ininterrupto daqueles painéis movimentados, até que, afinal, lhes entrevi o termo: *vi-me* cego, desvalido, lutando penosamente para obter meios de subsistência, ao lado de duas criaturas amadas – Jeanne e meu pai – que foram outrora Elisabet e Carlos. Apreciei os meus triunfos artísticos, a enfermidade de minha irmã, a filantropia de Duchemont e de Margot, minha moléstia incurável e minha *morte*.

Chegara, enfim, ao presente e logo em mim se produziu uma brusca estagnação de ideias, um vácuo impreenchível e insondável se abriu. Invadiu-me a sensação de um silêncio incomparável – qual só deve reinar na profundeza dos mares e dos sepulcros; tive a impressão de que ia desmaiar e só então adormecer eternamente. Paralisaram-se-me todas as potencialidades psíquicas. Não era eu mais do que leve pluma insensível e inanimada à mercê de uma força poderosa que me não foi possível definir.

Pouco durou, porém, o meu entorpecimento intelectual. Qual planeta que, transpondo espessa penumbra, mostrasse de novo a face iluminada pelo Sol, despertei daquele esvaimento, da letargia espiritual que me empolgava e aturdia, e assombrado percebi o desabrochar de todas as minhas faculdades mentais. Uma luminosidade astral me penetrou, um fulgor de constelação se produziu dentro do céu de minh'alma, que ficou suavemente iluminada por flavo e deslumbrante crepúsculo.

※

Atingimos finalmente o alvo da nossa jornada: abeiramo-nos de uma estrela esplendidamente verde, semelhante, pela coloração e fosforescência, a um pirilampo, e, ao cabo de breve tempo, pairamos à pequena distância do seu solo.

Deliciosa sensação experimentei ao lhe penetrar na fotosfera esmeraldina, que aformoseava incomparavelmente o meu donairoso instrutor, realçando-lhe as vestes alvinitentes, matizando-as de delicadas tonalidades. Parecia-me haver ao mesmo tempo uma irradiação a envolver-me o corpo anímico e outra a borbotar de dentro de mim. Ora supunha que meus pensamentos iam sofrer nova paralisação, travados por um poder incontrastável; ora os sentia impregnados de intensa radiosidade, a me brotarem da mente com tanta violência e fecundidade que, se pudesse grafá-los, ocupariam toda a extensão da fila alvíssima da via-láctea.

Aproximamo-nos do núcleo resplandecente do orbe esmeraldino, voejando horizontalmente e cerce ao solo. Logo se nos foram ostentando paisagens encantadoras, de aspectos indescritíveis: serranias que pareciam moles gigantescas de turmalinas, com todas as nuanças do verde; solares de estilo bizantino, esculturados em jaspe translúcido, com extensos hortos em que medravam vegetais esguios, com formosíssimas flores intangíveis para os que ainda perlustram os planetas inferiores, parecendo lavoradas em pedras preciosas, de todas as cambiantes, recendendo essências ameníssimas.

Inefável melodia se desprendia de todos os castelos fulgurantes, como se em todos eles estivessem celebrando pomposos festivais. Esvaíram-se-me, lentamente, todas as recordações dolorosas da Terra; dominou-me uma bonança, uma calma que desejara jamais se extinguisse.

Subitamente, porém, meu amigo, meu galhardo guia parou e em seguida principiou a descer. Pousou num dos degraus da escadaria, em forma de voluta, de um deslumbrante alcáçar, como que talhado em topázio rútilo, e penetramos sutilmente, de mãos unidas, num salão em que a luz jorrava do próprio teto de cristal coruscante, de envolta com as fragrâncias dulcíssimas de flores imarcescíveis e com os arpejos de uma orquestra que executava magistral sinfonia.

No recinto se apinhava seleta sociedade, constituída de seres todos jovens, trajando singelamente, mas com suma elegância, túnicas de escumilha argêntea, luminosa.

Lembrei-me então do tempo em que ia tocar à noite nos palácios de Paris e apreciei o contraste que havia entre uma e outra multidão. Na terrestre, imperavam quase que exclusivamente o egoísmo, a vaidade, a ostentação, a hipocrisia. Na sideral reinava unicamente o amor, em todas as suas nobilitantes modalidades. Das frontes de todos aqueles seres, aureolados por um halo radioso, transpareciam pensamentos de pureza extrema. Todas aquelas entidades translúcidas se achavam animadas por ideais elevados, por sentimentos fraternais, a borbulharem de seus corações radiosos, que eu via pulsar através das suas roupagens de neve.

A realidade, porém, me absorvia a atenção. Entramos naquele reduto luminoso, onde se achavam congregados centenas de seres pulcros e o meu tutelar companheiro, cheio de solicitude, mos apontou, murmurando:

– Eis-nos chegados, meu irmão, a um dos inúmeros ateneus do universo, onde os Espíritos libertos das últimas imperfeições, acendrados pelos sofrimentos, remidos pelo escrupuloso cumprimento de deveres sociais e divinos, vêm retemperar as forças combalidas por prolongadas liças morais – em que os corações combatem e, às vezes, saem dilacerados – recobrar novo alento para prosseguirem na senda de austeras virtudes, pensar as úlceras que se lhes abriram na alma durante as árduas pugnas contra o mal e a adversidade. É aqui, finalmente, que eles iniciam o estágio para o desempenho de graves e meritórias missões – as de mensageiros celestiais.

"Rejubila, meu irmão, porque alcançaste um esplêndido triunfo na tua última encarnação, ao lado daquela a quem amaste santamente. Tu e Sidérea já estais classificados na mesma categoria espiritual, julgados, no areópago divino, dignos de permanecerem num orbe de paz, de alegrias imateriais, sãs, imáculas, e também de aprendizagens imprescindíveis ao excelso mister de agentes siderais.

"Vais receber o batismo espiritual, deixar de ser designado por um nome terreno e tomar outro, imutável, escolhido por mim – o de *Astral*. Eis, doravante, como te chamarás. Esse nome assinala a tua iniciação no sacerdócio dos mais dignificadores encargos".

Ao terminar essa breve alocução, a um gracioso gesto de Alfen – nome do meu brilhante Protetor, que mo revelou pela primeira vez –, de nós se acercaram todos aqueles entes airosos – semelhantes a joviais e chilreantes andorinhas, esvoejando celeremente às primeiras vibrações do campanário do templo onde pairavam – e, dentre todos, um se destacou, que me fitava com insistência desde que ali chegáramos. Reconheci nele a mesma grácil aparição que, ao executar eu a sonata "As núpcias das rolas", empunhava uma lira de flores. Sentindo-lhe o olhar que se embrenhava até ao mais recôndito escaninho de minh'alma, como que a me imantar, a atrair o meu ao seu Espírito, prendendo-o com um atilho de sol, subitamente compreendi que aquela entidade unificava diversas criaturas, as últimas das quais foram – Elisabet e Jeanne. Ela representava a fusão de dois amores inextinguíveis, o amálgama de duas eternas e inefáveis afeições, já abençoadas pelo Criador. Ali estavam numa só individualidade a noiva e a irmã idolatrada, cujos traços fisionômicos a minha retentiva sempre conservara e o meu coração evocara sempre. Tinha diante de mim Bet e Jeanne, meu amigo! Ventura indefinível, inaudita!

CAPÍTULO IV

Imaginai, meu amigo, o transporte de felicidade do meu espírito, no magno instante em que me aproximei daquele ser secularmente amado. Por momentos se me imobilizaram todas as ideias, concentradas no presente, naquela incomparável realidade, da qual não mais poderia duvidar: – a minha perene união com o ente a quem idolatrara em várias existências!

Pouco a pouco, entretanto, minha mente se dealbou, permitindo-me aquilatar melhor a minha dita. Estava a meu alcance a síntese de todos os meus sentimentos afetivos, a concretização de duas entidades – Elisabet e Jeanne – fundidas numa outra, que as substituíra com vantagem – Sidérea – arcanjo puríssimo, alvo, radiante, cujos pensamentos luminosos lhe nimbavam a fronte nobilíssima.

Estava perto de mim aquela por quem tanto sofrera e fora, ultimamente, a consócia de minhas amarguras, partícipe de todos os meus pesares, único raio estelífero que me iluminara a infância e suavizara as tristezas da minha mocidade fanada pela cegueira, que me norteara a alma para o Onipotente, lançando-a, num impulso fortíssimo, do pélago terreno às paragens cerúleas, pois que para ligar ao seu o meu destino foi que logrei esquecer as ofensas que me fizera um desumano adversário, foi que aprendi a abominar o mal, a acrisolar os meus pensamentos, a trilhar a senda do bem.

Vê-la quanto me aprouvesse, poder transmitir-lhe as minhas aspirações, os meus pensamentos mais secretos, narrar-lhe todos os meus passados infortúnios, as minhas inquietações quando dela me apartava; saber que a nossa vida, por todo o sempre, seria idêntica, que estavam findas as nossas rudes provas, que a nossa aliança, eterna e indissolúvel, fora abençoada pelo Incriado! Avaliai, por tudo isso, meu amigo, a extensão da minha alegria!

Como me sentia compensado de todas as angústias, naqueles segundos de ideal felicidade! Em um só instante, de lídimo contentamento, olvidei séculos de dor e de lágrimas!

No entanto, turvava o meu regozijo uma recordação de prístinas eras. Seria possível que aquela criatura, objeto ali do meu enlevo, cândida e vestalina, fosse a mesma por quem já nutrira pecaminosa paixão, quando a fizera minha amante, roubando-a a um lar honesto, compelindo-a a abandonar um pequenino ser, que, sem os seus cuidados maternais, perecera? Cruel inimigo me execrara. Reconheci, então, que bastante razão tivera ele para me odiar.

Apavorava-me a lembrança de ter sido um miserável roubador da honra e da ventura alheias. E a evocação dos meus crimes começou a marcar a satisfação que me inebriava naquele momento soleníssimo da minha existência astral.

Como pudera o Sempiterno olvidar os nossos delitos? Estariam completamente purificadas as minhas mãos que se purpurearam no sangue de um irmão afrontado na sua dignidade de esposo? Como nos punira o Criador e pusera termo aos nossos mútuos rancores? Impondo-nos rigorosa mas imparcial e íntegra sentença, ligando os nossos destinos em várias encarnações, fazendo que nos amássemos santamente, unindo as nossas almas por elos imateriais, por afetos inextinguíveis.

Compreendi então que fora levado a rememorar o passado para poder ajuizar a extensão da generosidade e a retidão da Justiça divina. Senti que nunca o meu Espírito se elevara tanto ao Onisciente como após o confronto de meus erros com a sua longanimidade e a inteireza das suas infalíveis leis. Daí resultou a minha perpétua submissão ao censor celeste!

Do abismo das reminiscências em que me engolfara, o meu prezado guia me tirou, tomando-me uma das mãos e levando-me até onde se achava o ente adorado que eu em-bevecido fitava. Aí chegando, falou assim:

– Irmãos, eis aqui mais um Espírito valoroso que triunfa, mais um ser evoluído que vem iniciar-se no tirocínio elevadíssimo de mensageiro celestial, mais um liberto da carne, do erro, das imperfeições morais, que se reúne às nossas fileiras, enchendo de alegria todas as mansões deste orbe, onde se soleniza a chegada de mais um prosélito do bem, de um irmão em Deus!

Todos se acercaram de mim, saudando-me graciosamente, depondo-me na fronte o beijo fraternal, que eu retribuía.

Depois, voltando-se para mim, continuou o guia:

– Eis aqui a tua noiva e a tua irmã, Astral! Chegou, alfim, o instante de se efetuar o consórcio que, há muitos decênios, desejaste realizar, através de obstáculos intransponíveis. Desde que o amor fraterno vos algemou, jamais o substituirá outro sentimento da natureza dos que imperam nos seres ainda sob o guante do sensualismo. O afeto imáculo que, há muito, consorcia as vossas almas, como as de todos os entes que aqui se congregam e as dos que habitam todas as estâncias radiosas esparsas pelo firmamento, só por um outro é superado – pelo amor que nos vincula ao Criador do universo!

"Poderíeis, há meio século, estar fruindo a ventura desta comunhão espiritual, tão sofregamente almejada, mas não o lograstes porque muitas vezes delinquistes. Não desejo recordar os vossos desvios, para não obscurecer a rósea felicidade de que hoje vossas almas exultam. Dir-vos-ei apenas que, afinal, soubestes conquistar o galardão dos vencedores, dos fortes, cumprindo retamente a pena que vos fora imposta. Para que reparásseis as vossas transgressões, precisastes de várias existências plenas de lutas mortificantes. Suportando penosos labores, padecimentos ignorados, espezinhações, ofensas, ficastes purificados, espiritualizados.

"Cumpristes todos os deveres sem tergiversações, praticastes atos de altruísmo, fostes carinhosos e compassivos para com o vosso último genitor, tementes e observadores das leis sacras. Não enlodastes os lábios com palavras de escárnio, de ceticismo, de blasfêmias, de perjúrio, de hipocrisia, antes os purificastes com as de perdão, consolo e piedade. Enobrecestes as mãos – outrora manchadas pelo homicídio e pela aniquilação da própria vida – por meio de lides honrosíssimas.

"Estais reabilitados, diletos irmãos!

"Abençoai agora as rajadas da adversidade, muitas das vezes desencadeadas sobre os vossos lares, abençoai as vossas humilhações, as vossas dores, pois que foram elas que vos emanciparam das imperfeições. Eu, que vos oriento há mais de um milênio, cobrindo-vos incessantemente com a minha solicitude, participo da vossa alegria. Ela repercute no meu íntimo, como no de um pai extremoso repercutem a glória, o valor de seus filhos, as honras que se lhes tributam! Galgastes heroicamente um degrau da escada infinita da evolução e do progresso psíquicos; podeis, em consequência, permanecer neste orbe – uma das primeiras paragens a que aportam os regenerados – o tempo que seja necessário ao vosso repouso.

"São em número incalculável as esferas rutilantes, mais louçãs do que esta, que ireis escalando aos poucos, à medida que vos fordes elevando na espiral sem-fim da perfeição espiritual.

"Ides encetar a aprendizagem nobilíssima da missão de protetores da humanidade sofredora, ides aprender a insuflar nas almas combalidas pela dor sentimentos dignificadores, elevadas ideias, novas energias, eflúvios de esperança e de concórdia, a enchê-las de tenacidade, de perseverança sem desfalecimentos. E todo triunfo psíquico, que algum ser infeliz alcançar por vosso intermédio, vos fará também subir um grau na hierarquia espiritual.

"Recreai-vos, porém, durante algum tempo; desfrutai a bonança que impera nesta mansão venturosa, ao lado destes irmãos, nossos ternos aliados; reconfortai vosso Espírito ainda aturdido e ulcerado por longas e macerantes provas. Depois, quando houverdes de partir, sabereis quais as criaturas que tereis de custodiar no áspero trâmite da virtude, que termina no Céu, no Infinito, no seio do próprio Arquiteto do Cosmos.

"Antes, porém, de iniciardes a tua magna tarefa, Astral, vais compor uma marcha triunfal, cujo tema te proporciono neste título que lhe dou – *Epitalâmio sideral*.

"Até hoje produziste composições inspiradas por transcendentes menestréis; agora te vai ser outorgada a faculdade criadora das Artes, que é um dos atributos dos que, evoluídos, cursam as academias do universo. Vais dedilhar um instrumento desconhecido na Terra, um instrumento que a tua alma emotiva fantasiava para dar expansão ao teu estro musical por achar imperfeitos o violino e o piano, incapazes de exprimirem o que ouviras em êxtase. Chama-se harpa eólia – pela sua analogia com a de Éolo,[53] que era tangida por bardos imateriais, invisíveis, e não exclusivamente pela viração. Essa harpa é o magnífico conjunto de várias orquestras, produz uma sonoridade encantadora, que desce em ondulações, até ao cérebro dos artistas planetários, fazendo-os julgar-se em delírio ou em sonho, como te sucedeu muitas vezes".

Assim dizendo, tomou-nos a mim e à minha irmã pelas mãos e nos levou para junto de um titânico e rutilante ins-

---

[53] Deus grego dos ventos.

trumento – que me pareceu esculpido em topázio e possuir cordas urdidas de sol. Cada uma tinha o som de um aprimorado instrumento e nenhuma cessara de vibrar, de desferir acordes suavíssimos, enquanto o meu magnânimo mentor nos falava.

Colocando Jeanne à minha direita (como outrora, em Paris, quando compus a primeira melodia), me fez, deslumbrado, tanger a formosa harpa e se conservou, com o seu aspecto majestoso, a pouca distância de nós. Depois, elevou os braços em atitude de prece, para receber do Alto eflúvios que certamente provinham do delubro onde se refugia o sumo Inspirador, para de lá dirigir todo o universo. Estabeleceu-se entre ele e o céu uma verdadeira fusão, pois que fúlgida cascata fendeu o Espaço em direção às suas mãos alvinitentes.

Impôs-me, então, sobre a cabeça, brandamente, os esguios, diáfanos e resplandecentes dedos, e logo *senti* que na minha mente desabrochara, por influxo divino, nova potência. Pude, logo, por mim mesmo, numa ebriez de ventura inefável, compor uma portentosa marcha esponsalícia, que haveis de ouvir, meu amigo, quando findar a minha primeira missão espiritual, pois ireis comigo ao mundo esmeraldino onde encontrei a felicidade vãmente ideada no globo terrestre.

Conheceis a sublimidade da música em pleno Infinito: é inexprimível em qualquer idioma planetário. Só ela interpreta todas as gamas das emoções da alma quintessenciada, é a sua linguagem maviosa e, como na Terra as toutinegras que se comunicam e compreendem por meio de melífluos gorjeios, assim os seres astrais se transmitem uns aos outros a alegria, a esperança, a fé, a saudade, improvisando trinados nos arrabis e nas cítaras mágicas, maquinadas por artífices divinos.

As ondulações melodiosas, que se evolavam de sob os meus dedos, sobrepujavam às da própria harpa de Éolo, que rapsodos intangíveis dedilhavam quando por suas fibras perpassavam os zéfiros, excediam às daquele, cujos místicos salmos se inspiravam nas Leis eternas – Davi,[54] exilado do céu, que, em momentos de transporte, lembrando-se certamente do que deixara no Além, nalguma coruscante esfera, compunha cânticos suavíssimos que deleitavam o rabino Saul,[55] serenando-lhe a exaltação do espírito.

Aquelas modulações não traduziam a sanha nem os sentimentos fortes e bárbaros. Eram antes como que pipilos de aves, trilados de passarinhos despertados numa selva secular, recendendo aromas, engalanada de orquídeas, como a das regiões equatoriais. Pareciam, outras vezes, blandiciosos lamentos, balbucios de crianças, quérulas reminiscências de lágrimas vertidas outrora, de dores sofridas e que afloram à alma sem mais a magoarem, graças à unção do tempo, que balsamiza todos os pesares.

Concluí a majestosa marcha, na incomparável harpa, por um *crescendo* triunfal, expressão do regozijo de duas almas afins que se encontram após séculos de separação e sofrimentos, e que juntas ascendem ao empíreo, para

---

[54] Segundo rei hebreu (1015-975?). Tornou-se escudeiro músico do rei Saul, a quem encantava com seus salmos acompanhados de harpa.

[55] Primeiro rei dos israelitas; foi substituído por Davi, seu genro, por ter desobedecido as ordens de Jeová.

jamais se separarem.

Todas as entidades gráceis que, sorridentes, nos rodeavam – na partilha fraternal do contentamento e dos desgostos – espargiam sobre mim e Sidérea fragrantes flores, cujas pétalas tinham a aparência do rubi, da safira e da opala eterizadas e se desfaziam mal tocavam o solo. Percebi então que meu Espírito se iluminara para todo o sempre, que minha fronte se nimbara com o halo da inspiração, que esta, em catarata refulgente, descia suavemente do alto, desde que meu seráfico Protetor invocara o Onisciente.

Seguiu-se um curto silêncio. Ergui-me docemente, impulsionado por meu Mestre, e este, passando a ocupar o meu lugar, improvisou um cântico magistral, que recebeu a denominação de "Hino Fraternal" – e logo foi entoado pelas vozes cristalinas e melífluas de centenas de seres de beleza apolínea.

Terminou o maravilhoso festival, depois de serem tratados vários temas de moral, de ciências e de artes, por outro hino, mais formoso do que aquele, ressumbrando reconhecimento, veneração, sentimentos puros e inefáveis, que arrebatavam as almas dos que o escutavam aos páramos divinos. Era consagrado ao Onipotente.

CAPÍTULO V

Passei algum tempo nesse Éden maravilhoso, identificado aos seres que o povoam por inquebrantáveis elos afetivos, ouvindo as odisseias de suas transcorridas existências, conselhos benéficos que só a experiência de milênios de provas sói ditar, engenhando obras de arte, assistindo às encantadoras festividades que lá se realizavam constantemente, escutando preleções científicas e morais, tendo sempre a meu lado a irmã querida.

Lembrávamo-nos, ela e eu, sem amargura, de todos os episódios de nossas últimas encarnações, mormente dos daquela em que malogrou o nosso noivado, quando éramos Paulo e Elisabet. Descrevi-lhe, com vivas cores, quanto sofri ao voltar pela última vez a Berlim, sem a trazer comigo para a França, deixando-a ainda entregue a seus algozes, onde a via sempre lacrimosa, aos pés de sua mãe desfalecida.

Recordamos todo o martírio inominável dos últimos meses que se seguiram ao nosso encontro e o nosso trágico fim. Rememoramos a nossa existência recente, e em que vivemos sob o mesmo teto, e ela me confidenciou que, antes de ser Jeanne, tivera outra curta e miserável vida, em que fora uma pobre criança deformada, linfática, quase cega, filha de criaturas rudes e crueis que premeditavam explorar-lhe a desventura, fazendo-a esmolar. Perecera num incêndio, cuja evocação ainda lhe torturava o espírito.

Dei-lhe a conhecer o pesar que me exulcerara o coração por não a poder contemplar, em consequência da minha cegueira; o saber quanto a mortificava, sempre que me acompanhava aos saraus, a obrigação de ficar, quando tantos jovens sorridentes se divertiam, trajados com requintado aparato, nos saguões, ao lado de fâmulos e lacaios, a esperar-me, trêmula de angústia para me guiar ao nosso pardieiro.

Lembramo-nos dos dias de adversidade, em que nos faltara o pão, do desvelo de Margot, da generosidade de Duchemont, do sofrimento do paralítico, que ainda se achava aprisionado no leito de suplícios, e desejamos partir em demanda do planeta da lágrima, para segui-lo na sua via crucis moral, para lhe ungir a alma com o bálsamo da nossa dedicação.

Essas mútuas confidências ainda enlearam mais os nossos Espíritos na trama do amor fraterno, solidificando para sempre a nossa indestrutível afeição, tornando *eterno* o nosso consórcio.

Fruímos assim, durante algum tempo, inaudita felicidade, considerando uma ventura até a reminiscência das nossas passadas amarguras, que então nos apareciam atenuadas, esbatidas como paisagens lobrigadas ao longe, através da cerração ou entrevistas em sonho.

Nossos irmãos compartilhavam do nosso regozijo e, em

muitos deles, reconhecemos amigos e parentes de outras existências, e que mais do que nunca o são agora, pela afinidade de ideais, pela identidade de condições, pela comunhão de sentimentos. Também eles nos relataram as suas lutas, as aprendizagens dolorosas por que passaram, para alijar de suas almas de réprobos as máculas e conquistar a perfeição psíquica.

Cada um daqueles seres louçãos tinha mágoas a narrar, reconhecendo, porém, a justiça e a longanimidade do Criador, que sentencia de acordo com os erros cometidos e sabe galardoar os esforçados.

Por fim o nosso querido guia nos tirou do embevecimento em que nos comprazíamos, dizendo-me:

– Urge partas, Astral, a desempenhar a tua piedosa missão. Se a cumprires denodadamente, poderei deixar-te entregue para sempre ao teu livre-arbítrio. Espero que jamais cometas a menor infração às leis do Onipotente, porque a nossa responsabilidade se avoluma à medida que avançamos na escala hierárquica da perfeição, e qualquer insignificante desvio do dever – desculpável num ser inferior, imperfeito, ainda animalizado – é punido severamente nos que tenham já desenvolvidas todas as suas potências espirituais.

"Não mais deves claudicar, meu irmão. Já trazes um longo tirocínio feito na escola das provações e da dor, onde purificaste os teus sentimentos. Confio, pois, em ti; sei que serás um rígido cumpridor de todos os encargos que te forem confiados, solícito para com aquele de quem vais amenizar os infortúnios, incutindo coragem e esperança numa alma que, em breve, deixará de permanecer no ergástulo da matéria – cárcere putrescível da chispa divina que, quando liberta, se libra no firmamento constelado.

"Sidérea vai ter idêntica incumbência junto de uma criatura que já foi estremecida por vós ambos.

"Trata-se daquele que, na sua penúltima encarnação, foi um dos vossos ancestrais, um dos vossos avós, daquele que obstou à realização do enlace matrimonial a que aspiráveis, porque se agastou convosco. Ele tinha o coração saturado de excessivo amor cívico e de orgulho, mas sofreu por vossa causa e não pôde resistir, na avançada idade em que se achava, à separação daquele a quem chamava, com escárnio, o *Francês*, e a quem entretanto adorava.

"Atualmente reside na Áustria, tendo nascido na Irlanda, de onde se expatriou ainda criança. Órfão e extremamente pobre, um piedoso vienense o levou para a sua terra natal. Padece hoje opressões, luta com a falta de recursos pecuniários, em país estrangeiro, mas já está regenerado pelas dores que tem sofrido, sabe amar os filhos de qualquer nação. Contudo, ainda não se convenceu da integridade da Justiça suprema, julga que sofre arbitrariamente o que não fez a outrem, pois desconhece a lei da pluralidade das existências, sem o que a Justiça divina deixaria de ter o cunho da perfeição.

"Sidérea vai, portanto, auxiliar o Protetor de um ser evoluído, com a alma completamente mondada das silvas das imperfeições, apta a receber a semente de grandiosos ensinamentos.

"Ela concorrerá para a suavização das agruras de uma vida de exilado, incutindo-lhe confiança nos desígnios da

Providência celestial, infundindo-lhe amor ao ser que, no infinito, circulado de estrelas, preside aos nossos destinos. Apontar-lhe-á, nas horas de nostalgia, a pátria eterna, o universo, fazendo-lhe saber que a criatura humana não possui uma única terra natal; que deve considerar todas as nações como partes integrantes de um todo indivisível – o orbe terráqueo – e que lhe cumpre amar, como irmãos, todos os povos.

"Fará que em seu espírito floresçam as grandes e opimas verdades promanadas do Criador, convencendo-o de que a alma não tem pátria determinada; é qual ave nômade que urde o ninho onde quer que pouse, em qualquer fronde víride que se balouça às lufadas dos favônios ou do siroco.

"Ele pressentirá o seu carinhoso auxílio como alguém que, mergulhado em profunda meditação, adivinha a aproximação do ente querido que, por detrás, lhe vendou os olhos com as mãos adoradas, as quais, nos momentos de gracejo ou de inocente carícia, têm sempre a maciez da pelúcia.

"É mister que tu, Astral, regresses à Terra primeiro que Sidérea. Poderás, porém, aqui voltar quando te aprouver, ao simples impulso da tua vontade, para fortaleceres o teu espírito com a serenidade que deflui desta esfera, como quem, sequioso e febril, procura uma fonte hialina para se dessedentar. Ouvirás então os mais formosos salmos e hinos, as mais arrebatadoras músicas, sinfonias inebriantes, que te hão de sugerir excelsos pensamentos.

"Poderás também compor algumas, quando a inspiração, como filetes de estrelas, jorrar de tua fronte, que se irá cada vez mais enluarando, até que fique eternamente iluminada com o halo dos mensageiros de Deus. A tua perene felicidade depende do exato cumprimento da missão que vais exercer – a de velar por aquele que, na Terra, ainda sofre as consequências de seus erros, anseia pela tua presença, se sente abandonado nos momentos de dor infinita, sepultado no seu próprio corpo, que se tornou pétreo.

"Vai, Astral, infundir, numa alma alanceada de saudade, pensamentos de resignação, de olvido do passado, de veneração ao Altíssimo, de submissão às leis sacras, de esperança no porvir. Serás, doravante, um dos seus invictos guias e desempenha o teu cargo com a mesma dedicação que lhe tiveste quando, sob o mesmo teto, lhe chamavas – pai!

"Vais coadjuvar, na sua meritória empresa, um de nossos leais irmãos, o mentor de Delavigne, que, desde era remota, tem sido infatigável, fazendo ingentes esforços para que ele mudasse de rumo, sempre que suas ideias o inclinavam para o torvelinho do ateísmo e do crime. O teu auxílio atualmente lhe é imprescindível, porque o teu espírito exerce sobre o dele salutar e poderosa influência. Foi graças a essa influência que, quando estavas a seu lado, conseguiste erguê-lo moralmente, encaminhando-o ao bem e à virtude, que lograste amanhar, enfim, sua alma para a sementeira das verdades transcendentes.

"Juntos agora, colaborando para atingir o mesmo objetivo, conseguireis mais rapidamente realizar o vosso desiderato, devido ao benéfico predomínio que sobre ele exerces, desde que se te afeiçoou profundamente, desde que se apertaram as guirlandas de ouro desse sentimento estreme, que hoje prende os vossos espíritos. As dolorosas provas, as adversidades estoicamente suportadas em comum, operaram a substituição do ódio que os repelia, como pólos magnéticos isônomos, por forças heterônomas, que os atraem, unindo-os um ao outro por todo o sempre, porque essas forças magnéticas incontrastáveis e eternas se chamam perdão, ternura, amor.

"Que é o que o amor não consegue realizar – seja ele paterno, filial, fraterno ou conjugal? Sê, pois, dedicado àquele que anseia por ti, Astral, e, ao terminares a tua ingente e gloriosa tarefa, poderás aqui repousar por mais longo tempo. Depois, ser-te-ão confiadas outras incumbências, que irão aumentando a tua responsabilidade, à proporção que fores galgando os degraus da escada da perfeição anímica. Todas estas entidades venturosas que vês são verdadeiras andorinhas migradoras: partem exultantes deste orbe – que tanto te maravilha e que é um dos sanatórios do Espaço, onde se tonificam as almas – para cumprirem suas primeiras e arriscadas missões espirituais. Mas aqui regressam constantemente, para receberem instruções e, sobretudo, para avigorarem a coragem esmorecida por longos e porfiados prélios morais, pois que algumas os sustentam renhidíssimos e sofrem indescritivelmente quando, já de posse dos atributos inerentes à nobreza de caráter e designados para velar pelos entes que lhes são caros, estes repelem seus salutares conselhos, praticam atos revoltantes, que ofendem a pureza dos sentimentos elevados.

"Este é, pois, querido Astral, um dos inúmeros sanatórios

do Infinito e ao mesmo tempo uma das suas universidades, para os neófitos ou aprendizes da perfeição espiritual. Não queres conhecer outros mundos ainda mais primorosos? Motivo de grande contentamento encontram todos os que aqui vêm pousar – ditosos pássaros erradios que se libertaram dessas invernias polares que se chamam provas planetárias – quando algum irmão se acolhe ou passa a outro orbe mais perfeito.

"Já tens assistido aos deslumbrantes festivais com que solenizam esse jubiloso acontecimento, pois que aqui não mais reina o egoísmo, nem o receio de separação eterna. O que parte em cumprimento do dever sacrossanto, ou para conhecer novos domínios siderais, volta a estas paragens, saudoso dos amados companheiros que deixou momentaneamente.

"Este é um dos impérios da imortal esperança. Por isso em todo ele predomina a cor verde que a simboliza no planeta de onde vieste e para o qual vais regressar. Nele, a ideia da separação perpétua não flagela mais a nenhum dos seres com os quais acabas de te relacionar para sempre.

"Não te sentes ainda com ânimo bastante para a elevadíssima tarefa moral que te confia a Providência: proteger quem sofre por ti e por Sidérea, dois satélites da sua alma torturada?".

– Como me hei de escusar, querido Mestre, de cumprir a ordem que me derdes, recebendo-a da onipotência divina, se vos devo a dita e a serenidade que desfruto? Executarei, sem tergiversações ou desfalecimentos, com a maior submissão, todas as determinações que venham de um Espírito preclaro como sois, porque vos venero, admiro e desejo retribuir, como perene gratidão, a solicitude paternal que me tendes dispensado! Constitui agora ardente aspiração minha permanecer ao lado daquele a quem dei o sacrossanto nome de pai, desejando fazer o que lhe prometi sempre, até nos meus últimos instantes da vida terrena.

"Vós, ó amado Mestre, que me arrancastes ao turbilhão dos delitos, que almejais o meu aprimoramento anímico, não ledes meus pensamentos através da minha fronte translúcida, que se assemelha à campânula de cristal cobrindo uma lâmpada acesa?

"Posso recusar-me a me desvelar por aquele a quem consagro imperecível afeição? Todo o nosso trágico e doloroso passado se extinguiu. Não há mais vestígio, no âmbito de minh'alma, do que fomos um para o outro, em remotas eras, e, como dissestes, o amor filial que lhe voto, qual saneadora esponja, apagou de uma vez por todas os atros caracteres que o ódio gravara no recesso de nossos espíritos e que, quando nos abominávamos, pareciam indeléveis.

"Apressemo-nos! Deixo novamente a ventura pela dor, mas não me molesto, pois convencido estou de que os conquistadores da felicidade superna são o sofrimento, o sacrifício, o dever.

"Estancar uma lágrima é sentir a alma venturosa; cumprir um dever sagrado e austero é banhá-la numa caudal de luz, que jamais se extinguirá."

Ditas estas palavras, ele me estendeu a mão de névoa radiosa e apertou a minha com efusão, murmurando cheio de emoção e enternecimento:

– Não foram infrutíferos os meus esforços, pois consegui que te reabilitasses, que te tornasses um espírito reto e nobilíssimo! Senhor! Abençoai este irmão que já é digno de ser um dos vossos emissários!

Ao proferir esta veemente súplica, ao som de um hino dulcíssimo, todos os irmãos que nos cercavam se concentraram em profunda meditação, formulando fervorosa prece numa real comunhão de ideias. Observei, pela primeira vez, um maravilhoso fenômeno: vi cair do Alto uma chuva de prata pulverizada. Era como se sobre todas aquelas frontes ilibadas, erguidas para o Além, numa atitude de prece, joeirasse suavíssimo luar. Senti que meu ser imergia num oceano de paz, de inefável serenidade, flutuando sobre ondas de luminosa suavidade.

Logo que todos cessaram de orar por mim, congregamo-nos ao redor da harpa eólia e, ladeado pelo meu insigne Mestre e por Sidérea, executei uma sonata que estudava em minha mente, como se a houveram transformado num oceano de harmonias. Ao terminar, consagrei-a ao piedoso amigo que me norteou para o bem e para a felicidade que fruem os redimidos. Entoamos depois, em coro, um cântico ao Incomparável, expressando-lhe tudo quanto transbordava do meu íntimo: reconhecimento imperecível pelos benefícios dispensados a todas as criaturas; tristeza, por ter de me afastar, embora momentaneamente, daquele remanso; ansiedade pelo regresso; anelo por cumprir estritamente a incumbência que me era dada; desejo ardente de não vacilar nem fraquejar e de ser auxiliado com a bênção divina – áureo broquel que nos torna imunes, invulneráveis aos assaltos do mal, eternamente invencíveis.

Sidérea compôs também umas estrofes líricas, que foram cantadas por ela e outros irmãos. Lembro-me ainda das quadras seguintes, que se descoloram quando vertidas para um idioma inexpressivo e imperfeito, tão diverso do original:

> *Criador! Nos supremos instantes,*
> *Em que os vossos fiéis paladinos*
> *Vão partir para os prélios gigantes*
> *Do dever, vos imploram, em hino:*
>
> *– Enflorai nossas frontes de Esp'rança...*
> *Dai-nos bênção fagueira, impoluta:*
> *Esta é luz, é consolo, é bonança...*
> *Tendo-a alguém, vencerá toda a luta!*

Momentos após, deixamos, eu e o meu ínclito mentor, o orbe esmeraldino e começamos, em vertiginoso voo descendente, a demandar o planeta terrestre.

Transcorridas muitas horas, divisamo-lo circundado de espessa atmosfera. Depois dos prodígios que contemplara, experimentei um vago temor, um frêmito de desagrado, pois que a Terra me pareceu uma esfera carbonizada, envolta em gaze caliginosa, verdadeira guarida do pranto, das atras expiações, do sofrimento. Mas, para lenir todas as minhas flébeis emoções, ficara-me a lembrança de haver passado algum tempo num radioso paraíso. Onde quer que me achasse, cuidava ouvir, acompanhando-me Espaço em fora, como se um rouxinol, perdido no firmamento, estivesse a cantá-lo, o hino mavioso de Sidérea, entoado à hora em que nos separamos. Fora mais um elo que prendera perenemente sua alma saudosa à minha, onde, assim, dois atilhos de luz havia – um vinculando-me à Terra, outro ao Céu.

CAPÍTULO VI

Só então, ao atravessar o espaço em demanda do globo terráqueo, me compenetrei da maravilhosa realidade desfrutada em um mundo fascinador. Enquanto lá estive, achei-me sob o império de um sonho fantástico!

Não seria de fato pura fantasia permanecer eu numa região formosíssima, como aquela, povoada de seres cultos, laboriosos, belos, artistas exímios, associados para cooperarem nas grandiosas empresas do bem? Não fora ilusão o ter-me relacionado com os infatigáveis agentes siderais, que descem aos planetas de depuração espiritual para suster as almas à beira do pego das iniquidades, aonde as arrasta o simum das imperfeições e dos vícios, e prepará-las para a ascensão aos orbes isentos de injustiça, de guerra, de impureza, de hipocrisia, enfim, de todo o acervo de males e defeitos morais que hão flagelado as coletividades de todas as eras? Não.

Naquela esfera resplandecente passei horas amenas, conheci as Artes no seu máximo requinte. Tudo, entretanto, deixara para cumprir um dever. Daí o trazer tranquila a consciência, embora uma certa melancolia me dominasse. Não tive um instante sequer de desfalecimento, porque, como bem sabeis, no espírito esclarecido e avigorado pelas refregas morais, pujante é a tenacidade, hercúlea a força que o impulsiona para o bem, para a execução das mais arriscadas missões, por penosas que sejam. Nele impera a aspiração de servir fielmente ao Criador, de lhe testemunhar imorredoura gratidão, de merecer a sua preciosa bênção – que lhe acende no íntimo focos de luz pura e lhe dá livre ingresso nos mundos modelares, onde já se encontra a felicidade quase em toda a sua plenitude, onde os que se amam com efusão e imaterialmente não mais receiam os ciliantes apartamentos – a mais pungente das provações!

Quando nos aproximamos do globo terrestre – que me pareceu tisnado, enegrecido, umbroso, isolado, em confronto com as rútilas esferas por que passáramos e diante das quais nos detivéramos um momento para melhor as contemplarmos, experimentei um brusco despertar.

Compreendendo a emoção que de mim se apoderara, meu querido mentor renovou os seus conselhos, que me sensibilizaram até as lágrimas.

Lágrimas! Que são as lágrimas? Fagulhas que se desligam silenciosamente do nosso próprio ser, perdendo-se no éter e deixando nele muitas vezes um sulco luminoso que nos segue pelo Espaço além, semelhante ao dos aerólitos que, como penas desprendidas desses condores chamejantes – as estrelas cadentes – que voam pelo infinito, são vistos da Terra quais lágrimas de luz, serenas e velozes, que levam as crianças a perguntar "se as estrelas também choram".

Reiterou as instruções que me dera relativamente ao desempenho da minha missão espiritual, traçando a rota que teria de seguir no cumprimento dos meus deveres. Suas palavras, mal eram pronunciadas, se impregnavam nos refolhos de minh'alma.

– Meu irmão – disse-me ele –, já sabes o que tens a fazer: amenizar as últimas aflições de um ente amado, que, em breve, ao exalar o extremo alento, será levado ao orbe que já conheces e que é ao mesmo tempo um tribunal e uma academia para os iniciados nas missões transcendentes. Sê digno do encargo que te foi confiado e poderás mais longamente gozar do convívio de irmãos lapidados por séculos de sofrimento. Nunca, porém, queiras ficar inativo, porque o trabalho é o propulsor dos Espíritos para o Onipotente, e quem deixou de ser criatura rastejante e banal deve saber abençoá-lo. Todas as entidades que viste, ávidas de progresso, se esmeram cada vez mais no desempenho de tarefas que lhes dão direito a acessos, a promoções na hierarquia espiritual, feitas de acordo com o mérito real, obedecendo à mais íntegra justiça. Só as conseguem os lídimos heróis, os mais abnegados, impávidos, laboriosos.

"Vou deixar-te em breve, Astral, saudoso mas exultante, porque te vejo trilhando o áspero carreiro da virtude e sei que jamais desmerecerás do meu conceito.

"Virei aconselhar-te com frequência; continuarei vigilante, mesmo separado de ti, pois sabes que há uma algema radiosa ligando todos os entes remidos – o amor –, centelha divina transfundida em nossas almas, sentimento-luz, como o ódio é o sentimento-treva.

"Poderás dulcificar os teus labores quando te aprouver, passando algumas horas ledas no mundo que te encanta, onde comporás harmoniosas obras.

"Terás ensejo de encontrar os que te foram amigos, companheiros, parentes, em passadas existências, e que estão a terminar suas provas planetárias. Não deixarei de velar por ti, paternal e devotadamente, mas não me verás por algum tempo. Ficarei qual corpo celeste que, sombreado por total eclipse, não pode da Terra ser visto, mas continua a exercer sobre ela a mesma influência."

— Eis-nos, Astral, chegados à metade da nossa jornada. Estamos na França, que foi tua pátria em mais de duas encarnações, país onde sofreste dores lancinantes, onde delinquiste muitas vezes e terminaste há pouco uma das tuas vidas mais cheias de pungentes e salutares reparações.

"É sempre proveitoso ao nosso espírito percorrer os sítios que lhe são familiares, recordar o que já fez de nocivo e o que aí padeceu. Acompanhar-te-ei a todos eles, porque todos foram por mim também perlustrados.

"Aproximamo-nos agora de Paris. Eis a chamada cidade-luz, tão bela, tão imponente para os que a observam ainda com os órgãos visuais materializados, poetizada por um passado memorável. Aqui se hão desenrolado dramas estúpidos, monstruosos e sinistros. Este tem sido igualmente o cenário de abnegações, de heroísmos, de tragédias, de martírios inomináveis. Contempla-a, Astral, com o mesmo recolhimento com que penetramos num Campo Santo, onde jazem os farrapos humanos, as rotas vestes da alma.

"Com a aprendizagem que já fizeste em mundos deslumbrantes, bem vês quanto são inferiores às do Espaço as maravilhas da Terra."

Vi-me de súbito como que despertado de um longo sonho venturoso, numa povoada região, com o seu incessante perpassar de transeuntes – ondas humanas que se sucedem ininterruptamente –, com seus esplêndidos palácios, seus famosos monumentos, que causam assombro aos turistas e que, no entanto, são de extrema mesquinhez comparados aos dos orbes fulgentes, onde as Artes se tornaram quintessenciadas, inimitáveis, onde a magnificência das construções, de impecável arquitetura, enleia os que as contemplam pela primeira vez.

É que nelas predomina a luminosidade; a matéria de que são feitas é quase imponderável, tem a translucidez e a rutilância dos topázios, dos diamantes, das esmeraldas incendiadas.

Foi com indescritível emoção que comecei a rever aqueles familiares e amados sítios. Verifiquei, então, quão exata era a ideia que trazia de tudo que me cercava, quando cego. Na minha retentiva – espelho mágico em que se refletem as imagens de tudo o que observamos em anteriores existências – se gravaram todos os fenômenos presenciados em diversas encarnações, tudo como que encerrado numa urna encantada, que abro quando me apraz.

Fui ter, ainda orientado pelo Protetor, à mesquinha mansarda onde por último desencarnara ao termo de espinhosa vida que hoje bendigo, porque colho flores que jamais fenecerão e que, para desabrochar, precisaram ter as hastes borrifadas de lágrimas.

Apesar de nunca a haver visto, não me iludira na ideia que dela sempre formara. Outros modestos móveis substituíram os *nossos*; outra família paupérrima, constituída por criaturas pálidas e melancólicas, habitava a humilde mansarda. Espectadores invisíveis, percorremos livremente os poucos e acanhados compartimentos de que se compunha, detive-me no pequeno aposento onde eu e minha irmã exaláramos o último alento e onde nosso pobre pai tantas súplicas nos dirigira. Que fora feito do paralítico? Lendo-me os pensamentos, o tutelar Companheiro me informou:

– Jaz num hospital. A pensão que recebe do irmão, ele a dá aos cegos. A bondosa Margot se acolheu à casa do teu leal amigo Duchemont.

Infinita ternura me empolgara todo o ser. Dominava-me o desejo veemente de ver o querido entrevado, cujas feições desconhecia, mas imaginava denunciadoras de austera nobreza. Quanto ao que ali sofrera, já não me magoava mais. Minha impressão era a de quem, tendo adormecido num lôbrego pardieiro, despertara em suntuoso solar, surgido da terra ao contato de uma vara mágica.

Não foi realmente o que me sucedeu? Não *adormeci*, após infortúnios inconcebíveis, em sombrio tugúrio para acordar num mundo rutilante, de ideal beleza?

– Lembra-te sempre, Astral, com gratidão, das pessoas que habitaram esta desconfortável morada – disse-me ainda o extremoso guia – e a cada uma delas faze carinhosa visita. Hás de ir também ao lar de Duchemont, auxiliá-lo em seus trabalhos musicais, dar-lhe a compreender que o não esqueces e que jamais se romperão os vínculos que ligam tua alma à dele. Percorre sem vexame esta mansarda. São lúgubres, sim, as suas paredes, como eram as que muravam o teu espírito, mas foi aqui que tua alma começou a vestir-se de luz, a contrastar com as trevas de teus olhos.

"Recordar o que fomos, o que sofremos, folhear as páginas de passadas vidas, escritas com pranto, é nos proveitoso, serve para que nem um só átomo de orgulho se aferre ao nosso íntimo, para que melhor possamos avaliar os nossos esforços, a metamorfose operada em nosso ego...

"Reavivar o passado é sondar um pego imensurável com o escafandro da realidade, levando à mão uma lanterna de rádio, a cuja luz podemos perquirir, investigar serenamente – como o cientista isolado no seu laboratório – o que já praticamos. Descobriremos, então, no pélago da alma, dragões horripilantes – os nossos desvarios – e as róseas pérolas de afeições sinceras, de carícias inolvidáveis, de abnegações sublimes, de sacrifícios redentores.

"Sondemos, pois, constantemente o passado, esse grande, esse ilimitado oceano que se contém em nossa alma e que se avoluma, cresce de segundo a segundo, mas do qual jamais transborda uma só gota.

"Que valeria o prazer desfrutado numa esfera cintilante, se olvidássemos todos os infortúnios que nos laceraram o coração, enquanto peregrinávamos na Terra? Para que a felicidade seja plena e intensa, é mister que tenha havido o sofrimento; que ela represente o troféu de porfiada luta.

"Quem nunca padeceu frui inconscientemente uma ventura, que tornará, por fim, insípida, tediosa, nula, devoradora de si mesma, como Saturno o era dos próprios filhos. Quem ignora o que seja o labor não sabe apreciar as horas de lazer; quem nunca verteu uma lágrima de dor desconhece a esperança que enflora os corações nos instantes de amargura, fazendo-os sonhar dias calmos e ledos.

"A ventura não se alimenta desde que nada mais haja a desejar, a saciar, a empreender. Uma criatura feliz, a que nada mais aspire, vive inerte, e a inércia é corrosiva, como a oxidação, que destrói o próprio aço.

"O vegetal para se tornar virente, viçoso, para se laurear de flores, precisa ser rociado todas as noites, regado todas as manhãs, receber os ósculos do Sol, respirar a aragem fagueira. Pois bem, a felicidade é planta ainda mais melindrosa, requer cuidados extremos, incessantes, para que não definhe, resseque e pereça.

"Aquele que, desde criança, só se alimentasse de um néctar delicioso, não lhe poderia achar o sabor que nele descobriria quem, habituado a frugal alimentação, o sorvesse uma só vez na vida. A repetição da ventura fá-la banal. Para que a logremos duradoura, constante, cumpre tenhamos sempre obstáculos a vencer. Nos instantes de repouso, precisamos ter, para evocar, passadas refregas, a fim de jamais cairmos na beatitude. Eis por que o trabalho é progresso, é uma das leis eternas e universais, é pedra de Sísifo,[56] em perpétuo movimento."

～

– Apressemo-nos, agora, Astral, para que dês início à tua missão espiritual.

"Vais, enfim, contemplar as feições daquele a quem estás ligado para todo o sempre. Onde se forjaram os grilhões que vos uniram para a consumação dos séculos? Em dois leitos de dor, dos quais só resta um. Vem vê-lo, meu irmão."

Calou-se o preclaro mentor e fiquei a rememorar o passado, como se recordasse as cenas de um drama doloroso e fugitivo, do qual não pudesse me esquecer nunca, mas que não me causasse mais opressão. Essas romarias, que empreendemos através das eras remotas, são como as derradeiras vagas que desfalecem em praia vastíssima, sem a impetuosidade das primeiras, das que se erguem do mais profundo abismo oceânico.

Chegava a duvidar, por momentos, de que aquele que eu tanto desejava ver, de quem me sentia saudoso, fosse o mesmo ente a quem já odiara com todas as veras do coração.

Deixamos a mansarda onde penetráramos e, presto, nos achamos em vasto edifício, onde entramos sutilmente. Uma vez lá, compelido me vi por estranha força a me acer-

---

[56] Sísifo, na mitologia grega, foi condenado, por toda a eternidade, a rolar uma grande pedra de mármore até o cume de uma montanha donde ele tornava imediatamente a cair. A pedra de Sísifo é símbolo do trabalho que recomeça incessantemente.

car de um dos leitos daquela extensa enfermaria.

Meu protetor me deteve e, com voz imperceptível para os que víamos, mas para mim pausada e merencória, murmurou:

– Eis a antecâmara da morte, na habitação da dor! Eis onde se fundem, numa só, todas as raças humanas, onde se abatem todos os preconceitos. *Aqui*, o artista, o filósofo, o herói, o calceteiro, o ébrio, o vagabundo, os desgraçados de todas as classes sociais se tornam iguais pelo sofrimento, irmãos sem lar, sem família, sem amigos, vivendo todos, no último quartel da existência, fraternalmente, da filantropia e da compaixão alheias. *Aqui* terminam as vaidades, a soberba, a beleza física, o gozo material; *aqui* só existe uma raça, uma só nacionalidade – a dos desditosos –, venham eles da Sibéria, da Austrália, da América, do Congo; *aqui* todos se tornam conterrâneos, pois a desventura não tem pátria, nivela todas as condições, como a natureza, nos sepulcros, faz com os corpos putrefatos. *Aqui* se fala a linguagem mundial, um idioma conhecido de todos os povos – o do gemido, da agonia e do sofrimento. O gemido, o soluço e a lágrima, como a dor, não têm pátrias diversas, são cosmopolitas e não se diferençam em nenhum país – quer o habite um povo culto, quer uma horda bárbara de silvícolas.

"Aproximemo-nos agora, meu irmão, pois aquele pelo qual vais zelar está ansioso pela tua vinda. Contempla-o com piedade e carinho, como nunca o fizeste na tua última existência, porque teus olhos não tinham vida".

Acerquei-me de alvo leito onde jazia um enfermo com as

pálpebras semicerradas. Apesar de se achar extremamente descarnado e pálido, seus traços fisionômicos – esculturados com o escopro do martírio em longos anos de enfermidade e sofrimento – eram de pureza e correção notáveis, semelhantes aos de uma imagem esculpida por estatuário insigne. Pareciam entalhados em jaspe.

Seus cabelos, outrora louros, já tinham sido quase de todo invadidos pela canice – que é a neve da senectude ou da dor. Ao inverso do que se dá com as estações do ano, em que a primavera sucede ao período hiemal, a flor ao gelo, aquela neve cresta e desagrega os fios de ouro das frontes juvenis, transmuda em prata os cabelos fulvos ou de azeviche e estiola nos corações as derradeiras rosas da ilusão.

Um sorriso de resignação lhe pairava nos lábios descorados; estava imóvel, parecendo marmórea escultura humana, semivelada por níveo lençol. Reconhecia-se não ser um cadáver porque, às vezes, descerrava as pálpebras, articulava sons, gemia. Percebia-se, enfim, que sua alma se conservava prisioneira na sepultura carnal, quase inerte, qual falena que entreabrisse o casulo, ainda a ele presa por uma resistente fibra de seda.

Não era uma estátua, porque na cabeça se lhe concentrava toda a vida. No rosto lia-se indizível expressão de mágoas e de saudade, que nenhum artista de gênio lograra gravar num bloco de Paros, como, com o seu buril e com absoluta perfeição, o consegue a dor, que aos poucos aprimora a alma e a embeleza de tal sorte que a torna fúlgida através da matéria, luminosa dentro do organismo mais disforme.

Quando Leonardo da Vinci,[57] num esto de inspiração, eternizou num painel o inconfundível sorriso da *Gioconda*, se se houvera lembrado de imortalizar a angústia dos incompreendidos, dos torturados, legaria a seus coevos e à posteridade obra superior a todas as suas obras-primas.

Quem não se emocionaria ante uma tela onde visse estampada a dor muda do que perdeu um ente amado, do que foi traído, espezinhado, do que tem o coração a transbordar de lágrimas que, uma a uma, lhe vão deslizando pela face marmórea, silenciosamente?

---

[57] Pintor italiano (1452-1519), cuja obra mais conhecida é a *Gioconda* (retrato de Mona Lisa). Era também escultor, arquiteto, físico, engenheiro e escritor.

CAPÍTULO VII

Nenhuma palavra, caro amigo, poderá exprimir a comoção que de mim se apossou ao encontrar-me, após alguns dias de separação, com o ente estremecido, a quem chamei pai. Só então me foi dado olhá-lo e o fiz com uma ternura e uma compaixão, como iguais jamais sentira por outra criatura humana, a não ser por minha irmã.

E por que não vos hei de expor todos os meus pensamentos, nesta sincera confissão, que está prestes a terminar?

Superava todos os meus sentimentos um misto de amargura e de remorso, por ter sido eu, quase, o causador dos padecimentos, da acerba provação daquele a quem ali via com os membros tolhidos, o corpo por assim dizer petrificado e o cérebro a escaldar, num borbulhar contínuo de ideias mortificantes, a pensar na sua inutilidade para a vida, na ausência dos adorados filhos, tendo a lhe avigorar as recordações que deles guardara o amor paterno intensificado por vivíssima saudade.

Alanceava-me o espírito essa mescla indefinível de sentimentos que se conflagravam no meu íntimo. De súbito, porém, notei que o olhar puro, sereno e carinhoso do meu Protetor baixava sobre mim, como bênção celestial e, percebendo nesse olhar tácita interpelação, prosternei-me à beira daquele leito de sofrimentos físicos e morais. Para logo senti que ardentes lágrimas gotejavam de meus olhos ou de minha própria alma, como fagulhas desprendidas de uma frágua em combustão, revolvida por possante tridente.

Assim genuflexo, humilde, sem me atrever a olhar para o pobre enfermo, eu lhe suplicava que me perdoasse tudo quanto lhe fizera sofrer. Ao mesmo tempo que formulava essa veemente súplica, meu espírito, sensibilizado, voou ao infinito, nas asas do pensamento, para implorar perdão ao Soberano do universo. Imediatamente me senti contrito e inundado de luminosa paz de consciência.

Disse-me então meu guia, sempre compassivo:

– Ergue-te, meu irmão. O passado, que ainda permanece vívido na tua mente e que ainda te suplica a alma regenerada e nobre, já o remiste no Jordão de lágrimas que verteste, suportando todas as provas sem revolta contra a Providência divina, cumprindo rigorosamente os teus deveres, ungindo de suavíssimo bálsamo o coração daquele a quem acabas de implorar perdão, conseguindo erguer-lhe o espírito do caos da dúvida e do ceticismo aos páramos siderais, com que ele sempre sonha nos momentos de angústia.

"Esse perdão que suplicaste há pouco, demonstrando a pureza de tuas intenções e de teus sentimentos, já te foi concedido pelo Onipotente e há muito o obtiveste deste que em breve se libertará da carne. Agora o que te cumpre é, quando o pungirem penosas recordações, fazeres o possível por lhas desvanecer, a fim de que mais se estreitem os laços afetivos que vos prendem um ao outro.

"Podes dar começo ao desempenho da tua missão. Contempla-o sem remorsos, com ternura fraternal, procura ler-lhe os pensamentos, que te esclarecerão sobre os seus sentimentos atuais".

Pude então placidamente observar o que se evolava daquele cérebro. Os pensamentos são como fotografias nítidas e fugazes que incessantemente saem da fronte humana. Cheio de emoção e compadecido dos seus pesares, verifiquei que pensava nos amados filhos.

Algumas gotas de pranto lhe deslizavam pelo rosto alabastrino, enquanto os lábios se moviam ligeiramente, rogando ao Onipotente lhe permitisse reunir-se àqueles a quem adorava e que o precederam na misteriosa romagem da morte, a ceifadora eterna, a libertadora, quando corta os liames de uma vida isenta de máculas, santificada pela retidão dos probos.

Quando dele me aproximei, vivo frêmito lhe percorreu todo o organismo e o fez abrir desmesuradamente as pálpebras, como se quisesse ver bem alguma coisa extraordinária que divisara. Seu olhar, porém, circunvagou a esmo, sem fixar nenhum ponto determinado, como que procurando o que o fizera estremecer. Tivera a intuição da presença de um ser imaterial recém-chegado e, sem o saber, deteve o olhar justamente em direção a mim.

Conforme as instruções do querido mentor, estendi a mão sobre a sua fronte precocemente encanecida pelo inverno do infortúnio. Dir-se-ia que as lágrimas de dor, represadas no crânio, extravasaram pelos poros e, cristalizadas ou congeladas subitamente, formaram os fios de neve que lhe argenteavam a cabeça. E minha mão tocou uma outra, também imponderável, que ma cingiu fraternalmente.

Mostrou-se-me, nesse momento, um nobre mensageiro sideral, o protetor de meu pai, e fez saber, falando o idioma do pensamento, que, dali por diante, os nossos esforços se uniriam, colimando o mesmo elevado objetivo – esclarecer o entrevado, suavizar-lhe as derradeiras amarguras.

Abrandada a inquietação que o agitava, pude ver, apiedado e enternecido, a minha própria imagem, como numa fotografia, desprender-se do seu cérebro, na atitude que me era habitual quando executava as minhas composições musicais. O pranto, que corria incessantemente de seus olhos, foi diminuindo até estancar de todo e ele adormeceu serenamente, sempre a se recordar saudoso do filho dileto e das melodias com que amenizava os tormentos de sua alma.

Como vos hei de expressar o enternecimento que me empolgou ante aquela evocação do passado, da época em que os nossos espíritos se vincularam para sempre um ao outro?

Tive assim a certeza absoluta da afeição que me consagrava. E mal sabia o pobre encarnado que aquele que a sua imaginação ressuscitava se achava ali ao alcance do seu braço, já estivera ajoelhado à sua cabeceira, também já chorara junto do seu leito, rogando-lhe o perdão indispensável à perfeita tranquilidade da sua consciência.

O sono é o símile da morte, da emancipação da alma acorrentada à matéria. Tendo ele adormecido, seu espírito se desprendeu e me foi dado assim unir-me a ele por alguns instantes, segui-lo em suas divagações, nos seus esforços por se encontrar com os seres idolatrados que não conseguia ver, como desejava o seu coração premido de saudades.

Quando me aprouve, surgi à sua frente, segurei-lhe uma das mãos e a osculei carinhosamente. Tão intenso foi o seu júbilo que, no leito, o corpo petrificado se agitou ligeiramente. Despertou assustado, abriu desmedidamente os olhos, a querer certificar-se do local em que se achava, e logo uma notável transformação se lhe operou na fisionomia. À expressão de dor e saudade que dela transparecia se juntou um fulgor de alegria. Propagou-se pelo semblante, vindo da alma à face marmórea, um íntimo clarão, que o transfigurou, dando-lhe uma aparência de serenidade incomparável, uns laivos de felicidade.

Foi assim que, quando dele se aproximou a religiosa que o tratava com dedicação quase filial – uma jovem e graciosa criatura de olhos ceruleos, melancólicos e cismadores, reveladores de secreto e inconsolável pesar que lhe fizera renegar os efêmeros gozos da vida e a levara a consagrar à humanidade sofredora a sua mocidade em flor –, criatura a quem ele se afeiçoara imenso, porque lhe recordava o todo angelical de Jeanne, o mísero paralítico lhe disse quase alegremente:

– Irmã, acabo de despertar de um sonho venturoso, em que *vi* o meu François, o meu inolvidável filho, o artista inspirado que suavizava as agruras de minha existência ao som do seu violino encantado. Que sonho fagueiro, irmã! Hoje me sinto ditoso porque foi a primeira vez que sonhei com o morto querido: pareceu-me que acabo de vê-lo, realmente! Ele se acercou de mim, beijou-me a mão e tenho ainda a impressão de haver recebido essa carícia que me fez exultar. Desejaria não acordar jamais, para senti-la sempre! Rogai a Deus permita que essa ilusão se transforme em flórea realidade, irmã! Quando gozarei a dita de me reunir aos amados filhos?

– Além – respondeu-lhe gravemente a religiosa, apontando para o Alto, com o alvo e esguio índex – e quando aprouver ao nosso Pai celestial. Não desejeis demasiado a morte, não a queirais antes que ao Senhor apraza vo-la enviar: é mister nos conformemos com os desígnios divinos, não procurando abreviar os momentos de dor que merecemos.

– Bem o sei, irmã, e assim mo dizia sempre o meu François, mas já tenho padecido tanto que o Altíssimo bem podia lançar a sua misericórdia sobre mim.

– Ele sabe quando a mereceis, meu irmão! – replicou a flébil sacerdotisa da caridade, afastando-se do leito de Delavigne.

Irmãos – eis como se tratavam mutuamente aqueles dois seres que, para o mundo, já não possuíam mais os nomes recebidos na pia batismal.

Numa das moradas do sofrimento – um hospital – amenizado pelo altruísmo da sociedade civilizada, que já se vai compadecendo da dor alheia, usavam da mesma designação que, no Espaço, os entes regenerados adotam uns para com os outros. Iniciavam assim, na Terra, o que depois fariam no empíreo.

Irmãos, sim, pois que a humanidade, disseminada em miríades de mansões, se compõe de membros que, no decorrer dos séculos, se tornam iguais em condições e sentimentos, solidários uns com os outros.

A fraternidade é o sublime e rutilante elo que encadeia indissoluvelmente todas as almas, consubstanciando todos os sentimentos afetivos em um só – o amor recíproco – acima do qual, como o disse o meu querido Mestre, só existe o sentimento-luz, o sentimento que torna fúlgidos os Espíritos – o amor ao Onipotente, que equilibra no vácuo e no éter os corpos ciclópicos dos astros, com a mesma facilidade com que uma criancinha atira para os ares um floco de neve; que forja as estrelas e as nebulosas, cujo lume maravilhoso vence os milênios, inalterável sempre, imperecível, inextinguível!

Vendo-as como letras de ouro luminoso, gravadas em páginas de veludo azul, contemplando o manto sideral, as almas sentem a atração do infinito, desejam possuir asas para ir admirá-las de perto, prosternam-se extasiadas no solo a que ainda se acham presas, como se o fizessem diante de um altar, de um santuário ilimitado, admirando o poder e a onisciência do Incriado! Com a admiração dos portentos que o cosmos encerra, surge o amor ao Criador; os sentimentos se abrandam, acendram e apuram; a humanidade passa a ser vista sob outro aspecto, deixa de ser considerada hostil ou indiferente e se torna uma só família estremecida; todas as pátrias se fundem numa única – a Terra; e a alma, cheia de amor, arroteada pelas tribulações e acrisolada pelas virtudes, se norteia para o Céu, ímã que a todas atrai.

É o amor, pois, o ascensor dos espíritos para o firmamento. Enquanto os ensombram os vícios, o ódio, a cizânia, o orgulho, a perfídia, a soberba, não admiram a Criação, detestam as coletividades, entrincheiram-se no egoísmo e no ceticismo, ficam adstritos às trevas, qual navio ancorado nas geleiras polares, onde quase não chegam os raios do Sol.

É quando a dor os tortura para aperfeiçoá-los, como o lapidário às gemas. Sem lhes dar tréguas, ela dissolve os nevoeiros que não os deixavam vislumbrar a claridade que cascateia do infinito, que embeleza a natureza e os faz enveredar pela alcantilada senda do bem, da probidade, da retidão, tornando-os, por fim, alvos como os véus nupciais que cobrem as frontes das donzelas e aptos para desferir o grande voo, espaço em fora.

Terminado o diálogo entre o enfermo e a religiosa, meu prezado mentor me falou, com a gravidade e a ponderação que lhe são peculiares:

– Agora vou deixar-te, Astral. Parto jubiloso porque sei que cumprirás meticulosamente todos os teus deveres espirituais. Não ficarás nunca completamente só, pois bem sabes que cada alma encarnada é qual planeta rodeado de satélites. Cercam-na constantemente os seus protetores ou gênios familiares. Em breve conhecerás todos os Delavigne, inclusive um que o é teu e dele ao mesmo tempo – o Espírito daquela que, ao dar-te o ser, na sua última existência planetária, perdeu a vida orgânica.

"Este luminoso irmão que te saudou é o desvelado guia do teu genitor. Vais ser seu auxiliar. Terás que o substituir, sempre que necessitar ausentar-se, no desempenho de sua missão ou para repousar um pouco no remanso de algum mundo superior. Procederás invariavelmente de acordo com ele.

"Não me verás durante certo tempo, mas continuarei a velar por ti. Em chegando o momento da desencarnação de Delavigne, eu, Sidérea e todos os entes a quem ele ama estaremos presentes, pois não ignoras que os leais amigos desencarnados não abandonam os leitos mortuários.

"Vou, enquanto aqui ficas laborando pelo teu progresso espiritual, fruir algumas horas de alegrias inefáveis, na companhia de beneméritos irmãos que aguardam minha volta a uma das mais belas estâncias de paz, de Ciência e de Arte transcendentes, donde me ausentei há séculos, por tua causa.

"Em longínquas eras, como já sabes, minha existência se achou ligada à tua; tu te tornaste caro ao meu coração e, como te vi chafurdando no lodaçal dos erros e dos crimes, tomei a mim a tarefa de elevar tua alma ao Criador e afinal o consegui. Triunfaste do mal, inspirei-te sempre o bem. Ambos conquistamos um galardão eterno.

"Vou receber instruções dos nossos superiores hierárquicos, encetar novas missões, pois que nada podemos fazer sem o beneplácito deles, ministros do Pai celestial.

"Até breve, amado irmão. Sê, agora e sempre, digno do meu afeto e de meus esforços seculares. Pertences ao formidável, infinito e invencível exército dos invisíveis, dos paladinos da perfeição, dos servos da virtude, dos que militam por tudo quanto é útil, elevado, generoso e bom. Sê, no meio deles, um dos mais heroicos, tenazes e diligentes batalhadores! Que a bênção do Altíssimo engrinalde de luz a tua fronte".

Nada vos direi, bom amigo, relativamente ao instante em que me separei, embora temporariamente, do meu magnânimo Mestre, infatigável atalaia que vem acompanhando meus passos ao longo dos evos; fúlgida ronda que me não abandonou um só momento em dezenas de séculos, escudando-me sempre com seus cuidados, com a sua solicitude; companheiro leal e dedicado que há presenciado as minhas lutas, os meus desfalecimentos, os meus desvios, os meus esforços, as minhas dores, conseguindo que, após tenaz e porfiada campanha moral, meu espírito pudesse encontrar guarida num desses ninhos de luz que se balouçam na fronde azul do Infinito.

Conhecendo a afeição ilibada que nos liga e ligará por todo o sempre, bem deveis compreender que não me era possível assistir indiferente à sua partida, quando, mais do que nunca, me sentia ávido de lhe escutar os salutares conselhos, desejoso de beber todos os seus puros ensinamentos, como quem, percorrendo um vergel em sazão primaveril, almejasse colher todas as flores desabrochadas, para de todas aspirar os inebriantes aromas e deles impregnar os escrínios da alma.

Suas benéficas instruções sempre foram, para mim, ideais e olorosas flores, que colho com proveito e aspiro com sumo aprazimento.

Ao vê-lo afastar-se, depois de lhe haver osculado a radiosa destra, passei por momentâneo esmorecimento, senti-me indefeso e intimidado, como a criança que pela primeira vez se distancia do olhar materno para desempenhar uma pequenina incumbência, que lhe parecia leve e fácil, mas que, então, assume proporções colossais para a sua inexperiente puerícia, que chega a supô-la inexequível.

Elevei, porém, o pensamento a Deus – fonte inesgotável de todas as consolações e energias – e senti que as potências de minh'alma se avigoraram.

Não era mister que vos desse a conhecer essas impressões, pois que, com um tirocínio espiritual mais longo do que o meu, já conheceis uma grande fração do Espaço e não ignorais as leis imutáveis que regem os mundos e seus habitantes. Mas, não hesitei em pormenorizar tudo quanto se tem passado comigo, desde que nos separamos em Bruxelas, onde nos relacionamos intimamente, porque só hoje vos faço a confissão integral das minhas jornadas terrestres, sabendo quanto vos interessais por mim, sentindo que doravante as algemas diamantinas do amor fraterno hão de cingir os nossos pulsos perenemente.

E, pois que assim é, quero, quando vejo prestes a findar a minha primeira missão psíquica, fazer-vos um pedido. Desejo, prezado amigo, que, em breve, ao vos sentirdes atraído pelo meu pensamento, vos deis pressa em vir ao meu encontro. Será para que me acompanheis a uma das moradas da agonia – o hospital em que se acha o meu genitor – a fim de que juntos assistamos os seus últimos instantes de vida terrena.

Venho de receber do meu preclaro Guia magnas lições e me vou separar de vós, até que de novo nos possamos reunir, no momento de ser arrancada a última pétala daquela existência fértil em dores, daquela rosa efêmera, que parecia eterna e que, dentro em poucos dias, se desfolhará para sempre.

CAPÍTULO VIII

Chegado o momento previsto, fui – pela corrente elétrica que se estabelece de um espírito a outro, por meio do poderoso dínamo do pensamento – atraído para o local em que se achava o inolvidável amigo que, na Bélgica, conheci com o nome de Paulo Devarnier.

Saudamo-nos cordialmente e logo ele me disse com extrema emoção, transpondo os umbrais de um hospital:

– Vinde, caro amigo, ao lugar onde se encontra o meu querido genitor. Desejo que o conheçais agora que está quase a finalizar a tormentosa mas benéfica existência terrena em que conquistou a láurea dos vencedores.

"Vede-o, meu irmão, neste leito à direita. Ei-lo, ao termo da prolongada enfermidade, que lhe constringe os músculos há quase um lustro, como manopla de aço que o imobiliza e lhe esmaga um dos braços. Tem a aparência de uma estátua de pedra, dentro da qual uma alma estivesse condenada a permanecer ligada eternamente.

"Entretanto, essa pena pungentíssima, que lhe foi imposta, nada tem de arbitrária; é uma aplicação do incomparável código divino. Sendo Deus o mais extremoso dos pais, deve também sofrer quando tenha de lavrar tão severa sentença contra os míseros galés do mal.

"Só no cárcere da dor resgatamos os delitos hediondos que cometemos, porque o sofrimento é vulnerário, é saneador, é comburente. Como a pedra-lipes, ele, queimado, cicatriza os carcinomas da alma.

"Oh! quão sábios são os desígnios da Providência, meu amigo! Quando poderia este agonizante suspeitar que o seu dileto François, cuja fronte tantas vezes recebeu seus beijos paternais, é o mesmo desventurado Paulo que abominou com a inclemência de um inquisidor? Por que perdeu os braços, sendo-lhe um amputado e ficando o outro paralisado, se era probo e laborioso? Ah! é que os tivera robustos e ágeis, em outras existências, e não os aplicou exclusivamente ao trabalho, deles se utilizou para empunhar armas homicidas, com as quais eliminou vidas preciosas, inclusive a sua própria, que lhe cumpria conservar, pois que lha dera o Onipotente.

"Na encarnação que ora chega a termo, ele sofreu por não ser útil àqueles a quem amava e, mesmo que o quisesse, não poderia praticar o mal, porque há muito a paralisia o manietara. Ganhou mérito incontestável, porque, com a inércia do corpo, muito sofreu o seu Espírito, que tanto mais ativo se sentia quanto mais se acentuava a sua invalidez orgânica. Foram-lhe proveitosas as torturas que padeceu por não poder proporcionar aos filhos adorados o conforto que lhes desejava dar. Teve que os ver sem pão inúmeras vezes, assistir à derrocada do lar, que se tornou deserto, passar pelo suplício de perder todos os entes que santamente idolatrava. É que aqueles a quem infelicitamos não podem fazer a nossa ventura senão depois de havermos reparado as nossas faltas anteriores.

"Eu, como sabeis, tenho sido o seu consócio de infortúnios, compartilhando de todos os seus transes amargurados. Resgatamos juntos, ao lado um do outro, dívidas nefandas, pois que mutuamente nos ofendemos, ciliciamos e odiamos. Agora que ele se acha no limiar de uma outra existência, pergunto a mim mesmo: – Qual a expiação mais dolorosa – a minha ou a sua?

"Ah! difícil é a resposta, meu amigo. Ambos temos sofrido muito; ambos assistimos ao passamento de entes adorados; ambos tivemos corpos mutilados, servindo de prisão a almas sensíveis, cheias de ideais irrealizáveis. Fomos quase inúteis para a vida e para a sociedade; mas, enquanto se debatiam nos seus ergástulos miseráveis, forcejando por lhes partir as resistentes grades, nossos espíritos se iam libertando dos seus aleijões, das suas deformidades morais, apuravam os sentimentos, se escoimavam das suas imperfeições, refundindo-se, lapidando-se, como hábeis estatuários que de escopro em punho, a modelar um bloco informe de carrara, lhe fossem desbastando as arestas, fazendo dele surgir estátuas de formas cada vez mais belas, mais graciosas.

"Ei-lo agora, no final da provação terrena, sem suspeitar que aquela, que outrora foi a causadora dos nossos transviamentos, se tornou uma entidade puríssima, igualmente adorada por nós ambos, mas por maneira que essa afeição jamais poderá atear em nossas almas a chama do ciúme e da vingança; sem suspeitar que ela comigo o aguarda, para o conduzir à ventura dignamente conquistada, em anos de suplício dantesco.

"Bendita a dor que nos reabilitou perante o Soberano do universo! Abençoadas as lágrimas que borbotaram de nossos olhos, pois foram elas que apagaram as nódoas dos nossos espíritos.

"Sinto que uma alegria inaudita me felicita por ter sabido vencer os maus impulsos da alma, trilhando a fragosa vereda do bem, seguindo as pegadas do meu luminoso instrutor, e, ao mesmo tempo, as deste que está a consumar frutuosa expiação e ao qual não mais designarei pelo sacrossanto nome de pai, mas pelo de irmão, pois que juntos iremos desempenhar missões de devotamento, de altruísmo, compadecendo-nos de todos os que, como nós, delinquiram, transgrediram as Leis divinas e sociais.

"Reunamo-nos, agora, caro amigo, aos devotados companheiros que nos aguardam à beira de um leito quase funéreo".

Aqui termina a narrativa daquele que, no período agitado de uma das nossas romagens terrestres, conheci com o nome de Paulo Devarnier.

Sabeis quanto foram abundantes em infortúnios, em torturas morais e físicas, em santas abnegações, as existências que lhe deram o direito de ingressar numa das mansões venturosas, onde se coligam, para as cruzadas do bem, os servos do Onipotente, de quem já ele é digno emissário.

Segui-o com o interesse paternal que me infundem

todos os entes que formam a coroa de afeições imáculas com que engrinaldamos primeiramente o coração e depois a alma. Acompanhei-o a uma das moradas terrenas onde se nivelam todas as criaturas, onde se arrasam todas as vanglórias e paixões pecaminosas, porque nelas imperam a dor que a todos irmana indistintamente e o pranto que, não tendo nacionalidade, é idêntico no monarca e no mais humilde habitante das florestas.

Penetrei naquele abrigo da miséria humana com a mesma reverência com que transporia os umbrais de uma necrópole. Sim, que o hospital é o prólogo, e o cemitério o epílogo da morte.

Paramos, Astral e eu, junto de um dos numerosos leitos alinhados em extensa e ampla enfermaria. À cabeceira desse leito encontramos uma loura religiosa a indicar ao médico um agonizante, que não mais dava pela presença deles. Ocupava-o um doente de rosto macilento, emoldurado de cabelos de neve com raros fios de ouro. Parecia já ter adormecido para sempre, mas o seu tórax ainda ofegava nos últimos estertores.

Às vezes, suas pálpebras tremiam, se abriam e o olhar vítreo do moribundo tentava distinguir alguém, cuja imagem certamente se lhe gravara para sempre no recôndito do coração saudosíssimo.

Ao vê-lo, fui presa de intensa emoção, lembrando-me de que já odiara aquela pobre criatura, quando, em precedente encarnação, se chamava Carlos Kœler e fora o matador de um dileto amigo. No momento, porém, em que o avistei pela primeira vez, depois da história de François, já lhe tinha sincera compaixão e um pouco desse infinito amor fraterno que se evola dos Espíritos triunfantes das provas planetárias, semelhante ao lume inextinguível, que se irradia dos astros e se espalha pelo Espaço em raios de ouro, outros tantos esguios e longos viadutos aéreos, lançados de uns aos outros para comunicação de seus habitantes, cordéis fulgurantes que se distendem tanto do âmago das estrelas como de todas as almas em que medrem sentimentos elevados e puros.

Subitamente minha atenção foi atraída por deslumbrantes entidades que pairavam à pouca distância do solo, em torno daquele leito mortuário. Reconheci nelas – por uma surpreendente faculdade que o Altíssimo outorga aos desencarnados – os Protetores de Delavigne: Sidéria e Alfen, cuja beleza e cujo donaire sobrelevavam aos de todas as que os cercavam.

Para os encarnados, havia naquele amplo recinto apenas um médico, uma tristonha irmã e enfermos lívidos. Mas, quem possuísse a visão psíquica, que tudo devassa, tudo desvenda, tudo esquadrinha, que observa os mais ínfimos detalhes de tudo quanto existe neste e noutros planetas – como a possui o autor destas páginas psicograficamente escritas –, poderia observar os amigos invisíveis do agonizante, com as mãos entrelaçadas, formando um estema de efeito maravilhoso, simbólico do sentimento que encadeia uns aos outros todos os Espíritos evoluídos, enquanto que à nossa audição apurada chegavam os acordes de uma harpa longínqua, tocada em surdina, acordes que, certamente, transpunham o éter como o luar em noite de plenilúnio, quando límpido o céu.

Ao verem-nos, a fúlgida corrente circular rapidamente se abriu e todos nos estenderam as mãos para que também participássemos dela. Astral, porém, se ajoelhou à cabeceira do moribundo e na sua fronte se produziu uma irradiação estelar que fendeu o Espaço em demanda do Além: era uma súplica veemente dirigida a Deus na intenção do que se achava *in extremis*.[58] E os nossos pensamentos, unificados com os dele, harmônicos, subiram ao Céu.

---

[58] No último momento.

CAPÍTULO IX

Lá estavam, no âmbito daquela enfermaria onde imperava rigoroso silêncio, só de quando em quando quebrado por lancinantes gemidos, duas humanidades que se tocavam, que se sobrepunham: uma tangível, imponderável a outra. Numa, os pálidos semblantes exprimiam o desalento, a mágoa; na outra, a espiritual, se estampavam a tranquilidade, o fulgor da esperança, compaixão pelos grilhetas da carne.

Compenetrado da magnitude daquele momento, o mentor do piedoso Astral, tendo à sinistra o seu amado discípulo e à direita a pulcra Sidérea, nos chamou a atenção e disse, na linguagem tácita do pensamento, que se propaga de alma a alma e que, para nós os desencarnados, tem vibração melodiosa, timbre cristalino, eloquência perturbadora:

– Irmãos! Volve-se a derradeira página de uma existência planetária fecunda em prantos e em progresso espiritual: concentremos nossos pensamentos e pelo moribundo façamos sincera e vibrante prece ao eterno; modulemos, em nosso íntimo, um cântico triunfal, exprimindo o júbilo que nos ilumina os espíritos por vermos transpor o marco miliário da vida material mais um irmão redimido pelas pugnas da adversidade impavidamente sustentadas, mais um vitorioso nas campanhas contra o mal, mais um heroi cujo corpo tomba no sepulcro para que sua alma cinda o espaço, em busca da mansão onde a iniciaremos no aprendizado das gloriosas missões.

Se algum laureado artista – um Rembrandt, um Murillo, um Leonardo da Vinci ou um Correggio,[59] fúlgidos gênios que, guardando reminiscências das Artes supremas, realizadas nos orbes rútilos, habitaram a Terra e deixaram da sua trajetória por este planeta um rastro de luz semelhante ao que no espaço deixam os aerólitos – se algum deles quisesse legar à humanidade uma obra assombrosa, diluindo, nas tintas em que umedecesse os pincéis, fragmentos de sóis, cintilas de astros, bastaria fixar num painel a cena que presenciávamos em torno e acima de um leito de hospital e da qual nem sequer suspeitava a religiosa que exorava pelo agonizante.

Poderia intitulá-la: *O crepúsculo de uma vida dolorosa* – delineando numa tela o que se não descreve em nenhum idioma planetário, uma epopeia muda e sublime, digna de inspirar Chateaubriand ou Alighieri,[60] capaz de desvanecer o pavor que todos sentem pelo momento em que se passa de uma existência de lutas para uma outra mais perfeita, pela hora em que a alma transpõe o pórtico da Eternidade, liberta-se das vestes materiais que a retinham presa às

---

[59] Nomes de pintores famosos.
[60] Escritores célebres.

sombras terrestres, para se alar ao firmamento, onde palpitam os corações de luz das estrelas.

Vou tentar, embora a traços incolores, esboçar o quadro que os Invisíveis contemplavam naqueles augustos instantes.

Num leito de alvas cobertas agonizava um ente humano, pálido como jaspe, com os cabelos semelhantes a prata em fios, mesclados ainda de algumas estrigas de ouro, ressumbrando-lhe do semblante contrição e serenidade. Sustinha, na única mão que possuía, um crucifixo do Redentor, esculpido em marfim, o qual, na posição que tomara, apresentava semelhanças com o perfil do moribundo. Merencória irmã de caridade, simbolizando o dever, a resignação e a piedade, prosternada, orava pelo enfermo, preludiando um *de profundis*.

Em torno e por sobre o leito, com as tênues mãos enlaçadas, formando um círculo vívido e encantador, cujo centro era ocupado por aquele ser prestes a desvencilhar-se da matéria – estavam formosas criaturas intangíveis, umas de deslumbrante alvura, igual à das camélias brancas, cujas pétalas parecem modeladas em flocos de neve; outras, radiosas como diamantes postos ao sol. Constituíam todas maravilhosa grinalda feita de flores de névoas ou de lírios de luz.

Compunham rutilante diadema que se movia suavemente, como que a se metamorfosear num bando de pombas alvinitentes, presas por grilhões de fragrantes rosas, que se romperiam a brando impulso das asas, quando houvessem de partir em demanda do céu, para ali se aninharem.

Nimbava-lhes as frontes fulgurante auréola, reflexo

de pensamentos que ascendiam ao Criador, enquanto do Além desciam brandamente, em modulações maviosas, os arpejos de uma orquestra de encantados rouxinóis.

Eis, ligeiramente esboçado, o belo quadro que tínhamos diante dos olhos. Melhor podeis delineá-lo agora no painel mágico da vossa fantasia ou da vossa imaginação. Quem conseguirá, porém, desenhar com precisão a magnitude do instante em que se opera o desprendimento de uma alma, momento que as religiões têm bosquejado com as mais sombrias tintas, quando deveriam servir-se de outras, feitas de rosas ou das áureas flechas que Febo dardeja, quando, no Oriente, inicia a sua triunfal jornada?

Sim, Átropos não é a ceifadora cruel, sempre de tesoura em punho, ou carrasco que arranca as vidas com a impassibilidade de um Inquisidor-mor, de um inflexível Torquemada. É antes a exumadora das almas soterradas na argila humana em decomposição, para que se alcandorem no espaço as que possuam as brilhantes asas que se chamam amor e virtude.

Por que há de a humanidade execrá-la sempre, pintando-a lugubremente, tomando-a por uma entidade implacável e despótica?

Ó vós que me ledes, se não tendes o espírito obumbrado pelos erros seculares, acostumai-vos a divinizá-la, a lhe prestar homenagem digna de sua austera majestade, porquanto a morte não é na natureza um ser à parte, gélido, esquálido, empunhando afiado alfanje.

É, às vezes, um pai querido, uma extremosa mãe, a falange dos entes adorados que nos precederam no túmulo, assistindo aos derradeiros segundos de uma longa ou fugaz existência, auxiliando o despedaçamento dos elos fluídicos que ligam uma alma à matéria, pondo termo, não raro, a amarguras inauditas, ansiosos por acolherem-na com demonstrações de carinho, por lhe estenderem as mãos tutelares, como o fazem na Terra as mães desveladas que, quando os filhinhos despertam alacremente depois de haverem sonhado em róseo e minúsculo berço, lhes osculam as cetinosas frontes, os erguem nos braços protetores e os levam a sorver as brisas matinais.

Venerai o nome que a simboliza: é digno do vosso culto! Aprendei a não a abominar, mas a lhe prestar uma dulia. Que vos importa a tenham feito tenebrosa e inclemente, pavorosa e funérea as crenças populares e as religiões que também encanecem e desmoronam, qual fortaleza milenária, reduto que parecia inexpugnável bastilha que se eternizava?! Dia chega em que as derrocam os obuses formidáveis, as metralhas do tempo, mais destruidoras do que as forjadas de aço e cheias de explosivos, e que se chamam: o progresso do gênero humano, a evolução anímica, o aperfeiçoamento da alma, que, enfim, desperta de um letargo secular, para executar os ensinamentos sublimes e as verdades remissoras, viem do próprio empíreo!

Delavigne agonizava...

Aguardávamos serenamente os últimos instantes de sua vida terrena, repleta de angústias e reveses, para iniciá-lo nos arcanos siderais.

O luminoso Alfen, depois de nos transmitir as ideias que lhe floresciam na mente, aureolando-lhe a fronte com um sistema rutilante, isolara-se da grinalda que formávamos com as mãos fraternalmente unidas e, elevando o pensamento ao Sempiterno, com a destra alçada para a amplidão celeste e com a eloquência que constitui um dos atributos dos Espíritos redimidos, proferiu estas palavras, que exprimiam vibrante prece:

— Deus, eterno e incomparável soberano, único no ilimitado império do universo, em comparação com o qual todos os reinos, todas as repúblicas e todos os oceanos terrestres não passam de pugilos de pó e gotas de orvalho:

"Senhor Absoluto, cujo poder eclipsa o de todos os mais opulentos e arquipotentes Cresos e Césares planetários, que são teus súditos e que por ti serão julgados;

"Possessor de todos os latifúndios do macrocosmo, de todos os astros que gravitam no espaço, para quem, entretanto, não passa despercebido o voo de um pássaro, a cintilação de uma estrela, uma lágrima de dor ou de arrependimento sincero;

"Artista maravilhoso e almo, que modelaste todos os sóis e lhes deste incomparável e perpétuo fulgor, que os equilibras no espaço com destreza igual à da criança que sustém nas cetinosas e minúsculas mãos uma esfera de arminho;

"Mago mirífico que, fazendo o globo ocular de diminutas proporções — verdadeiro átomo cristalino, em confronto com as montanhas, os mares, as constelações —, nele ocultaste um tremó encantado, inclusive a via-láctea, o maior portento do zimbório celeste, fenda fosforescente ou ogiva lúcida nele feita e pela qual, enquanto a humanidade luta, sofre e se redime, tu a fitas paternalmente, velando eternamente todos os seres que criaste e que, em sonhos, muitas vezes ascendem até lá, como falenas esvoaçando sob um dossel de flores;

"Mecânico sublime que, ao influxo de teu pensamento onipotente e fecundo, fazes bailar miríades de Terpsícores[61] siderais, sem que se toquem ou se precipitem uma sobre as outras, girando todas pelo firmamento, ao ritmo da sinfonia do amor por ti regida; que, por entre elas, fazes correr os loucos e nômades cometas, de longa, desgrenhada e fulva madeixa, os quais, às vezes, iracundos ou escarnecedores, rapidamente espreitam o globo terráqueo, apavorando os povos que os temem, como cotovias de cujos ninhos se aproximasse uma serpe de fogo, sem que, entretanto, nenhum se desvie um milímetro das órbitas que lhes traçaste no Infinito com dourado giz, voejando pelo espaço, tanto eles como todas as esferas coruscantes, qual legião de lampiros sobre um vergel florido, sem que as asas de um rocem as de outro;

"Autor de todos os prodígios da natureza, que ocultas nos estojos de Odir e de todos os oceanos róseas e azuladas pérolas, que fazes desabrochar nos valados a olorosa açucena de neve, que povoas os ares com legiões de seres visíveis e invisíveis, os microscópicos protozoários e os formosos voláteis, de plumagem rútila e policroma, pri-

---

[61] Musa da dança e do canto, representada com uma lira.

vilegiados habitantes do orbe terráqueo, porque podem elevar a matéria muito acima das mais altas serranias, levitar, ao simples impulso da volição, o que os seres humanos só conseguem quando suas almas se desligam do calabouço carnal;

"Ignoto, que te esquivas na tua glória, que te furtas à admiração de teus fulgentes vassalos, que permaneces invisível e impenetrável a quase todas as entidades e que, entretanto, a todas as criaturas guias amorosamente, não deixando que nenhuma se transvie para sempre, dando-lhes, para norteá-las ao céu, uma falange adestrada de instrutores impolutos, carinhosos, que transformam os Espíritos mais sombrios em seres liriais, radiantes como o Sol;

"Magistrado incorruptível, cujas sentenças e arestos, de absoluta justiça e retidão, ofuscam as de Salomão e quaisquer outras, porque nenhum direito na Terra se pode comparar ao do Sumo Árbitro do universo, Juiz supremo, que preside aos destinos de todas as almas e de toda a Criação em um tribunal incrustado de estrelas;

"Pai magnânimo, compassivo para com os seres que criaste, que não deixas nenhum de teus filhos percorrer, no galopar incessante e vertiginoso dos séculos, os mesmos ínvios carreiros; que os fazes, pouco a pouco, mudar de rota, repelir o erro e o mal, acendrar-se no cumprimento dos mais santificantes deveres, tornando-os, de precitos, de grilhetas das iniquidades, justos e bons, bali-

---

[62] Personagem de *Os miseráveis*, de Victor Hugo, que, apesar de ter errado, passou a fazer o bem por conta da complacência de um bispo.

zas de virtude, Valjeans[62] do bem, capazes de voltear pelo espaço, como pássaros de luz, que se aninham na fronde azul da árvore maravilhosa do cosmos, onde se balouçam como se fossem esmeraldas e rubis expostos aos arrebois;

"Onipotente, cujo poder ilimitado, incomensurável, não apresenta a sombra de um só átomo de orgulho, que não te envaideces da tua onisciência, que baixas o olhar longânimo até ao mais humilde ser, quer ele corte os ares, quer mergulhe na profundidade dos pegos ou na cavidade das furnas, que tudo perquires, por tudo zelas e a tudo proteges, com uma visão como a de Argos, com o seu meio cento de olhos vigilantes, não pode servir de pálido símbolo – escuta a nossa súplica.

"Irmãos! ao Soberano, ao artista, ao mago, ao mecânico, ao Pai, ao ignoto, ao magistrado, ao Onisciente, ao Incognoscível, alcemos os nossos pensamentos neste magno instante, o derradeiro, no mundo terreno, de um ente redimido que se emancipa do presídio terrestre. Roguemos-lhe por este irmão, que vem para o nosso lado avigorar e aumentar o glorioso exército dos Invisíveis, que combate em todo o universo, terçando fulgurantes armas na conquista do bem e da perfeição.

"Elevemos-lhe, com verdadeiro fervor, as nossas preces na intenção deste amigo que está desencarnando, para que não seja longa nem intensa a perturbação que quase sempre precede e segue a ruptura dos laços fluídicos pelos quais o espírito se liga ao organismo material após uma existência fértil em dores, em torturas físicas e morais, imprescindíveis à lapidação psíquica e para que nos tornemos aptos a receber dele os dardos luminosos que nos criam formosos ideais, pensamentos altruísticos e puros.

"Ele é o inspirador de tudo quanto é nobre e sublime e só dele emana o bálsamo que unge as almas chagadas nas árduas pugnas do sofrimento, como a deste por quem imprecamos, a fim de que se lhe cicatrizem todas as feridas e ele possa melhor compreender a Justiça divina, que sentencia de acordo com o delito cometido, nunca ferindo o inocente: que pune com retidão as infrações do código celeste e que ordena se abram as masmorras onde os galés expiam revoltantes crimes, logo que esteja cumprida a pena que lhes foi imposta.

"Esquecendo o passado sinistro, Ele então os abençoa, veste-os de luz e lhes dá entrada nas mansões radiosas que, mais abundantes do que os seixos que rolam nas praias, pontilham o domo sideral.

"Entoemos também, neste momento, um hino à *morte*, àquela que liberta da dor os que cumprem nobremente as suas missões terrenas. E os irmãos esparsos pelo Infinito, ouvindo os nossos rogos, juntarão, às nossas, suas vozes harmoniosas como os sons das harpas eólias.

"Assim, unificados os pensamentos dos irmãos do Além com os dos que se acham na Terra, nossas invocações subirão rapidamente ao eterno e esta agonia a que assistimos será suavizada por visões fagueiras, não passará de branda anestesia, de dúlcido sonho, do qual Delavigne despertará ao lado dos entes a quem mais adorou neste planeta, ao lado do filho dileto, que lhe ensinou a amar o Altíssimo.

Seu espírito de renegado começa a vislumbrar esse ente adorado, como alguém que, depois de contemplar longo tempo o zimbório celeste obscurecido por cúmulos procelosos, os visse vergastados por um rábido aquilão, varridos para além do horizonte por violento ciclone e lograsse enfim admirar resplandecente plenilúnio, até então eclipsado por vagalhões de trevosas nuvens".

....

Delavigne expirou suavemente...

O LIVRO ESPÍRITA

Cada livro edificante é porta libertadora.

O livro espírita, entretanto, emancipa a alma nos fundamentos da vida.

O livro científico livra da incultura; o livro espírita livra da crueldade, para que os louros intelectuais não se desregrem na delinquência.

O livro filosófico livra do preconceito; o livro espírita livra da divagação delirante, a fim de que a elucidação não se converta em palavras inúteis.

O livro piedoso livra do desespero; o livro espírita livra da superstição, para que a fé não se abastarde em fanatismo.

O livro jurídico livra da injustiça; o livro espírita livra da parcialidade, a fim de que o direito não se faça instrumento da opressão.

O livro técnico livra da insipiência; o livro espírita livra da vaidade, para que a especialização não seja manejada em prejuízo dos outros.

O livro de agricultura livra do primitivismo; o livro espírita livra da ambição desvairada, a fim de que o trabalho da gleba não se envileça.

O livro de regras sociais livra da rudeza de trato; o livro espírita livra da irresponsabilidade que, muitas vezes, transfigura o lar em atormentado reduto de sofrimento.

O livro de consolo livra da aflição; o livro espírita livra do êxtase inerte, para que o reconforto não se acomode em preguiça.

O livro de informações livra do atraso; o livro espírita livra do tempo perdido, a fim de que a hora vazia não nos arraste à queda em dívidas escabrosas.

Amparemos o livro respeitável, que é luz de hoje; no entanto, auxiliemos e divulguemos, quanto nos seja possível, o livro espírita, que é luz de hoje, amanhã e sempre.

O livro nobre livra da ignorância, mas o livro espírita livra da ignorância e livra do mal.

Emmanuel[1]

---

[1] Página recebida pelo médium Francisco Cândido Xavier, em reunião pública da Comunhão Espírita Cristã, na noite de 25 de fevereiro de 1963, em Uberaba (MG), e transcrita em *Reformador*, abr. 1963, p. 9.

O EVANGELHO NO LAR

Quando o ensinamento do Mestre vibra entre quatro paredes de um templo doméstico, os pequeninos sacrifícios tecem a felicidade comum.[1]

Quando entendemos a importância do estudo do Evangelho de Jesus, como diretriz ao aprimoramento moral, compreendemos que o primeiro local para esse estudo e vivência de seus ensinos é o próprio lar.

É no reduto doméstico, assim como fazia Jesus, no lar que o acolhia, a casa de Pedro, que as primeiras lições do Evangelho devem ser lidas, sentidas e vivenciadas.

O espírita compreende que sua missão no mundo principia no reduto doméstico, em sua casa, por meio do estudo do Evangelho de Jesus no Lar.

Então, como fazer?

Converse com todos que residem com você sobre a importância desse estudo, para que, em família, possam compreender melhor os ensinamentos cristãos, a partir de um momento de união fraterna, que se desenvolverá de maneira harmônica e respeitosa. Explique que as reflexões conjuntas acerca do Evangelho permitirão manter o ambiente da casa espiritualmente saneado, por meio de sentimentos e pensamentos elevados, favorecendo a presença e a influência de Mensageiros do Bem; explique, também, que esse momento facilitará, em sua residência, a recepção do amparo espiritual, já que auxilia na manutenção de elevado padrão vibratório no ambiente e em cada um que ali vive.

Convide sua família, quem mora com você, para participar. Se mora sozinho, defina para você esse momento precioso de estudo e reflexões. Lembre-se de que, espiritualmente, sempre estamos acompanhados.

Escolha, na semana, um dia e horário em que todos possam estar presentes.

O tempo médio para a realização do Evangelho no Lar costuma ser de trinta minutos.

---

[1] XAVIER, Francisco Cândido. *Luz no lar*. Por Espíritos diversos. 12. ed. 7. imp. Brasília: FEB, 2018. Cap. 1.

As crianças são bem-vindas e, se houver visitantes em casa, eles também podem ser convidados a participar. Se não forem espíritas, apenas explique a eles a finalidade e importância daquele momento.

O seguinte roteiro pode ser utilizado como sugestão:

1. Preparação: leitura de mensagem breve, sem comentários;
2. Início: prece simples e espontânea;
3. Leitura: *O evangelho segundo o espiritismo* (um ou dois itens, por estudo, desde o prefácio);
4. Comentários: breves, com a participação dos presentes, evidenciando o ensino moral aplicado às situações do dia a dia;
5. Vibrações: pela fraternidade, paz e pelo equilíbrio entre os povos; pelos governantes; pela vivência do Evangelho de Jesus em todos os lares; pelo próprio lar...
6. Pedidos: por amigos, parentes, pessoas que estão necessitando de ajuda...
7. Encerramento: prece simples, sincera, agradecendo a Deus, a Jesus, aos amigos espirituais.

As seguintes obras podem ser utilizadas nesse momento tão especial:

- *O evangelho segundo o espiritismo*, como obra básica;
- *Caminho, verdade e vida; Pão nosso; Vinha de luz; Fonte viva; Agenda cristã.*

Esse momento no lar não se trata de reunião mediúnica e, portanto, qualquer ideia advinda pela via da intuição deve permanecer como comentário geral, a ser dito de maneira simples, no momento oportuno.

No estudo do Evangelho de Jesus no Lar, a fé e a perseverança são diretrizes ao aprimoramento moral de todos os envolvidos.

LITERATURA ESPÍRITA

Em qualquer parte do mundo, é comum encontrar pessoas que se interessem por assuntos como imortalidade, comunicação com Espíritos, vida após a morte e reencarnação. A crescente popularidade desses temas pode ser avaliada com o sucesso de vários filmes, seriados, novelas e peças teatrais que incluem em seus roteiros conceitos ligados à Espiritualidade e à alma.

Cada vez mais, a imprensa evidencia a literatura espírita, cujas obras impressionam até mesmo grandes veículos de comunicação devido ao seu grande número de vendas. O principal motivo pela busca dos filmes e livros do gênero é simples: o Espiritismo consegue responder, de forma clara, perguntas que pairam sobre a Humanidade desde o princípio dos tempos. Quem somos nós? De onde viemos? Para onde vamos?

A literatura espírita apresenta argumentos fundamentados na razão, que acabam atraindo leitores de todas as idades. Os textos são trabalhados com afinco, apresentam boas histórias e informações coerentes, pois se baseiam em fatos reais.

Os ensinamentos espíritas trazem a mensagem consoladora de que existe vida após a morte, e essa é uma das melhores notícias que podemos receber quando temos entes queridos que já não habitam mais a Terra. As conquistas e os aprendizados adquiridos em vida sempre farão parte do nosso futuro e prosseguirão de forma ininterrupta por toda a jornada pessoal de cada um.

Divulgar o Espiritismo por meio da literatura é a principal missão da FEB, que, há mais de cem anos, seleciona conteúdos doutrinários de qualidade para espalhar a palavra e o ideal do Cristo por todo o mundo, rumo ao caminho da felicidade e plenitude.

CARIDADE: AMOR EM AÇÃO

SEDE BONS E CARIDOSOS: essa a chave que tendes em vossas mãos. Toda a eterna felicidade se contém nesse preceito: "Amai-vos uns aos outros". KARDEC, Allan. *O evangelho segundo o espiritismo*, cap. 13, it. 12.

A Federação Espírita Brasileira (FEB), em 20 de abril de 1890, iniciou sua *Assistência aos Necessitados* após sugestão de Polidoro Olavo de S. Thiago ao então presidente Francisco Dias da Cruz. Durante oitenta e sete anos, esse atendimento representava o trabalho de auxílio espiritual e material às pessoas que o buscavam na Instituição. Em 1977, esse serviço passou a chamar-se Departamento de Assistência Social (DAS), cujas atividades assistenciais nunca se interromperam.

Desde então, a FEB, por seu DAS, desenvolve ações socioassistenciais de proteção básica às famílias em situação de vulnerabilidade e risco socioeconômico. Fortalece os vínculos familiares por meio de auxílio material e orientação moral-doutrinária com vistas à promoção social e crescimento espiritual de crianças, jovens, adultos e idosos.

Seu trabalho alcança centenas de famílias. Doa enxovais para recém-nascidos, oferece refeições, cestas de alimentos, cursos para jovens, serviços de convivência e fortalecimento de vínculos para idosos e organiza doações de itens que são recebidos na Instituição e repassados a quem necessitar.

Essas atividades são organizadas pelas equipes do DAS e apoiadas com recursos financeiros da Instituição, dos frequentadores da Casa e por meio de doações recebidas, num grande exemplo de união e solidariedade.

Seja sócio-contribuinte da FEB, adquira suas obras e estará colaborando com o seu Departamento de Assistência Social.

FEB editora
Livro espírita para um novo mundo
www.febeditora.com.br
@febeditoraoficial
@febeditora

Conselho editorial:
Carlos Roberto Campetti
Cirne Ferreira de Araújo
Evandro Noleto Bezerra
Geraldo Campetti Sobrinho – Coord. Editorial
Jorge Godinho Barreto Nery – Presidente
Maria de Lourdes Pereira de Oliveira
Miriam Lúcia Herrera Masotti Dusi

Produção editorial:
Elizabete de Jesus Moreira

Revisão:
Elizabete de Jesus Moreira

Capa:
Thiago Pereira Campos

Projeto Gráfico:
Júlio Moreira

Diagramação:
Rones José Silvano de Lima – instagram.com/bookebooks_designer

Foto de capa:
www.istockphoto.com / arican

Normalização técnica:
Biblioteca de Obras Raras e Documentos Patrimoniais do Livro

Esta edição foi impressa no sistema de Impressão pequenas tiragens, todos em formato fechado de 140x210 mm e com mancha de 104x173 mm. Os papéis utilizados foram o Off white 80 g/m² para o miolo e o Cartão 250 g/m² para a capa. O texto principal foi composto em Minion Pro 12,5/16,85 e os títulos em Requiem 20/16,85. Impresso no Brasil. *Presita en Brazilo.*